ARMORIAL HISTORIQUE

DE L'YONNE

ARMORIAL

HISTORIQUE

DE L'YONNE

RECUEIL D'ARMOIRIES

PORTÉES AVANT 1789

DANS LES PAYS QUI FORMENT AUJOURD'HUI LE DÉPARTEMENT DE L'YONNE

PAR LES ARCHEVÊQUES, ÉVÊQUES, SEIGNEURS
COMMUNAUTÉS CIVILES ET RELIGIEUSES
PAR LES MEMBRES DU CLERGÉ, LES MAGISTRATS, FONCTIONNAIRES
ET BOURGEOIS

Puisées aux sources les plus certaines et réunies dans un ordre méthodique

Par M. Aristide DÉY

MEMBRE DE PLUSIEURS SOCIÉTÉS SAVANTES

———◆———

SENS

CH. DUCHEMIN, IMPRIMEUR-ÉDITEUR

——

M.DCCC.LXIII.

1862

INTRODUCTION.

———

Les armoiries, considérées comme signe de ralliement, comme emblèmes ou comme attributs, remontent au berceau du monde, mais ce n'est qu'après avoir emprunté aux croisades un souvenir d'exaltation religieuse ou de gloire militaire qu'elles ont commencé à se transmettre héréditairement dans les familles nobles et à prendre un caractère de fixité.

Entrainées par l'imitation, les communautés religieuses conservèrent traditionnellement les mêmes couleurs, les mêmes signes emblématiques, dans leurs sceaux et leurs bannières, et adoptèrent ainsi de véritables armoiries.

Les villes, les magistrats, les bourgeois, les communautés d'arts et métiers suivirent cet exemple, et, comme les lois protectrices du privilége de la noblesse, n'avaient de sanction pénale qu'à l'égard des timbres dont les nobles seuls pouvaient sommer l'écu de leurs armes, les armoiries, dès le xviie siècle, étaient en quelque sorte devenues populaires. —

Leur usage s'étant ainsi généralisé, l'archéologue trouve encore aujourd'hui des armoiries partout ; sur les clefs de voûtes, sur les linteaux des portes et des fenêtres ; sur les trumeaux des cheminées ; dans les caissons, les verrières et les sceaux. Elles sont associées aux peintures des tableaux et des fresques, aux sculptures des frises, aux panneaux des boiseries, aux reliures des livres et jusqu'aux ornements des meubles destinés aux usages les plus vulgaires. C'est le nom, quelquefois l'histoire du maître réduite en monogramme, et souvent la date précise d'un monument, d'une restauration, d'un fait historique et artistique qui ne doit point échapper à la pénétration de l'archéologue.

A ce point de vue, l'utilité d'une collection d'armoiries propres à une grande circonscription locale étant incontestable, c'est dans un but purement historique, que nous avons conçu et patiemment exécuté l'ouvrage que nous publions aujourd'hui. Il comprend les armoiries d'environ quatorze cents familles ou communautés.

Notre travail, à défaut d'autre mérite, a donc une assez grande importance numérique, et, quoiqu'incomplet de sa nature comme toute sorte de collections, il peut satisfaire à des besoins si nombreux que c'est bien moins pour l'œuvre de recherche et de compilation que nous avons à demander grâce au public qu'en faveur de la méthode destinée à en faciliter l'usage.

Une méthode, en général, quel qu'en soit l'objet, doit être ou *naturelle,* c'est-à-dire dérivant de la nature même de la science à laquelle elle s'applique, ou *artificielle,* c'est-à-dire tendant à son but par des divisions arbitraires et, en quelque sorte, mécaniques.

Les méthodes naturelles sont les plus logiques, les plus dignes des efforts des hommes spéciaux ; elles seraient les seules admises si elles étaient les plus faciles, mais c'est précisément le contraire qui arrive, soit parce que l'intelligence d'une méthode naturelle suppose des connaissances déjà étendues de la science dont elle résume les éléments, soit parce que les méthodes artificielles, groupant les choses ou les êtres suivant des signes très-apparents, sont plus facilement saisissables, celles-ci sont généralement préférées dans la pratique.

La méthode suivant laquelle notre armorial a été classé, et

qui consiste en un seul tableau analytique, participe de ces deux natures.

Toutes les grandes divisions sont naturelles, c'est-à-dire conformes aux règles héraldiques, mais les subdivisions sont artificielles de manière à donner des groupes bien tranchés et toujours susceptibles d'être divisés encore et subdivisés, suivant l'importance de la matière.

Notre méthode forme quatre-vingts groupes ou paragraphes contenant chacun la description de quinze à vingt armoiries et l'indication des familles auxquelles elles appartiennent. Un écu quelconque d'armoirie étant donné, pour connaître à l'instant même s'il est compris dans l'armorial, il suffit de trouver, à l'aide du tableau analytique, à quel groupe il appartient, de recourir à ce groupe indiqué par son numéro d'ordre et de parcourir rapidement les quinze ou vingt descriptions qu'il comprend.

Les connaissances que l'usage de cette méthode implique se réduisant, du reste, aux plus simples notions de l'art héraldique, telles qu'on peut les apprendre en quelques heures, nous n'avons que bien peu d'explications à donner pour en faciliter la pratique.

Les émaux n'ont motivé aucune de nos divisions, d'une part, parce qu'avant le temps où le P. Sylvestre *Pierre-Saincte* imagina de représenter les métaux et les couleurs par un pointillé et des traits en hachures, les armoiries qui ne sont pas peintes n'offrent aucun indice à cet égard, et, d'autre part, parce que, depuis l'invention du savant jésuite, les signes conventionnels n'en ont pas toujours été indiqués dans les sceaux et les gravures, que la sculpture les a très-rarement admis, enfin que le défaut de netteté ou l'exiguité des empreintes permet assez difficilement de les distinguer.

Tout écu *écartelé* ne figure sous le paragraphe relatif à cette forme qu'autant que ses quartiers représentent, dans leur ensemble, dans leur état complexe, les armes d'une seule famille, ou qu'il ne nous a pas été possible de connaître, avec certitude, quel quartier représente, à lui seul, les pleines armes de la famille dont un membre ou une branche portait l'écu écartelé.

Nous avons enfin assimilé aux *fasces*, les *jumelles* et les *tierces* et nous n'avons considéré le *lambel* posé en chef que comme un signe négatif parce qu'il ne sert jamais à distinguer les familles, mais seulement les diverses branches d'une même maison.

Toutes les sources auxquelles nous avons puisé sont mentionnées sans aucune exception. Elles sont de deux sortes. Les unes indiquent la composition de l'écu, les autres le lien qui le rattache à l'histoire locale. Une note, du reste, placée à la suite de cette introduction fera connaître les abréviations destinées à rappeler les documents fréquemment cités.

Au nombre de ces documents, il en est un qui n'a jamais été apprécié à son véritable point de vue et qui touche si directement à notre sujet qu'il ne nous est pas permis de taire les applications curieuses qui en ont été faites. Nous voulons parler d'un édit de 1696.

Louis XIV avait révoqué l'édit de Nantes. Les Réformés s'étaient enfuis. Cinquante mille familles françaises avaient quitté leur patrie, et cette population active avait porté à l'étranger ses talents, son industrie, ses richesses. Les états protestants, pour défendre leurs co-religionnaires ; les états catholiques pour venger les injures qu'ils avaient subies, avaient formé une ligue contre la France. La guerre avait recommencé et, depuis six ans, tenait quatre cent mille hommes sous les armes.

Les dépenses fastueuses de Louis XIV continuaient, et le génie de Colbert ne présidait plus aux destinées de la nation. M. de Pontchartrain, qui avait succédé à Lepeletier, dans la direction des finances, était à bout de ressources et s'ingéniait péniblement à remplir les caisses du trésor par les moyens financiers les plus tyranniques et les plus désastreux.

Le roi avait demandé des dons aux villes et au clergé ; il avait refondu et altéré les monnaies ; il avait doublé le chiffre de la taille, augmenté le prix du sel, établi le papier timbré, la marque des ouvrages d'or et d'argent, la ferme des tabacs, la capitation, etc., etc. Ce n'était pas assez et nous avons à citer d'autres impôts encore.

Louis XIV créa et vendit des offices de toutes sortes, offices de juridiction, de justice, de police, de finance, de milice, d'industrie, de navigation. Il vendit enfin des lettres de noblesse à 3,000 fr. pièce. Et comme une grande partie des offices dont nous venons de parler conféraient eux-mêmes la noblesse, c'est-à-dire l'exemption de la taille et de la corvée, on vit, d'une part, trois mille soixante-six portes incessamment ouvertes pour arriver à l'anoblissement (1), et, d'autre part, le spectacle de la France aliénant les sources de l'impôt et mangeant ainsi son blé en herbe. La noblesse de race enfin, perdue au milieu de tous ces anoblissements d'épée, de robe et de cloche, put regarder le roi comme le précurseur des philosophes révolutionnaires du siècle suivant.

Dans cette situation, un édit du mois de novembre 1696, considérant *que rien n'était plus digne de la gloire du royaume que de retrancher les abus qui s'étaient glissés dans le port des armoiries et de prévenir ceux qui pourraient s'y introduire dans la suite,* établit une grande maîtrise des armoiries, ayant sous ses ordres des maîtrises particulières, pour organiser un armorial général, l'entretenir et le conserver.

Cet édit avait-il réellement pour but de consacrer les droits acquis et d'assurer la transmission régulière des armoiries qui seraient enregistrées à l'armorial général ? N'était-il pas, avant tout, une loi de finance ? Le budget de 1697 répond suffisamment, il nous semble, à ces questions. On y lit en effet cet article (2) :

_____

(1) Dictionnaire héraldique, par Grandmaison, p. 34.
(2) Recherches et considérations sur les finances de la France, par de Forbonnais, Basle, 768, in-4°.

Maîtrises générales et particulières des armoiries et sommes payées par les particuliers pour droits d'armoiries, résultat de livres 7,000,000, net. 5,833,333

Ce qui arriva à Auxerre, à cette occasion, permet moins encore de douter de l'origine peu héraldique de l'édit de 1696.

On lit dans l'Armorial de la généralité de Bourgogne, vol. Ier, p. 183, cette mention, à la date du 24 janvier 1698 :

« AUXERRE, *Néant.*

« *Personne n'ayant présenté ses armoiries jusqu'à ce jour.* »

Il y avait là, pour l'Intendant, matière à réflexion ; rien au 24 janvier 1698, rien à la page 183 !

Des démarches actives, on n'en peut douter, furent faites alors près des principales autorités de la ville, dont le mauvais exemple avait entraîné une résistance très-regrettable, quoique moins systématique, à Vermenton, Saint-Bris et Seignelay, dans la généralité de Bourgogne, à Toucy et à Saint-Fargeau, dans celle d'Orléans, dont le bon exemple, même tardif, pouvait mettre fin à de sérieux embarras.

Cependant, la situation financière de la France n'avait pas changé et M. de Ponchartrain avait imaginé un nouvel impôt de 3,100,000 livres *sur....* *l'établissement des lanternes dans les principales villes du royaume.* C'était à n'y plus voir clair, aussi, quoique la paix signée à Ryswick, le 20 septembre 1697, eût permis d'espérer une amélioration dans l'état des finances, l'intendant de Bourgogne n'en arrêta pas moins, le 30 mai 1698, un rôle exécutoire contre les *armoriés* de la ville d'Auxerre qui déclinaient l'honneur d'un enregistrement authentique. L'arrivée de ce rôle et les moyens de persuasion qui l'accompagnèrent ne furent pas sans succès.

L'Evêque, l'Evêché et le Chapitre ;

Le Bailly et le Maire perpétuel ;

Le Président, le Lieutenant général, le Lieutenant particulier, le Procureur du Roi et cinq Conseillers au présidial ;

Trois Conseillers honoraires ;

Le Procureur du Roi en la Prévôté, trois avocats, deux femmes de magistrats, un noble et sa femme, le Receveur des décimes du diocèse, un gardé-du-corps du duc d'Orléans, un officier de la duchesse d'Orléans, le Prieur de Saint-Amatre, le Curé de Saint-Pierre-en-Château et le couvent de Saint-Marien firent enregistrer leurs armoiries.

Cette défection était cruelle, mais elle n'ébranla pas la fermeté des autres opposants, qui étaient fort nombreux, comme nous le verrons tout à l'heure, et, pendant deux années tout entières, ils purent s'applaudir de cette résistance passive à l'honneur d'avoir, pour leur argent, des armoiries officielles garanties par le gouvernement.

Enfin, un édit du mois d'août 1700, supprima, sans qu'ils manifestassent de regret, les maîtrises d'armoiries mais avec confirmation, *à ceux qui avaient fait enregistrer leurs armoiries et payé les droits d'enregistrement, des droit et faculté de les porter.*

Un grand nombre de familles de nos pays, actuellement existantes, ont acquis et payé ce droit, nous leur fournissons aujourd'hui le moyen d'en jouir, si cela leur convient.

Quant aux récalcitrants d'Auxerre, ils avaient pu croire et espéré sans doute qu'en clôturant l'armorial, l'édit de 1700 avait forclos les retardataires et supprimé conséquemment la taxe de l'enregistrement. C'était une erreur. Il fallut toutefois quatre ans encore pour le leur persuader, et ils payèrent alors forcés contraints. Tous les extraits du rôle général se trouvant du reste dans les archives de la ville, on peut croire que c'est elle-même qui, considérée comme responsable, fut obligée de satisfaire à la dette de tous.

Quoi qu'il en soit, il faut avouer que les Auxerrois méritaient bien, dans cette circonstance, l'épithète que Théodore de Bèze avait donnée sans raison aux Auxerroises.

Malgré l'édit de 1700, l'armorial n'était donc pas mort. La durée de son agonie égala même la durée de son existence active. Toutefois, si l'on avait pu forcer les Auxerrois à payer le

droit d'enregistrement d'armoiries dont ils se souciaient peu,
il était difficile d'enregistrer des armoiries qu'ils n'avaient pas,
qu'ils ne produisaient pas, et dont ils ne voulaient pas. Les
hommes du fisc sont terribles, il nous est permis de le dire.
Cette difficulté n'arrêta pas le préposé à l'armorial de Bourgogne. Il attribua d'office des armoiries aux Auxerrois, et, pour
qu'on ne pût dire que les absents ont toujours tort, les blasons
qu'il imagina eurent tous une pièce honorable, savoir : une
barre, une *bande,* un *pal* ou une *fasce,* chargés exclusivement,
sauf la variante des émaux, d'un *cœur,* d'un *arc,* d'une *croisette,* d'une *quintaine,* d'un *lambel,* d'une *roue,* d'un *sabre,*
d'un *clou* ou d'une *baïonnette.* Puis, laissant le sort probablement décider du reste, il arriva que l'*arc* échut à l'abbaye de
Saint-Germain, aux merciers, aux orfèvres, aux rôtisseurs et
au prieuré de Saint-Eusèbe. Les cordiers portèrent le sabre ;
les officiers du grenier à sel, les cordonniers, les libraires, les
boulangers et Notre-Dame-des-Iles eurent le *clou* en partage.
La *baïonnette* advint aux filles de la Providence, aux tisserands,
aux chirurgiens, aux charpentiers, aux perruquiers et à l'abbaye de Saint-Julien, ainsi de suite, jusqu'à épuisement des
300 écus à blasonner. Puis, s'admirant dans son œuvre, l'a-
gent du trésor proposa et fit introduire dans l'armorial la mention suivante :

« Présenté par ledit Vanier à nos seigneurs les commis-
« saires généraux du conseil à ce qu'attendu qu'il n'a été four-
« ni par les personnes ci-dessus dénommées aucune figure ni
« explication d'armoiries et qui ont néanmoins payé les droits
« d'enregistrement d'icelles, il plaise à nosdits seigneurs leur
« en accorder en conformité de l'édit du mois de novembre
« 1696, pour être ensuite reçues et enregistrées à l'armorial
« général, conformément auxdits édit et arrêts rendus en con-
« séquence.

« Fait à Paris, le 1er jour de novembre 1704.

« Signé : ACCAULT et ALEXANDRE. »

Plus bas enfin est écrit :

« Reçues le 15 février 1709, pour être enregistrées. »

« Signé : SENDRAIS. »

Voici du reste la récapitulation des sommes payées par les Auxerrois, et qui arrivèrent au trésor en exécution de l'édit de 1696 :

		liv.	s.
1	La ville d'Auxerre,	111	10
5	abbayes,	282	10
12	autres communautés religieuses,	348	»
47	chanoines,	1,103	10
13	autres ecclésiastiques,	305	10
25	nobles,	587	10
24	officiers de justice,	564	»
22	femmes de ces messieurs,	517	»
6	officiers de la prévôté,	141	»
3	officiers des eaux et forêts,	70	10
5	officiers de l'hôtel-de-ville,	117	10
4	officiers du grenier à sel,	94	»
4	officiers de la maréchaussée,	94	»
5	officiers de guerre	117	10
6	médecins,	141	»
35	avocats,	822	10
11	notaires,	258	10
31	procureurs,	728	»
5	individus de professions diverses,	117	10
36	corporations de métiers,	2,034	»
Ensemble 300 armoriés malgré eux,		8,556	10
Ajoutant 30 armoriés volontaires,		751	10
Total : 330, donnant une finance de		9,308	»

On peut se faire une idée de l'importance de cet impôt, de deux manières, à un point de vue absolu, en comparant la valeur commerciale actuelle de l'argent à celle qu'elle avait en 1696, et au point de vue de l'impôt aux deux époques.

D'après les tables de Leber, les 100 liv. de la fin du XVIIe siècle représentant aujourd'hui une valeur de 333 fr. 33 c., la finance de 9,308 liv. équivaut à une taxe actuelle de 31,000 fr.

Notre budget étant de 1,700 millions de francs, tandis qu'il n'était, en 1696, que de 157, en frappant, à cette dernière époque, sur 330 imposables, une taxe de 9,308 liv., c'est exactement comme si l'on réclamait aujourd'hui à un semblable nombre un impôt de 100,000 fr.

Nous ne croyons pas qu'on ait jamais taxé si haut la vanité et rencontré tant de modestie.

L'Intendant de la généralité de Paris fut plus accommodant, suivant toute apparence. Il est vrai qu'il n'y eut pas, dans les élections de cette généralité, la résistance que nous venons de signaler à Auxerre, mais les corporations d'arts et métiers de Sens, de Villeneuve-le-Roi, de Saint-Florentin, de Vézelay purent se dispenser de faire enregistrer leurs armoiries, et c'est volontairement que les corporations de Tonnerre firent enregistrer les leurs.

Au résultat, ces impôts extraordinaires, en échange desquels le roi le plus despote qu'ait eu la France aliénait une partie de la souveraineté, c'est-à-dire démocratisait la nation, ne sauvèrent pas ses finances de la ruine, et Louis XIV mourut en laissant (1) 2 milliards 600 millions de dettes, représentant aujourd'hui 7 milliards 150 millions.

Notre armorial ne comprend pas, bien entendu, toutes ces armoiries attribuées d'office, parce que les titulaires ne les ont jamais portées, probablement jamais connues, et que ce que nous en avons dit suffit au but purement historique que nous nous sommes proposé.

Nous nous garderons bien, du reste, de jeter la moindre défaveur sur le culte que les armoiries peuvent trouver encore

---

(1) Mémoires pour servir à l'histoire générale des finances, par le chevalier Déon, vol. II, p. 47.

dans un grand nombre de familles. Les souvenirs pieux sont aussi légitimes que les prétentions orgueilleuses sont ridicules.

Pour faciliter l'usage de l'armorial historique de l'Yonne, et le rendre utile autant qu'il nous est possible, nous le faisons suivre : 1° d'un dictionnaire héraldique ; 2° d'une table alphabétique des familles et communautés ; 3° enfin d'une table alphabétique des fiefs désignés dans cet ouvrage, avec indication des armoiries seigneuriales qui leur sont propres.

INDICATION ABRÉGÉE

DES OUVRAGES CITÉS TRÈS-FRÉQUEMMENT DANS L'ARMORIAL.

ANN. DE L'YONNE. Annuaire historique et statistique de l'Yonne ; Auxerre, Perriquet, in-8°, depuis 1837. Le nom de l'auteur de l'article est indiqué concurremment.

ARCH. DE L'YONNE. Archives historiques du département de l'Yonne ; *fonds féodalité*, quand un autre fonds n'est pas indiqué en même temps.

ARCH. IMP. Archives impériales, actes d'aveu et de dénombrement des grands fiefs compris dans la circonscription du département de l'Yonne.

ARM. DU NIVERNAIS. Armorial du Nivernais par M. de Soultrait, un vol. in-8° avec planches.

ARM. GÉN. BOURG. 1696. Armorial de la généralité de Bourgogne, rédigé en exécution d'un édit de novembre 1696.

ARM. GÉN. ORLÉANS, 1696. Armorial de la généralité d'Orléans, rédigé en exécution du même édit.

ARM. GÉN. PARIS, 1696. Armorial de la généralité de Paris, rédigé en exécution du même édit.

Ces trois ouvrages manuscrits, comprenant une série de volumes petit in-f°, appartiennent à la Bibliothèque impériale. Il en a été fait mention dans l'introduction qui précède.

ARM. HIST. Armorial historique de la Noblesse de 'r nce, par de Milleville, Paris, 1845, 1 vol. grand in-8°. Cet ouvrage nous a été de quelque secours pour des familles vivantes.

ARM. UNIV. Armorial universel, par Jouffroy d'Eschavanne, 2 vol. in-8°. Il est difficile d'y faire un choix raisonné dans les familles homonymies que rien ne permet de distinguer.

D. COTTRON, SAINT-GERM. Chronique de l'abbaye Saint-Germain d'Auxerre, manuscrit de la biblioth. de cette ville, 1 vol. in-f°, par Dom Cottron.

D. Cottron, S.-P. Chronique de l'abbaye Saint-Pierre-le-Vif de Sens, manuscrit de la biblioth. d'Auxerre, 1 vol. in-f°.

Breuillard. Mémoires historiques sur une partie de la Bourgogne, par l'abbé Breuillard. Dijon, Loireau-Feuchot, 1857, in-12.

Bull. de la Soc. hist. de l'Yonne. Bulletin de la Société des sciences historiques et naturelles de l'Yonne, in-8°, 1847-1858. Auxerre, Perriquet et Rouillé. Le nom de l'auteur de l'article cité est indiqué concurremment.

Cat. Et. de Bourg. Catalogue et armoiries des gentilshommes qui ont assisté à la tenue des Etats généraux de Bourgogne Dijon, J.-F. Durand, 1760, in-f°.

Cornat. Notice sur les Archevêques de Sens et les Évêques d'Auxerre, par M. l'abbé Cornat; Sens, Duchemin, 1855, grand in-8°.

Courtépée. Description générale et particulière du Duché de Bourgogne, par Béguillet et Courtépée. Dijon, 1775-1781, 7 vol. in-8°.

De Caumartin. Recherche de la noblesse de Champagne, in-f°, Châlon, 1673, avec armoiries en couleur, biblioth. Sainte-Geneviève à Paris.

Dict. généal. hérald. Dictionnaire généalogique héraldique, par M. D. L. C. D. B. Paris, in-12, 7 vol. (par de la Chesnaye des Bois.)

Dict. hérald. Dictionnaire héraldique, par Charles Grandmaison, 1 vol. in-8°, Paris, 1852. Nous n'avons puisé qu'avec réserve et après contrôle à cette source, à cause de l'insuffisance de la désignation des familles.

Dict nobl. Dictionnaire de la noblesse, par l'abbé La Chesnaye-des-Bois. Paris, 1770-1786, 15 vol. in-4°.

D'Hozier, Arm. gén. Armorial général de la France, par d'Hozier. Paris, 1736-1768, 10 reg. in-f°.

Du Bouchet, Gén. de Courtenay. Histoire généalogique de la maison royale de Courtenay, par Du Bouchet. 1 vol. in-f°, Paris, 1661.

Du Chesne. Histoire de la maison de Montmorency et de Laval, par Du Chesne, 2 vol. in-f°, Paris, 1624.

D. Viole. Mémoires sur l'église d'Auxerre, manuscrit de la bibliothèque de cette ville, 3 vol. in-f°.

Histoire du Berry, par Thaumas de la Thaumassière, 1 vol. in-f°, Bourges, 1691.

Julliot. Armorial des Archevêques de Sens, par M. Julliot. Sens, Duchemin, in-8°, 1858.

Lebeuf. Mémoires concernant l'histoire du diocèse d'Auxerre, par l'abbé Lebeuf. Paris, 1743, 2 vol. in-4°.

Nouvelle édition 4 vol grand in-8°. Auxerre, Perriquet, 1848-1855.

NOBL. BAILL. D'AUXERRE, 1789. Liste de la noblesse du bailliage d'Auxerre, pour les élections aux Etats-Généraux de 1789.

NOBL. BAILL. DE SENS, 1789. Liste de la noblesse du bailliage de Sens, pour les élections aux Etats-Généraux de 1789.

P. ANSELME. Histoire généalogique et chronologique de la Maison royale de France, etc., par Anselme de Sainte-Marie (P. de Guibours). Paris, 1726-1733, 9 vol. in-f°.

PALLIOT. La vraie et parfaite science des armoiries, ou l'indice armorial de Louvan Géliot, augm. par Pierre Palliot. Palliot, Dijon, 1661, un vol. in f°.

PALLIOT, PARL. B. Le Parlement de Bourgogne, son origine, son établissement, etc., par Pierre Palliot. Dijon, Palliot, 1649, in-f°. Suites par Petitot, depuis 1649 à 1723. Dijon, in-f°, 1733.

QUANTIN. Les armoiries des principales villes du département de l'Yonne, par M. Quantin, bulletin de la Société des Sciences historiques de l'Yonne, 1858, p. 151.

ROUSSEAU. Vie des Archevêques de Sens, par Rousseau, manuscrit, XVIIᵉ siècle, de la bibliothèque de la ville de Sens.

TARBÉ. Notices historiques sur le département de l'Yonne, publiées successivement dans l'Almanach de Sens, par Th. Tarbé, et réunies en 2 vol. in-12. Sens, Tarbé.

TARBÉ, ARM. MAN. Recueil d'armoiries concernant le département de l'Yonne, par Th. Tarbé, de Sens, manuscrit qui nous a été obligeamment communiqué par ses héritiers, et qui appartient aujourd'hui à la ville d'Auxerre. Les sources n'y sont pas indiquées et les empreintes ou figures que l'auteur a pu se procurer ne sont pas toujours blasonnées exactement. Toutefois, c'est aux archives généal. de Laisné, qu'il a le plus communément puisé.

TARBÉ, PORTRAITS. Collection de portraits d'hommes célèbres du département de l'Yonne, formée par Th. Tarbé, appartenant aujourd'hui à la Société des Sciences historiques de l'Yonne, un vol. in-f°.

VERTOT. Histoire des chevaliers hospitaliers de Saint-Jean-de-Jérusalem, etc., Paris, Rollin, 1726, 4 vol. in-4°.

VULSON. La Science héroïque, par Marc de Vulson de la Colombière, Paris, 1669, 1 vol. in-f°.

CLASSIFICATION DE L'ARMORIAL DE L'YONNE.

2

ARMORIAL HISTORIQUE

DE L'YONNE.

PREMIÈRE PARTIE.

ÉCUS DIVISÉS.

---

§ I. — ÉCUS ÉCARTELÉS.

1. Écartelé d'or et de gueules.
Palliot, p. 292, et d'Hozier, arm. gén.

DE CHAULGY, puis DE CHAUGY, seign. de Sauvigny-le-Bois, 1559.
Arch. de l'Yonne.
— Seign. d'Étaules-le-Bas, 1598.
Courtépée, VI, p. 16

2. Écartelé d'argent et de gueules.
D'Hozier, arm. gén.

DE MUNG, seigneur de Lainsecq, du Perchin et de Montreparé, XVIᵉ siècle.
Coutume d'Auxerre, et Déy, géographie féodale de la baronnie de Perreuse.
— Comtes de Laferté et de Dannemoine.
Le Maistre, not. ann. de l'Yonne.

3. Écartelé d'argent et de sable.
Tarbé, arm. man.

VISSEC, seign. de Villeblevin et de Grange.
Tarbé, arm. man.

4. Écartelé de sable et d'or, à 1 sautoir alaisé brochant sur le tout, de l'un en l'autre.
Arm. gén. Paris, 1696.

BEAUVAIS, Edme, procureur et notaire au bailliage, pairie et vicomté de Saint-Florentin.
Arm. comme ci-contre.

5. Écartelé au 1 et 4 d'or fretté de sinople ; au 2 et 3 d'or au chef de gueules et 1 bande componnée d'argent et de sable brochant sur le tout.
Tableau du martyre de Saint-Etienne,

CHRÉTIEN, Félix, chanoine de l'Église cathédrale d'Auxerre, 1550.
Tableau, comme ci-contre.

peint en 1550 par le chanoine Félix CHRÉTIEN, cathédrale d'Auxerre.

6. Écartelé au 1 et 4 de gueules plein, au 2 et 3 de gueules à 3 fasces d'argent.

Dict. nobl.

7. Écartelé de sable et d'argent, à 4 rocs d'échiquier de l'un en l'autre; sur le tout d'azur à 1 fleur de lis d'or.

Palliot, p. 572.

Les quartiers sont intervertis dans l'arm. gén. Paris, 1696.

8. Ecartelé au 1 et 4 d'azur semé de fleurs de lis d'or, à la bordure componnée d'argent et de gueules, *qui est Bourgogne moderne*, au 2 et 3 bandé d'or et d'azur de 6 pièces, à la bordure de gueules, *qui est Bourgogne ancien*.

Palliot, p. 40 et 41.

9. Écartelé au 1 et 4 d'azur semé de fleurs de lis d'or, à la bordure componnée d'argent et de gueules, *qui est Bourgogne moderne*, au 2ᵉ quartier parti, au 1 bandé d'or et d'azur de 6 pièces, à la bordure de gueules, *qui est Bourgogne ancien*, au 2 de sable au lion d'or, *qui est Brabant*, enfin au 3ᵉ quartier parti, au 1 de Bourgogne ancien, et au 2 d'argent au lion de gueules, la queue nouée et passée en sautoir, couronné, lampassé et armé d'or, *qui est Luxembourg*, et sur le tout d'or au lion de sable, armé et lampassé de gueules, qui est Flandre.

Palliot, p. 41.

DE MOISSON, seigneur de Genouilly, XVIᵉ siècle.

Arch. de l'Yonne.

— Seign. de Sennecey.

Dict. nobl.

DE BERNARD, seign. de la Motte d'Arthême et de Champigny-sur-Yonne.

— Seigneur de Malvoisine, de la Chapelle-feu-Payen, depuis la Chapelle-Champigny, XVᵉ, XVIIᵉ, XVIIIᵉ siècles.

Arch. de l'Yonne.

DE BOURGOGNE, le duc Philippe-le-Hardi, qui fonda la deuxième maison de Bourgogne en 1361.

Palliot, p. 40 et 41.

DE BOURGOGNE, les ducs Philippe et Charles, son fils.

Palliot, p. 41.

10. Écartelé au 1 et 4 d'azur semé de fleurs de lis d'or à la bordure componnée d'argent et de gueules, *qui est Bourgogne moderne* au 2 et 3 bandé d'or et d'azur de 6 pièces, à la bordure de gueules, *qui est Bourgogne ancien*, et sur le tout d'or au lion de sable armé et lampassé de gueules, *qui est de Flandre*.

Palliot, p. 41.

11. Écartelé au 1 et 4 de *Navarre*, au 2 et 3 d'azur semé de fleurs de lis d'or à la bande componnée d'argent et de gueules, qui est *Evreux*.

P. Anselme.
Voir pour l'écu de Navarre, § 4, n° 2.

12. Écartelé au 1 et 4 de gueules au lion d'or; au 2 et 3, parti; au 1 d'azur à 3 fasces d'or, au 2 de sable à 3 coquilles d'argent.

Dict. nobl.

13. Écartelé, au 1 et 4 d'argent à 1 lion de sinople lampassé et armé d'azur, au 2 et 3 de sable à 3 maillets d'argent, 2 et 1.

Arm. gén. Paris, 1696.

14. Écartelé au 1 et 4 d'azur à la tour crénelée d'argent, au 2 et 3 d'argent au lion rampant de gueules, accomp. de 3 tourteaux aussi de gueules, 2 et 1, au lambel de 5 pendants de même posé en chef.

Dict. nobl. et P. Anselme.

15. Écartelé, au 1 et 4 d'or, au gantelet ou moufle de sable brodé d'argent à l'entrée; au 2 et 3 d'azur au griffon d'or.

Arm. gén. Paris, 1696.

DE BOURGOGNE, le duc Jean, fils de Philippe et de Marguerite de Flandre.

Palliot, p. 41.

DE NAVARRE, Ducs de Nemours, le 19 juin 1404, le duché comprenant Lixy, Dollot, Pont-sur-Yonne, Dixmont, etc.

P. Anselme.

— Vicomtes de Saint-Florentin, 1414-1425.

LE MAISTRE, Not. dans l'Ann. de l'Yonne.

JOHANNE DE LA CARRE, marquis de Sormery, 1586-1789.

Dict. nobl. — Nobl. baill. de Sens, 1789.

— Seigneurs de Piffonds.

Nobl. baill. de Sens, 1789.

GUIET DE LA SOURDIÈRE, Gabriel, prieur de Branches.

Arm. comme ci-contre.

LA MOTHE-HOUDANCOURT, seigneur de Toucy, 1651.

Dict. nobl. Art. D'ASSIGNY.

— PHILIPPE, maréchal de France, marquis de Toucy, par Louise de Prie, qu'il a épousée à Saint-Bris, le 22 novembre 1650.

P. Anselme, VII, p. 530 et suiv.

MOUFLE, Barthélemi, vicaire-général de Mgr l'archevêque de Sens.

Arm. comme ci-contre.

16. Écartelé, au 1 et 4 d'azur à l'aigle d'argent sommé d'un croissant de même ; au 2 et 3 d'azur à 2 chevreuils affrontés d'or, dressés en pal et sommés d'une étoile d'argent entre les deux.

Arm. gén. Paris, 1696.

TAFFOUREAU, Nicolas, chanoine de Sens.

Arm. comme ci-contre.

D'après l'enregistrement fait pour J.-N. TAFFOUREAU, doyen de la cathédrale de Sens, l'aigle aurait le vol abaissé, et ce serait 2 cerfs au lieu de 2 chevreuils.

Il en est de même pour Charles-Nicolas TAFFOUREAU DE FONTAINE, mort en 1708.

Tarbé, portraits.

17. Écartelé, au 1 et 4 d'or, à l'aigle de sable éployée, becquée et membrée de gueules ; au 2 et 3, de sable à 3 palmes d'or mises en pal.

Leclerc, notice historique sur le château de Bontin, dans l'ann. de l'Yonne.

DE LA PRÉE, François, seigneur de Bontin, anobli en 1697.

Leclerc, comme ci-contre.

18. Écartelé, au 1 et 4 d'azur à l'aigle d'or ; au 2 et 3 de gueules au sautoir tréflé et fleuronné d'or.

Arm. gén. Paris, 1696.

BENOIST, Antoine, écuyer, conseiller au présidial de Sens.

Arm. comme ci-contre.

19. Écartelé, au 1 et 4 d'azur à 3 étoiles d'argent ; au 2 et 3 de gueules à l'aigle d'argent ; sur le tout d'or à la bande de gueules.

Dict. hérald. et Lainé.

PIOCHARD, Pierre-Louis, seigneur de la Brûlerie, paroisse de Champlay.

Nobl. baill. de Sens, 1789.

Famille du Gâtinais fixée à Joigny depuis le XVIe siècle ; anoblie par Jean-Etienne en mars 1743. Son père, Etienne, ayant sauvé la vie au prince de Ligne, à la bataille de Fleurus, en 1691, fut autorisé par celui-ci à ajouter à ses armes celles du prince.

20. Écartelé, au 1 et 4 d'azur à 3 pommes de pin d'or, 2 et 1 ; au 2 et 3 d'argent à 1 chevron d'azur accompagné en chef de 2 pieds d'aigle de sable et en pointe d'une hure de sanglier de même.

Arm. gén. Paris 1696.

GARSEMENT, Octave, conseiller au bailliage et siége présidial de Sens.

Arm. comme ci-contre.

21. Écartelé au 1 et 4 d'argent à 3 corneilles de sable becquées et membrées de gueules, brisé en cœur d'une croisette patée, au pied fiché de sable ; au 2 et 3 d'azur à 3 tours d'or, ébréchées à dextre.

Tarbé, arm. man.

BECKET, Thomas, archevêque de Cantorbéry, moine de Pontigny et de Sainte-Colombe, 1164-1168.

Chaillou des Barres, abbaye de Pontigny.

22. Écartelé, au 1 et 4 d'azur à

DE GRAVES, seigneur de Ville-

3 fasces ondées d'argent; au 2 et 3 d'or à 5 merlettes de sable en sautoir.

Dict. hérald. qui indique par erreur que le champ des quartiers 2 et 3 est d'azur.
L'arm. gén. Paris 1696 ne mentionne que 2 fasces.

23. Écartelé au 1 et 4 d'argent à 1 croix de sable, chargée de 5 besans d'argent; au 2 et 3 d'argent à 3 chabots de gueules 2 et 1.

Arm. gén. Bourg. 1696.

24. Écartelé au 1 et 4 d'azur au chevron d'or, accomp. de 3 molettes de même, au 2 et 3 de gueules à la tour d'argent.

Gravure de P. Drevet, d'après un portrait peint par Hyac. Rigaud, collection de M. Bretagne.

25. Écartelé au 1 et 4 d'argent à 3 coquilles de gueules, au franc quartier d'azur; au 2 et 3 d'or au chevron de gueules, accompagné de 3 trèfles de sinople.

De Caumartin.

26. Écartelé, au 1 et 4 de gueules à 5 étoiles d'or 2, 1, 2; au 2 et 3 d'or à 5 feuilles pendantes de sinople.

Grande verrière sud de la cathédrale de Sens et débris de tombeau.
D'après l'armorial des archevêques de Sens, man. de la bibl. de cette ville, il y aurait au 1 et 4 d'argent à 5 fleurs pendantes d'azur, et au 2 et 3 de gueules à 5 étoiles d'or en sautoir.
Suivant le dict. hérald. les feuilles seraient de panais, ce qui est contraire, non-seulement aux deux autorités que nous citons à l'appui de notre description, mais encore à un petit monument adossé à l'un des piliers de la même cathédrale où les feuilles sont obtuses au sommet et en cœur à la base comme celles du nénuphar.

fargeau et la Villotte, XVIIe siècle. Stat. 1670.

LE VOYER, Marie-Anne, femme de Nicolas-François de la Tournelle, seign. de Leugny.

Arm. comme ci-contre.

FINÉ DE BRIANVILLE, abbé de Pontigny, 1687-1708.

Gravure, comme ci-contre.

DE BUTOR, seign. de Montigny en Bourgogne, de Cours, fief mouvant de Noyers, de Serrigny au bailliage de Noyers et du Buisson ou de la Roche-Morin, ce dernier fief donné à Jean de Butor, le 25 juillet 1572, par Françoise d'Orléans, princesse de Condé, dame de Noyers.

De Caumartin.

TRISTAND DE SALLAZAR, Étienne, archevêque de Sens, mort en 1519.

Tarbé, histoire de Sens.

— HECTOR DE SALLAZAR, gouverneur d'Auxerre, 1493, seign. de Courson.

Courtépée.

D'après Vertot, les feuilles seraient de sable, et d'après le dict. hérald. les étoiles de 6 rais.

27. Écartelé, au 1 et 4 d'argent à 1 croix potencée d'or, cantonnée de 4 croisettes de même ; au 2 et 3 de gueules à 1 écusson d'or, chargé d'une feuille de chêne de sinople.

Arm. gén. Paris 1696.

Il y a erreur sans doute dans l'indication des émaux des quartiers 1 et 4, ou c'est à *querre et enquerre* à cause du nom *Boursier* indiquant de l'or et de l'argent.

BOURSIER, conseiller au présidial de Sens.

Arm. comme ci-contre.

Un membre de cette famille a été inscrit sur la liste des émigrés de l'Yonne.

28. Écartelé, au 1 et 4 d'or à un arbre arraché de sinople ; au 2 et 3 d'azur à 3 pommes de pin d'or.

Arm. gén. Paris 1696.

CHARMEUX, Antoine, élu de Sens.

Arm. comme ci-contre.

29. Écartelé au 1 et 4 d'azur au pal d'or ; au 2 et 3 de gueules à 2 fasces d'argent.

Arm. gén. Bourg. 1696.

CARTERET, Bénigne, curé de Guillon.

Arm. comme ci-contre.

30. Écartelé, au 1 et 4 d'or à 5 étoiles de gueules, 2, 2 et 1 ; au 2 et 3 de gueules à la fasce de vair.

Palliot, p. 298.

DE FONSÈQUES, seign. de Malicorne, XVIe siècle.

Coutume de Montargis et Dict. nobl.

31. Écartelé, au 1 et 4 d'or à 3 pals de sable ; au 2 et 3 d'or à 1 cœur de gueules.

Cat. Et. Bourg. où il y a transposition de quartiers. — Vertot.

DESTUD D'ASSEY, seigneur de Chastenay, près d'Arcy-sur-Cure, élu aux Etats-Généraux de Bourgogne par le bailliage d'Auxerre.

Cat. Et. Bourg

— Seign. DE VAUX — Sainte-Marie-lès-Arcy-sur-Cure.

Courtépée.

C'est le même lieu que Chastenay.

Arch. de l'Yonne.

— Seigneur de Menade et de Tharoiseau.

Courtépée, VI, p. 25 et 51.

32. Écartelé, au 1 et 4 d'azur à 1 croissant d'argent ; au 2 et 3 échiqueté d'argent et de gueules.

Arm. gén. Paris, 1696.

MAUNY, Claude, écuyer à Saint-Florentin.

Arm. comme ci-contre.

33. Écartelé, au 1 et 4 de..... à la bande de.... accomp. de 7 billettes de.... 4 en chef, et 3 en pointe, celles-ci en orle ; au 2 et 3 de.... à 3 pals de vair, au chef de... sur le tout un écu de...

Sceau d'une charte de 1554, arch. de de l'Yonne, fonds Châtel-Censoir. ↘

BAZARNE, la prévôté.

Comme ci-contre.

§ II. — ÉCUS GIRONNÉS, OU ÉCARTELÉS EN SAUTOIRS.

1. Gironné d'or et de gueules de 6 pièces.

Arm. hist. Le dict. nobl. dit gironné de 8 pièces.

DE BÉRENGER, seigneur de Champlay et d'Arblay près Neuilly.

Documents de la société hist. d'Auxerre vol. XII, p. 767.

2. Gironné d'argent et de gueules de 10 pièces.

P. Anselme.

ROGRES, seign. de Champignelles, XVIIIᵉ siècle.

P. Anselme.

— Seign. de Mâlay-le-Roi.

Déy, not. hist. sur Champignelles, dans le bull. de la soc. hist. de l'Yonne, II, p. 13.

3. Gironné de vair et de gueules de 10 pièces.

Palliot, p. 660.

DE BELLEVILLE, seign. de Flogny, de Carizey et de Thorigny, XVIᵉ siècle.

Inventaire du comté de Tonnerre, arch. de l'Yonne.

4. Écartelé en sautoir, au 1 et 2 de gueules au roc d'échiquier d'argent ; au 3 et 4 fascé de 6 pièces d'or et d'azur, à deux filets d'argent posés sur le tout en sautoir.

Tarbé, arm. man.

DE MOINVILLE, seign. de Brannay, des Barres, Villethierry et Saint-Sérotin, 1789.

Tarbé, arm. man. et nobl. baill. de Sens, 1789.

§ III. — ÉCUS AYANT UN FRANC QUARTIER, OU UN FRANC CANTON.

1. Échiqueté d'or et d'azur au franc quartier d'or chargé d'un griffon de sable.

Palliot, p. 346.

LE PREVOST, seign. de Prunoy, Senan, Volgré, Chailleuse, XVIᵉ siècle.

Inventaire des titres de Senan, archiv. de l'Yonne.

2. D'azur à 5 plantes de mandragore d'argent mal ordonnées, au franc quartier d'hermine.

Arm. du Niv.

DE CHAMPS, seigneur de Pesselières.

Arm. du Niv.

— Seign. de Pesselières, Fosse-Gilet, Sougères, Chaillou et Verilly en la paroisse de Treigny, XVIᵉ siècle.

Déy, géographie féodale de la baronnie de Perreuse.

3. D'azur, semé de quatre-feuilles d'or, au franc quartier d'hermine.

P. Anselme.

D'après le Dict. Nobl. ce serait écartelé au 1 et 4 d'azur semé de quatre-feuilles d'or au franc quartier d'hermine ; au 2 et 3 d'argent à 3 lézards de sinople, ce qui indiquerait seulement qu'un membre de cette famille aurait écartelé en souvenir d'une alliance.

PHÉLYPPEAUX, comtes de St-Florentin.

P. Anselme.

— Marquis de Tanlay.

Chaillou des Barres. Notice hist. sur le château de Tanlay.

— Barons de Thorey, seign. de Melisey, Chamelard, Rugny, Villon, XVIIᵉ et XVIIIᵉ siècles.

Lambert, notice dans l'ann. de l'Yonne.

4. D'argent à la croix ancrée de gueules, au franc canton d'azur à une étoile d'or.

Tarbé, arm. man.

DE CHARPIN, Henri et Jean-Michel, abbés de Saint-Germain d'Auxerre, 1731-1735.

Henry, hist. de l'abb. Saint-Germain.

§ IV. — ÉCUS PARTIS.

1. Parti, au 1 d'azur semé de fleurs de lis d'or ; au 2 de gueules à 1 Saint-Martin d'argent.

Arm. gén. Paris, 1696.

CHABLIS, chapitre Saint-Martin.

Arm. comme ci-contre.

2. Parti de Navarre et de Champagne, au chef de... chargé d'une tour de... accostée de deux fleurs de lis de...

Sceau d'une charte de 1330, arch. de l'Yonne, fonds Pontigny, et sceau de 1343 publié par M. Pigeory dans l'ann. de l'Yonne.

L'écu de *Navarre* est de gueules, à 1 lacis de chaînes passées 8 anneaux posés en orle, formant ensuite une croix et un sautoir enlacés dans 8 anneaux également en orle et 1 en cœur, le tout d'or.

SAINT-FLORENTIN, la prévôté.

Arch. de l'Yonne, comme ci-contre.

M. Pigeory cite un autre sceau du XVIᵉ siècle aux armes de France écartelées de celles de Navarre..

L'écu de *Champagne* est d'azur à la bande d'argent cotoyée de 2 cotices potencées et contre-potencées d'or.

3. Parti de Navarre et de Champagne.

Voir n° précédent.

Sceau de cuivre trouvé à Ervy, appartenant à la Société des Sciences historiques de l'Yonne, et peinture moderne au fronton de l'hôtel-de-ville.

L'écu est encadré dans un 4-lobes ogival avec une fleur de lis dans chacun des segments supérieurs.

SAINT-FLORENTIN, la commune.

L'exergue du sceau mentionné ci-contre est :

SCEL DE LA COMMUNE DE SAINT-FLORENTIN.

M. Quantin croit ce sceau du XVIe siècle, et il cite, pour justifier le nom de *commune* attribué à la ville de Saint-Florentin, la charte d'affranchissement des habitants par le comte de Champagne, en 1231, et une autre charte de 1421 où l'ancienne administration locale s'intitule *mairie et commune.*

La ville de Saint-Florentin n'ayant pas fait enregistrer ses armoiries à l'armorial de 1696, et la légende *Scel de la commune de Saint-Florentin* n'étant point en caractères gothiques, et se trouvant par conséquent en désaccord avec les ornements ogivaux qui l'accompagnent, nous le croyons l'œuvre de quelque archéologue moderne qui l'aurait fabriqué, d'après celui de la prévôté, pour la commune de 1790.

4. Parti de France (d'azur à 3 fleurs de lis d'or) et de Champagne (d'azur à la bande d'argent cotoyée de 2 cotices d'or potencées et contrepotencées), la bande d'argent chargée de 3 roses de...

Sceau des Archives de l'Yonne, XVIIIe siècle.

SENS, les Bénédictines du faubourg Saint-Antoine.

Acte des arch. de l'Yonne, XVIIIe siècle.

5. Parti de France (d'azur semé de fleurs de lis d'or) et de Bourgogne ancien (bandé d'or et d'azur de 6 pièces à la bordure de gueules).

Sceaux de chartes de 1284 et 1292, aux archives de l'hôpital de Tonnerre et du département de l'Yonne.

DE BOURGOGNE, Marguerite, comtesse de Tonnerre, Reine de Sicile et de Jérusalem, XVIIIe siècle.

Chartes 1284 et 1292, comme ci-contre.

6. Parti, au 1 de... semé de fleurs de lis de... au lambel de 3 pendants de... au 2, bandé de 6 pièces à la bordure de...

Sceau d'une charte de 1284, Arch. de l'Yonne, fonds Pontigny.

Sans doute *semé de France* au lambel de gueules pour Charles d'Anjou, roi de

TONNERRE, la cour du Comté.

Comme ci-contre.

Naples et de Sicile, et *de Bourgogne*, pour Marguerite de Bourgogne, sa femme, comtesse de Tonnerre.

7. Parti d'azur au sauvage d'or tenant une massue élevée, et de gueules au lion d'or.

Cat. Et. Bourg.

MALAIN, seigneur de Seignelay.

Cat. Et. Bourg.

— Seign. d'Hauterive et de Rebourseau, XVIe siècle.

Coutume d'Auxerre.

— Seign. de Poilly-sur-Serein, XVIe siècle.

Inventaire du comté de Tonnerre, arch. de l'Yonne.

8. Parti d'azur à 1 tête de Méduse d'argent, et d'argent à 1 tête de Méduse de sable.

Arm. gén. Paris, 1696.

JURINADE, Claude, 2e avocat du roi au bailliage de Sens.

Comme ci-contre.

9. Parti d'azur à 3 étoiles d'or, et d'un échiqueté d'or et d'azur au chef d'argent chargé d'une aigle de sable, les ailes étendues.

D'Hozier, Arm. gén. I. p. 4.

ABONDE, Charles-Alexis, demeurant à Saint-Antoine près de Sens où il est né le 22 août 1702.

D'Hozier, comme ci-contre.

10. Parti d'argent et d'azur, à 2 bourdons passés en sautoir, de l'un en l'autre.

Arm. gén. Paris, 1696.

BOURDIN, Edme, curé de Courtois.

Arm. comme ci-contre.

11. Parti d'argent et de gueules, à 1 croix de Malte de l'un en l'autre.

Arm. gén. Paris, 1696.

CHEVALIER, procureur du roi de la prévôté de Sens.

Arm. comme ci-contre.

12. Parti d'or et d'azur, à 1 chef de gueules chargé de 3 croissants tournés d'argent.

Arm. gén. Paris, 1696.

RAVINEAU, Charles, avocat au parlement, procureur fiscal de la ville et du comté de Tonnerre.

Arm. comme ci-contre.

13. Parti d'or et d'argent, à 1 chevron d'azur brochant sur le tout, et 1 chef de sable, chargé d'un soleil d'or.

Arm. gén. Paris, 1696.

GAUTHIER, écuyer, seign. de Tronchoy, Roffé et Fontaine-Géry.

Arm. comme ci-contre.

14. Parti d'or et d'azur, à la cotice de gueules brochant sur le tout.

Tarbé, arm. man.

TALARU DE CHALMAZEL, vicaire-général de Sens, évêque de Coutances, 1764.

Tarbé, arm. man.

15. Parti, au 1er d'azur à la bande vivrée d'argent; au 2 parti

LIGNY-LE-CHATEL, la ville.

Bouton d'argent comme ci-contre.

au 1ᵉʳ de sinople semé de fleurs de lis d'argent, au 2 d'azur au lion d'argent.

Bouton d'argent du cabinet de M. Bretagne, avec l'exergue : VILLE. DE. LIGNY. LE. CHATEL... L'écu sommé d'une couronne de comte.

Nous n'enregistrons ce document que pour ce qu'il vaut et sans pouvoir l'expliquer. Nous croyons toutefois que ce bouton provient de l'uniforme d'un Maire de Ligny et porte les armes de ce magistrat plutôt que celles de la ville.

§ V. — ÉCUS COUPÉS, EMMANCHÉS, TRANCHÉS, TAILLÉS, CHAPPÉS, ETC.

1. Coupé, d'argent et d'azur, à une jambe de carnation brochant en pal sur le tout, le pied chaussé d'or et une bordure aussi coupée et dendelée de l'un en l'autre.

Arm. gén. Paris, 1696.

CHAUSSON, Jean, chanoine de la collégiale de Chablis.

Arm. comme ci-contre.

2. Coupé, d'or à l'aigle éployée de sable, et de gueules au dextrochère d'argent à senestre sortant d'une nuée aussi d'argent.

Cat. Et. Bourg.

DE MASSOL, élu aux États de Bourgogne par le bailliage d'Auxerre.

Cat. Et. Bourg.

— Seign. de Menade.

Courtépée, VI, p. 25.

3. Coupé, d'or au lion de sinople lampassé de gueules, et d'azur à l'ancre d'argent, accompagnée en chef de deux étoiles et chargée d'une foi surmontée. d'un cœur ailé, le tout d'argent.

Tarbé, arm. man.

DUDON, famille d'Auxerre, anoblie au XVIIIᵉ siècle par une charge de judicature.

Tarbé, arm. man.

4. Coupé, au 1 fascé d'azur et d'or de 6 pièces parti de fascé d'or et d'azur; au 2 d'argent à la hure de sanglier de sable.

Tarbé, portraits.

GIRARD, abbé de Pontigny, cardinal diacre du titre de Saint-Nicolas en la prison Tullienne, et ensuite évêque de Preneste, mort en 1202.

Tarbé, portraits.

5. Coupé, au 1 d'azur à l'aigle d'or parti d'azur à 1 sautoir alaisé et fleuronné d'or ; au 2 d'or à 1 cœur de gueules ailé de même.

Arm. gén. Paris, 1696.

DES BONNES, Robert, seign. du Colombier, chevalier du guet et lieutenant de la maréchaussée de Sens.

Arm. comme ci-contre.

6. Coupé, de gueules, emmanché d'argent de 2 pièces.

Dict. hérald.

DE VAULDREY, seign. de Sautour.

Quantin, notice dans l'ann. de l'Yonne.

Emmanché de gueules et d'argent.

Palliot, p. 266.

Devise : *J'ai valu, vaux et vaudrai,* du nom de trois seigneuries.

7. Coupé emmanché de gueules de 3 pièces sur 2, et 2 demies d'argent.

D'Hozier, arm. gén. IV.

8. Coupé emmanché de 3 pièces de sable sur argent. .

D'Hozier, arm. gén. II.

Devise : *Periissem ni periissem.*

9. Tranché au 1 d'argent à 3 tourteaux d'azur en orle, au 2 d'azur, à 3 besans d'argent, également en orle.

Tarbé, arm. man.

Inscription sur marbre noir de la cath. de Sens.

10. De sable, chappé d'argent, la pointe de sable terminée par une croix pattée de même, accomp. de 3 étoiles, 2 en chef et 1 en pointe, de l'un en l'autre.

Arm. gén. Paris, 1696.

— Seign. d'Argentenay, 1530.

Invent. du comté de Tonnerre, arch. de l'Yonne

— Seign. du Coing, sur Argentenay, 1539.

Cart. du comté de Tonnerre, arch. de l'Yonne.

LAMBERT, seign. de Saint-Bris, Chitry, etc., l'un gouv. d'Auxerre.

D'Hozier et stat. du comté d'Aux., 1670.

—Saint-Bris érigé en marquisat pour Jean Lambert, en 1649.

Courtépée.

L'écu, tel qu'il est décrit ci-contre figure encore à la porte du château et dans l'église de Saint-Bris. C'est donc par erreur que le *Cat. des élus aux états de Bourg.* a dit que cette famille portait d'argent au pal d'azur chargé d'une croix pleine d'or, aux rayons de même.

D'ANSTRUDE, seign. de Bierry, érigée en baronnie au mois d'août 1737, pour François César, sous le nom d'*Anstrude*, de Pacy, de Laignes, de Villiers-les-Hauts.

D'Hozier, comme ci-contre.

— Seign. de Bierry et du Souillas, 1736.

Breuillard.

—Seign. de Bierry, 1649-1789.

Généal. de la mais. d'Anstrude, br. in-8.

DE BULLIOUD, Claude, chanoine official, archidiacre et vic. gén. de Sens, mort le 22 octobre 1777.

Inscription, comme ci-contre.

— Jean-Baptiste, chevalier de Saint-Louis, ancien capitaine de cavalerie à Sens, 1789.

Tarbé, arm. man.

SENS, les Carmélites.

Arm. comme ci-contre.

DEUXIÈME PARTIE.

ÉCUS AYANT DES PIÈCES HONORABLES.

---

§ VI. — PLUSIEURS SORTES DE PIÈCES HONORABLES, DONT 1 CHEF SANS MEUBLE.

1. D'or à 3 pals de gueules, au chef d'or.

Du Bouchet, hist. généal. de la maison de Courtenay, p. 326.

DE GUERCHY ou GUARCHY, seign. de ce lieu.

Du Bouchet, comme ci-contre.

2. De gueules à la bande d'or, au chef d'argent.

Arm. gén. Paris, 1696, conforme à une continuation manuscrite de l'hist. du parlement de Bourgogne, de Palliot, à la suite de l'exemplaire de la bibl. de la ville d'Auxerre.
Le *dict. généal. hérald.* dit le chef cousu d'azur.

DE SENNEVOY, seign. de Cours et de Jouancy.

Courtépée.

— Seign. de Sennevoy 1481 à 1789.

Guérard, notice dans l'Annuaire de l'Yonne.

3. D'or au chef de gueules, à la bande componnée d'argent et de sable brochant sur le tout.

Palliot, p. 669.

VIGNIER, seign. de Tanlay.

Chaillou des Barres, notice dans l'Ann. de l'Yonne.

4. D'argent à 1 chevron d'azur, accomp. en chef de 2 étoiles de même et en pointe d'un pin de sinople mouvant d'un feu de gueules au chef cousu d'or.

Arm. gén. Paris, 1696.

PINART, Louis, curé de Dissangis.

Arm. comme ci-contre.

5. De..... au chevron de..... accompagné en chef, à dextre, d'un croissant ; à senestre, d'une étoile à 6 rais, et en pointe de deux triangles superposés de manière à former une sorte d'étoile à six rais, de.... au chef de.

D. Cottron, S -P. p. 895.

CHAPPERON, Olivier, premier abbé mitré de Saint-Pierre-le-Vif, de Sens.

Dom Cottron, comme ci-contre.

6. D'argent à 3 chevrons de gueules, au chef de même.

Cat. Et. de Bourg.

DE SAINTE-PALLAYE, anciens seign. de ce lieu.

Cat. Et. de Bourg.

§ VII. — PLUSIEURS SORTES DE PIÈCES HONORABLES DONT 1 CHEF MEUBLÉ.

1. De .. à 4 fasces de .. au chef de... chargé de 3 fleurs de lis de...
D. Cottron, S.-P. p. 784.

DE CHAMPIGNY, Jacques, abbé de Saint-Pierre-le-Vif, de Sens, 1289.
D. Cottron, comme ci-contre.

2. Burelé d'or et d'azur, de 10 pièces, au chef d'azur chargé de 3 soleils d'or.
Palliot, p. 591, et Dict. nobl.

D'ALIGRE DE LA RIVIÈRE, seign. de Précy.
Dict. nobl.

3. De sable à 1 pal d'argent, au chef cousu aussi de sable, chargé de deux croix de Malte d'argent.
Arm. gén. Paris, 1696.

COUSTE, Nicolas, seigneur de Bracy, conseiller du roi à Sens.
Arm. comme ci-contre.

L'arm. ajoute avec raison, pour André, que le chef est séparé du champ par un filet d'argent.

— André, conseiller du roi, lieutenant-général au présidial de Sens.
Arm. comme ci-contre.

4. D'argent à 1 pal aiguisé par le bas de sable, au chef d'azur chargé de 3 roses d'argent.
Arm. gén. Paris, 1696.

PIQUET DE SAULTOUR, dont Gabrielle, demoiselle.
Arm. comme ci-contre.

5. De sable à 2 pals d'argent, au chef d'or chargé d'une tête de chat-huant de sable.
Arm. gén. Paris, 1696.

HUGOT, Robert, greffier en chef au grenier à sel de Saint-Florentin.
Arm. comme ci-contre.

6. D'or à 2 pals de gueules, au chef d'azur chargé de 3 besans d'or.
Arm. gén. Paris, 1696.

JULLIOT, conseiller du roi, lieutenant de la prévôté royale de Chablis.
Arm. comme ci-contre.

7. Pallé d'or et d'azur de 6 pièces, au chef d'argent chargé de 2 poulies de gueules.
Arm. gén. Paris, 1696.

POLANGIS, Pierre, curé de Villeneuve.
Arm. comme ci-contre.

8. Pallé d'argent et de gueules au chef d'azur chargé d'une étoile d'or accostée de 2 cannettes affrontées de même.
Arm. gén. Paris, 1696.

DU QUESNAY, Thomas, seign. de Varennes.
Arm. comme ci-contre.

9. De gueules à 3 pals de vair,

1. DE BAZARNE, seign. de ce

au chef d'or chargé d'une fleur de lis de gueules au pied nourri.

Du Bouchet, Hist. généal. de la maison de Courtenay, pour Bazarne, et D. Viole, vol. III, page 2413, pour Basoches, d'après une tombe du prieuré de Bois-d'Arcy.

10. De gueules à 3 pals de vair, au chef d'or, chargé d'une merlette de gueules au canton dextre.

Duchesne.

11. De gueules à 3 pals de vair, au chef d'or brisé d'une étoile de sable, à dextre du chef.

Pigeory, not. dans l'ann. de l'Yonne. Les pleines armes de la maison de Châtillon étaient de gueules à 3 pals de vair, au chef d'or chargé d'une merlette de... au canton dextre.
Duchesne.

12. De gueules à 3 pals de vair, au chef d'or chargé de 4 merlettes de gueules.

D. Viole, p. 354.
Le P. Anselme ne donne pas l'émail des merlettes.

13. De gueules à la bande d'azur brochant sur un lion d'or, au chef de gueules chargé de 3 coquilles d'or.

Tarbé, portraits.

14. D'azur à 1 bande d'or, accomp. de 3 étoiles de même au chef d'argent chargée d'une devise vivrée du champ.

Palliot.

15. Bandé d'argent et de gueules de 6 pièces, au chef d'argent chargé d'une rose de gueules bou-

lieu, issus de la maison de Toucy.

Du Bouchet, comme ci-contre.

2. DE BASOCHES, Héloïse, femme de Geoffroy d'Arcy. Elle appartenait aussi sans doute à la maison de Toucy.

D. Viole, comme ci-contre.

DE CHATILLON, comte d'Auxerre, de Tonnerre et de Nevers, XIIIᵉ siècle.

P. Anselme, III, p. 161.

DE CHATILLON, vicomtes de Saint-Florentin.

Pigeory, comme ci-contre.

DE TOUCY, seign. de Toucy, Saint-Fargeau et pays de Puisaie; baron de Perreuse, XIᵉ, XIIᵉ et XIIIᵉ siècles.

Déy, Hist. du comté de Saint-Fargeau.

— GUILLAUME, évêque d'Auxerre, 1167-1181.

Lebeuf.

— HUGUES, archevêque de Sens, mort 1168.

Tarbé.

ALBERT, Audoin, évêque d'Auxerre 1351-1363.

Lebeuf.

ALIXANT DU CHATEL, seign. de Lye-en-Nivernais, relevant d'Arcy-sur-Cure, et de ce dernier lieu en partie.

Arch. de l'Yonne.

JOUVENEL DES URSINS, bailli de Sens, 1437.

P. Anselme.

tonnée d'or, soutenue de même.

P. Anselme.

16. Barré d'or et de sinople de 6 pièces, au chef d'azur chargé d'une étoile d'argent.

Arm. gén. Paris, 1696.

17. De gueules à 1 chevron d'argent, chargé de 5 mouchetutures d'hermines, de sable, accompagné de 3 macles d'or, au chef cousu d'azur chargé d'un lion léopardé d'or, lampassé de gueules.

Arm. gén. Paris, 1696.

18. D'azur à 1 chevron d'or, accomp. en pointe d'un aigle le vol abaissé d'argent, au chef cousu de gueules, chargé de 3 étoiles d'or.

Arm. gén. Paris, 1696.

19. D'azur à 1 chevron d'or, accomp. de 3 étoiles d'argent, celle de la pointe soutenue de 2 pigeons affrontés de même, au chef d'or chargé de 3 croisettes de gueules.

Arm. gén. Paris, 1696.

20. D'azur au chevron d'or accomp. de 3 oiseaux d'argent, celui de la pointe au-dessus d'un croissant de même, au chef cousu de gueules chargé de 3 étoiles d'or.

Arm. gén. Orléans, 1696.

21. D'azur à 1 chevron d'or, accompagné de 3 demi-vols d'argent, au chef cousu de gueules, chargé de 3 étoiles d'or.

Arm. gén. Paris, 1696.

22. D'or au chevron d'azur, accomp. en pointe d'une ancre de sable, au chef d'azur chargé de 3 molettes d'or.

Tarbé, arm. man.

BARRÉ, Michel, greffier de l'élection de Vézelay.

Arm. comme ci-contre.

DE FEU, Jean-Louis, conseiller du roi, receveur des tailles de l'élection de Saint-Florentin, et Robert, bailli de la vicomté-pairie du même lieu.

Arm. comme ci-contre.

CERVEAU, Claude, seign. de la Bruère, assesseur en la maréchaussée de Tonnerre.

Arm. comme ci-contre.

BOUESMEL, Pierre, docteur en médecine à Avallon.

Arm. comme ci-contre.

GRANGIER, dont Réné, procureur au grenier à sel de Saint-Fargeau.

Arm. comme ci-contre.

Cette famille, qui s'est appelée *Grangier de la Marinière* du nom d'une ferme de la commune de Bléneau, a produit M. Grangier, député aux États généraux par le bailliage du Berry, en 1789.

COLLIN, veuve de Jean LANDELLE, bailli de la pairie de Dannemoine.

Arm. comme ci-contre.

PÉRICARD, seign. de Palteau et de Paron.

Tarbé, arm. man.

23. D'argent au chevron de gueules, accomp. en pointe d'un trèfle de sinople, au chef d'azur chargé de 3 étoiles d'or.

Palliot, p. 147.

24. D'azur au chevron d'or, à la gerbe de blé en pointe, au chef d'argent chargé de 2 mouchetures d'hermine, 1 à dextre, l'autre à senestre.

Man. Tarbé.

25. D'azur au chevron d'or, accomp. de 3 étoiles de même, au chef d'or chargé de 3 croix pattées de gueules.

Cat. Et. de Bourg.

26. D'azur au chevron d'or, accomp. de 3 croissants de même, au chef d'or chargé de 3 étoiles de gueules.

Tarbé, portraits.

27. De gueules à 1 chevron brisé d'argent, au chef de même, chargé de 3 croissants d'azur.

Arm. gén. Paris, 1696.

28. De sable à 3 chevrons d'argent, au chef de même chargé d'un gril de sable.

Arm. gén. Paris, 1696.

CARON, seign. de Bierry, plus tard Anstrude, XVe et XVIe siècles.

Breuillard.

BLESSON, maire de Sens, XVIIe siècle.

Man. Tarbé.

FILSJEAN, famille d'Avallon.

Archives de cette ville.

—Seign. de Chemilly, d'Annéot, de Prêle, territoire de Cussy.

Courtépée, VI, p. 4 et 33.

DE VALOIS DE VILLETTE, abbesse de Notre-Dame de la Pommeraye près de Sens, morte en 1777.

Tarbé, portraits.

BARON, François, seign. de Paron.

Arm. comme ci-contre.

Voir § 36, no 37, un autre écu pour le même seigneur d'après le même armorial. L'enregistrement n'est pas d'accord avec la figure.

SENS, la Collégiale Saint-Laurent.

Arm. comme ci-contre.

§ VIII. — PLUSIEURS SORTES DE PIÈCES HONORABLES, SANS CHEF.

1. Fascé d'or et d'azur de 6 pièces, à la bande de gueules.

Palliot, p. 32.

2. Fascé d'or et de sinople de 6 pièces, et 1 bande d'azur brochant sur le tout.

Arm. gén. Paris, 1696.

DE BORDES, seign. d'Angely, et fondateurs de l'église de ce lieu.

Courtépée, V, p. 2.

DÉON, Pierre, curé de Senan.

Arm. comme ci-contre.

3. Fascé de 6 pièces, de.... et de... à la bande de...

D. Cottron, S.-P. p. 758.

DE TRAINEL, Guy, abbé de Saint-Pierre-le-Vif, de Sens, 1285, *(Guidus de Triangulo)*.

D Cottron, comme ci-contre.
On trouve dans les sceaux des chartes des arch. de l'Yonne un de Trainel, seign. de Foissy, portant également un fascé de 6 pièces, mais sans bande sur le tout, 1258, 1291, 1299.

4. D'argent à 3 fasces d'azur, et 1 bande de gueules brochant sur le tout.

Dict. nobl.

COUX, seign. de la Tour-Jolye. paroisse de Coulanges-sur-Yonne, de la Tour-Laurent, et de Festigny XVIᵉ siècle.

Arch. imp.

5. D'argent à 3 fasces, 2 d'azur et celle du milieu de gueules, et une barre de sinople brochant sur le tout.

Arm. gén. Paris, 1696.

TRAVERS, Guillaume, conseiller au présidial de Sens.

Arm. comme ci-contre.

6. De gueules à 3 fasces d'or, à la bande d'hermine brochant sur le tout.

Tarbé, arm. man.

BRICQUEMAULT, seigneur de Cussy les-Forges et de Ruère.

Tarbé, arm. man.

7. De... à 3 fasces de... et au chevron de... sur le tout.

D. Viole, d'après le sceau d'un acte capitulaire du 22 janvier 1452.

DE FRAIZETTES, Jeanne, abbessé de Crisenon, 1450-1459.

D. Viole, vol. III, p. 2114.

8. Fascé d'or et de sable de 8 pièces, chargé d'un cranccliu de sinople.

Palliot, p. 218 et 219.

DE SAXE, le prince Xavier, comte de Lusace, seigneur de Courtoin et d'Égriselles-le-Bocage, XVIIIᵉ siècle.

Tarbé.

9. Burclé de 10 pièces d'argent et d'azur, à 3 chevrons de gueules brochant sur le tout.

Vertot, dict. herald. Vulson, p. 134, Palliot, p. 117.

LA ROCHEFOUCAUD, seign. de Turny, barons de Venizy, XVIIIᵉ siècle.

Nobl. baill. de Sens, 1789.

— Scign. de Turny, barons de Venizy ; seign. de Linant et de Courchamp, XVIIIᵉ siècle.

Duranthon, not. hist. dans l'Ann. de l'Yonne.

10. Pallé d'argent et d'azur de 6 pièces, au chevron d'or brochant sur le tout et chargé sur la pointe

PETIT, seigneur de Passy-lez-Sens.

Tarbé, arm. man.

d'un écusson d'azur à 1 fleur de lis d'or.

Dict. nobl.

11. De vair à 1 bande d'argent, accomp. de 2 cotices de même.

De Caumartin.

12. De... à 1 bande de... et 2 cotices de...

Sceaux de chartes de 1219, 1281 et 1301, fonds de Pontigny, arch. de l'Yonne.

13. De sable, à 1 chevron d'or, surmonté de 3 fasces de même.

Arm. gén. Paris, 1696.

— Seign. de Passy, d'Estigny et de Serilly, XVII et XVIIIe siècles.

Dict. nobl.

PITHOU, Pierre, célèbre jurisconsulte, bailli de Tonnerre, XVIe siècle.

Biographie Michaud.

DE MALIGNY, Guy et autres, seigneurs de ce lieu.

Chartes de 1219, 1281, 1361, comme ci-contre.

BOURGADE, Jean-Louis, seign. de la Rivière, capitaine de cavalerie à Joigny.

Arm. comme ci-contre.

§ IX. — ÉCUS AYANT UN CHEF SANS MEUBLE.

1. D'or au chef de sable.

Dict. nobl.

2. D'or au chef emmanché d'azur.

Palliot.

3. D'argent au chef de gueules.

Du Bouchet, hist. généal. de la maison de Courtenay, pour St-Verain.

Palliot, p. 114, pour Montferrat.

DE POISSY, seign. de Plessis-du-Mée, XIVe siècle.

Arch. imp.

— ISABEAU, femme d'Erard de Traisnel, seign. de Plessis-du-Mée, XIVe siècle.

Arch. de Seine-et-Marne.

LE ROTIER, seigneur de Villefargeau, du Mont-St-Sulpice, de Bouilly et de Jaulges, l'un gouverneur d'Auxerre, XVe et XVIe siècles.

Arch. de l'Yonne.

1. DE SAINT VERAIN, seign. de Bléneau, XIIIe siècle.

Déy, Etudes hist. sur le canton de Bléneau.

— Seign. de Pacy, XIVe siècle.

Guérard, Not. dans l'Ann. de l'Yonne.

— Seign. de Viviers, 1407.

Arch. de l'Yonne.

2. DE MONTFERRAT, seign. de Saint-Fargeau et pays de Puisaie, barons de Perreuse, XVe siècle.

Déy, histoire du comté de Saint-Fargeau.

4. De gueules, au chef emmanché de 4 pointes d'argent.

D. Cottron, S.-Germ. p. 1104.

5. D'azur au chef d'or.

Tarbé, portraits. Dans son arm. man.
il dit le chef d'argent, d'après Lainé.

La devise était : *Deus, rex, amici*, il y
ajouta, étant maire, *Senones*.

6. De sable, au chef d'or.

Arm. gén. Bourg. 1696.

7. De... au chef denché de...

D. Cottron, S. P. p. 957.

8. D'argent fretté de sable, au
chef d'azur.

Arm. gén. Paris, 1696.

9. D'argent à 1 cœur de carnation, accompagné en chef de 2
grappes de raisin de pourpre et en
pointe d'un croissant d'azur, au
chef dentelé de même.

Arm. gén. Paris, 1696.

10. D'azur au chef d'or, à 1 lion
issant de gueules.

Dict. nobl.

GRIMOALD, Guillaume, abbé de
Saint-Germain d'Auxerre, 1353-
1362; pape, 1362, sous le nom
d'Urbain V.

D. Cottron, comme ci-contre.

DE LA GARDE DE CHAMBONAS,
dont Scipion-Charles-Victor-Au-
guste, colonel, commandant pour
le roi en la ville de Sens, et maire
de cette ville en 1789.

Celui-ci portait les pleines armes
ci-contre sur un écu écartelé au 1
et 4 de gueules, au chef cousu d'a-
zur chargé de 3 fleurs de lis d'argent; au 2 d'or à 3 chevrons d'azur
au chef d'azur chargé d'un lion
naissant d'or; au 3 écartelé d'or
et de gueules.

Tarbé, portraits.

AVALLON; les drapiers.

Arm. comme ci-contre.

PREVOST, Charles, abbé de St-
Pierre-le-Vif de Sens, 1594-1636.

D. Cottron, comme ci-contre.

NAUDIN, Edme, curé de Ver-
noy.

Arm. comme ci-contre.

GAUTHIER, Pierre, marchand
de vins en gros à Tonnerre.

Arm. comme ci-contre.

DE CONZIÉ, Louis-François-
Marie-Hilaire, évêque d'Arras en
1769, seign. de Druyes-les-belles-
Fontaines.

Proc. verb. élections du baill. de Nevers, noblesse, 1789.

La branche de Conzié *de Bolo-
mier*, à laquelle appartient l'évé-

que, écartelait de Conzié et de gueules à 1 pal d'argent.

Dict. nobl.

11. D'azur au cerf passant d'or, au chef d'argent.

P. Anselme et Julliot.

BERTRANDI, Jean, archevêque de Sens, mort en 1560.

P. Anselme.

D'après Palliot, page 145, le cerf serait sommé de 13 cors au naturel, et, d'après la galerie du chapitre de Sens, écu peint du reste au xixe siècle, le cerf serait d'argent.

12. D'argent à 1 massacre de cerf de gueules, au chef aussi de gueules.

Arm. gén. Paris, 1696.

DE LA FAYE, Pierre, bourgeois de Tonnerre.

Arm. comme ci-contre.

13. D'azur à 1 licorne furieuse d'argent au chef d'or.

Arm. gén. Paris, 1696.

COTTON, Charles, curé-doyen de Saint-Florentin.

Arm. comme ci-contre.

14. De... chargé de... au chef de...

Sceau d'une charte de 1381, fonds Chitry, arch. de l'Yonne.

DE VILLIERS, Erard, seign. de Chitry.

Charte de 1381, comme ci-contre.

15. De gueules à 3 coquilles d'or, au chef abaissé de même.

Tarbé.

HEMERY ou HERNERY, seign. de Sergines.

Tarbé.

16. D'azur à 3 étoiles d'or, à 6 rais, au chef de même.

Arm. historique.

TUBIÈRES DE CAYLUS, évêque d'Auxerre, 1704-1754.

Lebeuf.

M. de Caylus portait l'écu ci-contre en cœur sur un écu diversement écartelé.

Lebeuf, 2e édit.

17. D'azur à 6 besans d'argent, 3, 2, 1, au chef d'or.

Palliot, p. 89.

D'ARCY, seign. d'Ancy-le-Serveux et d'Argentenay.

Invent. du comté de Tonnerre, arch. de l'Yonne.

§ X. — ÉCUS AYANT UN CHEF MEUBLÉ ET LE CHAMP SANS MEUBLE.

1. D'or au chef d'argent, chargé de 2 marteaux de sable.

Arm. gén. Paris, 1696.

MARTIN, conseiller au bailliage de Sens.

Arm. comme ci-contre.

2. De gueules, au chef d'azur chargé de 3 anciens écus d'argent au pal de sable.

CULLON, seign. d'Arcy et de Sery.

Cat. Et. Bourg.

Cat. Et. Bourg.

— Seign. d'Arcy-sur-Cure.

Bruand, notice dans l'Ann. de l'Yonne.

— Seign. de Bétry-en-Vermenton, depuis Batereau, fief de Vermenton, et d'Arcy-sur-Cure.

Courtépée.

— Seign. de Trucy, xviie siècle.

Arch. de l'Yonne.

3. D'azur au chef cousu de gueules, chargé de 3 étoiles d'or.

Arm. gén. Paris, 1696.

GAUDION, Jean, curé d'Étigny.

Arm. comme ci-contre.

4. De... au chef de... chargé de 3 écus de...

Sceau du xive siècle, arch. de l'Yonne.

JUSSY, la prévôté de.

Sceau comme ci-contre.

5. D'azur au chef endenché d'or, chargé d'un lion léopardé de sable.

Arm. gén. Paris 1696.

DE VILLEMONTÉE, François, seigneur de Montigny.

Arm. comme ci-contre.

§ XI. — ÉCUS AYANT UN CHEF MEUBLÉ ET LE CHAMP CHARGÉ D'UN SEUL MEUBLE.

1. D'or à 1 lion de gueules, au chef d'azur chargé de 3 têtes d'hommes de carnation, posées de front.

Arm. gén. Paris 1696.

LE CLERC, avocat au parlement, greffier en chef de l'élection de Tonnerre.

Arm. comme ci-contre.

2. D'or au chef de vair de 2 traits, au lion de gueules brochant sur le tout.

Dict. nobl.

DE LINIÈRES, seign. de Cézy.

Tarbé.

3. D'argent au lion de sable, au chef d'azur chargé de 3 étoiles d'or.

Tombe de l'église saint Eusèbe d'Auxerre.

CONTAUT, barons de Coulanges-la-Vineuse, seign. de Val-de-Mercy, xviiie siècle.

Ribière, notice dans le bull. de la soc. hist. de l'Yonne.

4. De sable, au lion d'or, au chef cousu d'azur, chargé de 3 demi-vols d'argent.

Palliot.

RENAULT, Germain, natif d'Auxerre, trésorier de France, à la généralité de Bourgogne et de Bresse, seign. de Saint-Quentin.

Palliot.

5. De sinople, au chef d'or, et

LE JAY, seigneur de Fleuri-

au lion de gueules brochant sur le tout.

Arm. univ.

6. D'azur à 1 bœuf d'or, au chef d'argent chargé de 2 cornets de gueules, enguichetés du champ.

Palliot, p. 137.

7. De sable à 1 chameau d'or, au chef d'argent, chargé d'une fleur de lis de gueules.

Arm. gén. Paris, 1696.

8. De gueules à 1 agneau pascal d'argent, au chef cousu d'azur chargé de 3 roses d'or.

Arm. gén. Paris. 1696.

9. De gueules à 1 agneau pascal passant d'argent, au chef d'azur chargé de 3 colombes d'argent.

Arm. gén. Paris, 1696.

10. D'azur à 1 levrette courante d'or, au chef cousu de gueules chargé de 3 étoiles d'argent.

Arm. gén. Paris, 1696.

11. D'azur à 1 renard passant d'or, au chef cousu d'azur chargé de 3 étoiles d'argent.

Arm. gén. Bourg. 1696.

12. D'azur à 1 porc-épic d'or, au chef cousu de gueules, chargé de 3 étoiles d'or.

Arm. gén. Paris, 1696.

13. D'or à l'aigle de sable, au chef d'azur chargé d'un croissant d'argent accosté de 2 étoiles de même.

Sceau de la famille.

14. D'or à l'aigle de sable languée et onglée de gueules, au chef d'azur chargé de 2 étoiles d'or.

Arm. gén. Paris, 1696.

gny, XIVᵉ et XVᵉ siècles.

Reboul, notice dans l'Ann. de l'Yonne.

DE COURABŒUF, ou CORABEUF, seign. de Lezinnes, Vireaux et Sambourg, XVIᵉ siècle.

Arch. de l'Yonne, inv. du comté de Tonnerre.

CHAMON, Jean, avocat, maire perpétuel de la ville de Chablis.

Arm. comme ci-contre.

DE BARBUAT, François, capitaine à Joigny.

Arm. comme ci-contre.

MESLIER, François, prêtre du diocèse de Sens, curé de Germigny.

Arm. comme ci-contre

DE CAREAUY, Charles-Alexandre, prieur de Saint-Agnan de Tonnerre.

Arm. comme ci-contre.

REGNARD, Bernard-Bénigne, curé de Châtel-Gérard.

Arm. comme ci-contre.

LEMAIGRE, famille de Saint-Fargeau, dont Marie-Jeanne, femme d'André-Pierre Perrelle de Vertamont, écuyer.

Arm. comme ci-contre.

GAUNÉ DE CAZEAU, seign. du Fort, paroisse de Mezilles.

Déy, hist. du comté de Saint-Fargeau.

PIARDAT, greffier en chef de l'élection de Saint-Florentin, bailli de Venizy.

Arm. comme ci-contre.

15. De ... à l'aigle de ... au chef de ... chargé de 3 étoiles de ...

Tombe de l'église de Saint-Eusèbe d'Auxerre.

FERNIER, dont Anne, femme de Jacques PIRETOU, conseiller du roi au comté et élection d'Auxerre.

Tombe, comme ci-contre.

16. D'argent à l'aigle de sable, languée de gueules, au chef d'azur chargé de 3 besans d'argent.

Arm. gén. Paris, 1696.

BILLEBAUD, Jean, conseiller du roi, receveur au grenier à sel de St-Florentin, et Christophe, avocat, Maire perpétuel de cette ville.

Arm. comme ci-contre.
Dans l'enregistrement relatif à ce dernier, on a écrit *boules* au lieu de *besans*.

17. D'azur à l'aigle d'or, becquée et armée de gueules, au chef d'argent, chargé d'une rose de gueules, accostée de 2 étoiles de même.

Arm. gén. Paris, 1696.
D'après une gravure de la bibl. de Pelée de Varennes recueillie par Tarbé dans son arm. man. l'aigle est d'argent.

PELÉE, Charles et Balthazar, avocats à Sens. Blaise, lieutenant criminel au présidial de la même ville.

Arm. comme ci-contre.
L'enregistrement, pour ces derniers, n'ajoute pas que l'aigle soit becquée et armée de gueules.
Cette famille formait trois branches : Pelée de Varennes, Pelée de Saint-Maurice et Pelée des Tanneries.

18. D'azur à l'aigle d'or, au chef d'argent chargé d'une rose de gueules.

Arm. gén. Paris, 1696.

HUERNE, Jacques, avocat à Tonnerre.

Arm. comme ci-contre.

19. D'or au griffon d'azur, au chef de même, chargé de 3 étoiles d'or.

Tarbé, notes communiquées par sa famille.
Palliot, p. 360, n'indique pas le chef.

DU BREUL, Pierre, seign. de Poilly, 1538.

Arch. de l'Yonne, Inv. du comté de Tonnerre.

20. D'azur à 1 coq d'or, crêté et barbé de gueules, le pied dextre levé, au chef d'or chargé de 2 étoiles d'azur.

Arm. gén. Paris, 1696.

FOUCAULT, élu et grenetier au grenier à sel de Saint-Florentin.

Arm. comme ci-contre.

21. De gueules à 1 cygne d'argent, becqué et membré de sable, au chef d'or chargé d'une croix de sinople.

Arm. gén. Paris, 1696.

LE CEINE, Jacques, chanoine de Sens.

Arm. comme ci-contre.

22. De sable à 1 oie d'argent, au chef d'or chargé d'une couronne de gueules.

Arm. gén. Paris, 1696.

MONOIE, Eusèbe, curé de Prégilbert.

Arm. comme ci-contre.

23. D'azur à 1 barbeau d'argent, posé en fasce, au chef cousu d'azur chargé de 3 besans d'or.

D'Hozier, arm. gén. I, p. 826.

DE LANNEAU, famille de Mouthiers-Saint-Jean, l'un gouverneur de Noyers.

D'Hozier, comme ci-contre.

24. D'or au griffon de gueules, au chef d'azur chargé d'une fleur de lis d'or.

Man. Tarbé, et Diction. hérald. pour Ricard de Joyeuse-Garde.

RICARD, seign. de Courgis, XVIIIe siècle.

Arch. de l'Yonne.

25. D'argent à 1 pyramide à 2 portes plein-cintre de gueules, maçonnée de sable, au chef d'azur chargé d'une flèche d'argent posée en fasce, le fer à dextre touchant une lettre O de sable.

Gravure du cabinet Julliot, à Sens.

JUTEAU, chanoine de Sens.

Gravure, comme ci-contre.

26. D'or à l'arbre de sinople au chef d'azur, chargé de 3 étoiles d'or.

Palliot, p. 31.

PARTICELLI D'ÉMERY ou D'HÉMERY, marquis de Tanlay.

Chaillou des Barres, notice dans l'ann. de l'Yonne.

—Barons de Thorey, seign. de Melisey et de Chamelard, XVIIe siècle.

Lambert, not. dans l'ann. de l'Yonne.

27. D'argent à l'arbre de sinople, au chef d'azur chargé de 3 étoiles d'or.

Gravure par Cl. Drevet, d'après un portrait peint par Adrien Le Prieur, collection de M. Bretagne.

DE CALVAIRAC, F. Pierre, abbé de Pontigny, 1719-1742.

Gravure. comme ci-contre.

28. D'argent à l'arbre de sinople, au chef d'azur chargé d'une étoile d'or, accostée de 2 croissants d'argent.

Arm. gén. Paris, 1696.

NOËL, Jean, chanoine de Sens.

Arm. comme ci-contre.

29. D'argent à 1 tilleul de sinople, au chef abaissé de gueules, chargé d'une vivre d'argent.

Arm. gén. Paris, 1696.

COURTILLIER, Claude, marchand à Cézy.

Arm. comme ci-contre.

30. D'argent à 1 mai ou arbre de sinople, au chef d'azur chargé d'un tau d'or, accosté de 2 lis de jardin d'argent.

Arm. gén. Paris, 1696.

THOLIMET, Etienne, chanoine de Saint-Julien-du-Sault.

Arm. comme ci-contre.

31. D'or à 1 branche de laurier de sinople, au chef de gueules chargé de 3 roses d'argent.

Arm. gén. Paris, 1696.

D'or à l'arbre de sinople, au chef d'azur chargé de 3 quinte-feuilles d'argent.

Cat. Et. Bourg.

Ce dernier écu est conforme au jeton frappé pour Jean Baudesson, comme député aux Etats de Bourgogne. ROSSIGNOL, *les libertés de la Bourgogne par les jetons de ses Etats.* Autun, 1851, in-8º.

32. D'argent à 1 rose de gueules, au chef d'or chargé de 3 fleurs de lis de sable.

Arm. gén. Paris, 1696.

33. D'argent à 1 harpe de gueules, cordée d'azur, au chef de sable, chargé de 3 couronnes d'or à l'antique.

Arm. gén. Paris, 1696.

34. De gueules à 1 clef d'argent en pal, le pennon en haut, au chef d'azur chargé de 2 fleurs de lis d'or.

D. Cottron, S -P. p. 845.

35. D'azur à 1 calice d'or, au chef cousu de gueules chargé d'un soleil d'or.

Arm. gén. Paris, 1696.

36. D'azur à 1 clef d'argent et 1 chef d'or chargé de 3 étoiles de sable.

Arm. gén. Paris, 1696.

37. D'azur à 1 coutelas d'argent, les gardes et la poignée d'or, posé en barre, la pointe en bas, au chef cousu de gueules, chargé de 3 étoiles d'argent.

Arm. gén. Paris, 1696.

38. De sinople à 1 truelle d'or, an chef d'argent chargé de 3 molettes de sable.

Arm. gén Paris 1696.

BAUDESSON, Jean, maire perpétuel d'Auxerre, 1696.

Arm. comme ci-contre.

— JEAN. maire d'Auxerre, élu du Tiers-État aux États de Bourgogne de 1727.

FLEURIGNY, Claude-Jean Baptiste, de Sens.

Arm. comme ci-contre.

DAVID, Alain, conseiller au présidial de Sens.

Arm. comme ci-contre.

D'ANGERS, Pierre (*Petrus Andegavensis*), abbé de Saint-Pierre-le-Vif de Sens, 1403.

D. Cottron, comme ci-contre.

DE LA COUR, Martin, curé de Butteaux.

Arm. comme ci-contre.

CHOLLET, Zacharie, curé de Soumaintrain.

Arm. comme ci-contre.

MOUCHOT DE PIVARDEAU, Louis, bourgeois de Tonnerre.

Arm. comme ci-contre.

MASSON, Jean, chanoine à l'autel Saint-Jean, de Sens.

Arm. comme ci-contre.

§ XII. — ÉCUS AYANT UN CHEF MEUBLÉ ET LE CHAMP CHARGÉ DE 2 MEUBLES.

1. D'or à 2 chats rampants, affrontés et accolés de sable, au chef d'azur, chargé de 3 étoiles d'or.

Arm. gén. Paris. 1696.

CHAILLOT, valet de garde-robe chez le roi, de Tonnerre.

Arm. comme ci-contre.

2. D'azur à l'aigle d'argent, tenant dans sa serre droite un rameau d'or, au chef d'argent chargé de 3 faucilles de gueules.

Palliot.

LE RAGOIS DE BRETONVILLIERS, seign. de Tannerre, XVIIIe siècle.

Déy, études hist. sur le canton de Bléneau.

3. D'argent à 1 coq au naturel tenant de son pied levé un cœur enflammé de gueules, au chef d'azur chargé de 3 étoiles d'or.

Arm. gén. Paris, 1696.
De Combles, traité des devises hérald. conforme pour le chevalier Déon.
Devise : *Vigil et audax.*

DÉON, conseiller du roi, élu de Tonnerre.

Arm. *comme ci-contre.*

— le chevalier, né à Tonnerre, dit Eon de Beaumont.

Le Maistre, notice dans l'Ann. de l'Yonne.

4. D'azur à 1 cygne d'argent nageant dans une rivière de même, au chef de gueules chargé de 3 étoiles d'or.

Arm. gén. Bourg, 1696.

BRESSE, Pierre, maître particulier des eaux et forêts d'Auxois, au siége d'Avallon.

Arm. comme ci-contre.

5. D'azur à 1 cygne d'argent, le cou lié d'une écharpe voltigeante d'or, au chef de même chargé de 3 roses de gueules.

Arm. gén. Bourg, 1696.
L'*Arm. man. Tarbé* dit : d'azur à 1 oiseau d'argent, au chef d'or chargé de 3 étoiles d'azur.

LEMUET, dont Joseph, conseiller honoraire au bailliage d'Auxerre, et Louise, femme de Prix DESCHAMPS, receveur des impositions à Avallon.

Arm. comme ci-contre.

— Deux lieutenants généraux d'épée à Auxerre, XVIIIe siècle.

Lebeuf.

— Seign. de Bazarne, XVIe siècle.

Coutume d'Auxerre.

— Seign. d'Escolive, de Belle-Ombre, de Jussy, XVIe, XVIIe et XVIIIe siècles.

Arch. de l'Yonne.

VIART, seign. de Pimelles.

D'Hozier, comme ci-contre.

6. D'or à 1 phénix au naturel sur un bûcher enflammé de gueules,

au chef d'azur chargé de 3 coquilles d'argent.

D'Hozier, arm. gén. III, p. 632.

D'après le Dict. nobl. le phénix serait de sable, ce qui tire d'embarras, car on ne connait pas de phénix en histoire naturelle, à moins qu'on n'admette la description de Claudion, dans ses *Epigrammata* :

Arcanum radiant oculi jubar. Igneus ora cingit honos. Rutilo cognatum vertice fidus attollit cristatus apex. Tenebrasque serena luce secat : Tyrio pinguntur crura veneno. Antevolant zephyros pennæ, quas cæruleus ambit flore color, sparsoque super ditescit in auro.

7. D'or à 1 arbre de sinople, aux racines de même sur un tourteau de sable, au chef d'azur chargé de 3 lozanges d'argent.

P. Anselme.

L'archevêque portait cet écu sur un écartelé au 1 et 4 d'or à 2 vaches de gueules clarinées d'azur, passantes l'une sur l'autre ; au 2 et 3 d'argent au lion de gueules couronné de même.

Galerie du Chapitre de Sens, et portraits de la coll. Tarbé de la soc. hist. de l'Yonne.

8. De gueules, à 2 branches d'alisier d'argent, passées en double sautoir, au chef échiqueté d'argent et d'azur.

Dict. nobl. et de Combles, traité des devises hérald. Palliot, p. 638, ne mentionne pas le meuble du champ. Il ajoute avec raison que le chef est échiqueté de trois traits, ce qui est conforme à la figure de l'encyclopédie méthodique, pl. 2, n° 106.

Cri de guerre : *Ailly !*

9. D'azur à 2 gerbes de blé couchées l'une sur l'autre d'or, au chef échiqueté d'argent et de gueules de 2 traits.

Arm. gén. Paris, 1696.

10. D'azur à 2 girons d'or mis en chevron, au chef d'argent chargé de 3 couronnes ducales de gueules mises en fasce.

P. Anselme.

— Seign. d'Ancy-le-Serveux.

Dict. nobl.

— Seign. encore de Pimelles et d'Ancy-le-Serveux.

Nobl. baill. de Sens, 1789.

D'après l'arm. gén. Paris, 1696, pour Marguerite Viart, les armes seraient : D'or à 1 phénix le vol abaissé de sable, sur un bûcher de même, enflammé de gueules et regardant un soleil naissant à l'angle dextre du chef, au chef aussi de gueules, chargé de 3 coquilles d'argent.

Devise : *Vivit et ardet.*

LOMÉNIE DE BRIENNE, cardinal, archevêque de Sens, 1788-1789.

Cornat.

D'AILLY, seign. de Chéu, de Percey et de Butteaux, XVIIIe siècle.

Arch. de l'Yonne.

BLESMON, François, chanoine de Sens.

Arm. comme ci-contre.

D'ESTAMPES, seign. du Mont-Saint-Sulpice et de Villefargeau.

P. Anselme.

— Seign. de Bassou, de Pestaut et de Bouilly.

Procès-verbal de la coutume d'Auxerre.

— Seign. du Mont-Saint-Sulpice, de Villefargeau et de Bouilly.

Thaumas de la Thaumassière, hist. du Berry.

11. D'azur à 2 épées d'argent, garnies d'or, passées en sautoir, au chef d'argent chargé de 3 roses de gueules.

P. Anselme et Palliot.

GUERRY DES ESSARTS, seign. de Ligny-le-Châtel.

P. Anselme.

§ XIII. — ÉCUS AYANT UN CHEF MEUBLÉ ET LE CHAMP CHARGÉ DE 3 MEUBLES OU PLUS.

1. D'argent au pélican avec ses petits en son nid de gueules, au chef d'azur chargé d'une fleur de lis d'or.

Palliot, p. 528.

LE CAMUS, seign. de Villiers-Vineux, XVIIIe siècle.

C. Dormois, notice dans le bull. de la soc. hist. de l'Yonne.

2. De gueules au portail antique donjonné de 3 donjons, 2 lions affrontés posés sur le perron et appuyés contre le portail, le tout d'argent, au chef d'argent chargé de 3 étoiles d'azur.

Tarbé, arm. man.

DE LA POTERIE, seign. de de Bassou, Charmoy, etc.

Tarbé, arm. man.

3. D'azur à 3 lézards d'argent, en pal, au chef de gueules, chargé de 3 étoiles d'or.

P. Anselme.

On voit ces armes au château d'Ancy-le-Franc et sur une vitre intérieure de l'église Saint-Michel de Tonnerre.

LE TELLIER DE LOUVOIS, seign. d'Ancy-le-Franc, comtes de Tonnerre, etc.

P. Anselme, et Chaillou des Barres, notice dans l'Annuaire de l'Yonne.

— Seign. de Pasilly.

Courtépée, VI, p. 29.

— Seign. de Chassignelles, XVIIIe siècle.

Arch. de l'Yonne.

— Seign. de Cruzy, Ancy-le-Franc, comte de Tonnerre.

Nobl. baill. de Sens, 1789.

4. D'azur à 3 fleurs de lis d'or, 2 et 1, au chef cousu de même, chargé d'un château d'argent et semé de pommes de pin.

Arm. du Nivernais, par M. de Soultrait.

VÉZELAY, la ville.

Arm. du Nivernais.

Vers 1850, le maire de Vézelay croyant avoir découvert sur l'une des portes de la ville, un écusson d'armoirie sculpté qui aurait été celui de la communauté des habitants, a fait reproduire cet écu dans les têtes de lettres administratives

De gueules à 3 fleurs de lis d'or, au chef d'azur semé de fleurs de lis, chargé d'une châsse romane d'argent, maçonnée de sable.

M. Quantin, d'après le sceau de la commune, de 1790.
On peut croire que M. de Soultrait et M. Quantin ont puisé à la même source et que l'un a vu des fleurs de lis où l'autre a vu des pommes de pin ; l'un un château, l'autre une châsse.
Nous ne pouvons admettre, du reste, une châsse *maçonnée*.

5. D'azur à 3 roseaux d'or sur une mare d'argent, sommés chacun d'un besan d'or, au chef vairé d'or et d'azur.

Arm. gén. Paris, 1696.

6. D'azur à 3 roses d'argent, au chef d'or, chargé de 3 roses de gueules.

D. Viole, et Palliot, parl. de Bourg.

7. D'azur à 3 fusées d'or en fasce, au chef d'argent chargé de 3 pals de sable.

Arm. gén. Paris, 1696.

8. D'azur à 3 bourses d'or, au chef de même, chargé d'une étoile de sinople.

Palliot, p. 104

9. D'azur à 3 besans d'argent, au chef d'or chargé d'une tête de lion arrachée de gueules.

Dict. nobl. Palliot, p. 148, et Dict. hérald.

10. D'azur à 3 bures d'or, au chef de même chargé de 3 étoiles de sable.

Arm. gén. Paris, 1696.

---

ainsi qu'il suit :
De sinople, à 3 oiseaux contournés d'argent, au chef cousu d'azur, chargé d'une maison accostée de 10 billettes, 5 de chaque côté posées en sautoir, le tout d'argent.
L'existence de cet écu, dont nous n'avons pu du reste retrouver les traces, prouverait d'autant moins qu'il s'applique à la communauté d'habitants que la ville appartenait à l'abbaye.

LEGRAS, Benoît, lieutenant civil et criminel de l'élection de Saint-Florentin, et Jean, grainetier au grenier à sel de cette ville.

Arm. comme ci-contre.

DE LONGUEIL, Pierre, évêque d'Auxerre, 1449-1473.

D., Viol. et Lebeuf.
M. Lorin nous a communiqué le dessin de cet écu relevé sur une énorme plaque de cheminée exposée en vente chez un ferrailleur de Toucy.

LE CHAPELLIER, Yves, chanoine de Sens.

Arm. comme ci-contre.

BOURSAULT, seign. de Quarré, l'un fondateur de son église.

Courtépée, VI, p. 42.

MÉGRET DE SÉRILLY et D'ESTIGNY, barons de Theil, seign. de Pont-sur-Vanne.

Nobl. baill. de Sens, 1789.

— Seign. de Passy, Vaumort, Pont-sur-Vanne, Noé, Estigny.

Tarbé.

— Seign. de Mâlay-le-Roi, XVIIIe siècle.

Recueil de pièces, coll. Tarbé, bibl. d'Auxerre, vol. XXII.

BUREAU, Pierre, curé de Molinons.

Arm. comme ci-contre.

11. D'azur à 3 broyes d'or, au chef d'argent, chargé d'un lion naissant de gueules.

P. Anselme.

12. D'azur à 3 pointes renversées d'argent, et 1 chef aussi d'azur soutenu d'or et chargé de 3 croisettes patées d'argent et de 2 besans d'or posés entre les croisettes.

Arm. gén. Paris, 1696.

13. D'argent à 1 arbre de sinople sur une terrasse de même, au lion de gueules rampant contre l'arbre, et 1 chef d'azur chargé d'une étoile d'argent, accostée de 2 croissants de même.

Arm. gén. Paris, 1696.

14. D'argent à 1 buisson de sinople sur une terrasse de même et sommé de 2 fauvettes affrontées au naturel, et 1 chef bandé d'azur et d'or.

Arm. gén. Paris, 1696.

15. D'azur à 2 demi-vols d'argent en chef et un croissant aussi d'argent en pointe, au chef d'or chargé de 3 étoiles de sable.

Portraits et tapisseries de la famille. L'arm. gén. Bourg, 1696, blasonne ainsi : D'azur à 1 croissant d'argent surmonté d'un vol de même, au chef d'or chargé de 3 étoiles de sable, ce qui, du reste, n'est pas différent.

ANCEL ou ANCEAU, sires de Joinville, comtes de Joigny, XIe et XIIe siècles.

P. Anselme.

D'HARANGUIER, Alphonsine, veuve d'Hélic DE BERNAULT, seign. de Givry.

Arm. comme ci-contre.

LE BEAU, François, conseiller du Roi, receveur des consignations de l'élection, grenier à sel de Saint-Florentin, justices royales et seigneuriales.

Arm. comme ci-contre.

FAUVELET, Etienne, conseiller au présidial de Sens.

Arm. comme ci-contre.
Famille des Fauvelet de Brienne.

MARTINEAU, famille d'Auxerre.

— Jacques, Edme et Claude, conseillers honoraires, le premier exerçant la justice sur le fait des aides, XVIIe siècle.

— Jean, avocat, même époque.

Arm. gén. Bourg, 1696.

— Conseiller à la cour des monnaies.

Arm. man. de la ville d'Auxerre.

— Administrateurs de l'hôpital, XVIIIe siècle.

Arch. de l'Yonne.

— Lieutenant-criminel.

Lebeuf.
Les armoiries de cette famille semblent empruntées à celles de Martineau, roi et héraut d'armes, qui sont, suivant Palliot, p. 251, d'azur au demi-vol d'ar-

gent, au chef d'or chargé d'un croissant de sable accosté de deux étoiles de même. On y retrouve en effet toutes les pièces et tous les émaux.

16. D'or à 2 roses de gueules, rangées en fasce, et 1 rivière d'azur en pointe, ombrée d'argent, au chef de gueules chargé de 2 étoiles d'or.

Arm. gén. Paris, 1696.

17. D'or à 3 croix de calvaire de sinople, au chef de gueules, chargé d'une étoile d'argent au canton dextre.

Tarbé, collect. de portraits historiques.

D. Viole, et, après lui, les nouveaux éditeurs de Lebeuf ont figuré cet écu de... à 3 croisettes de... accompagné en chef d'une étoile de...

18. De sinople à 5 trèfles d'argent posés en sautoir, au chef d'or chargé de 3 boutons de rose au naturel.

Arm. gén. Paris, 1696.

19. D'azur à 7 besans d'or, 3, 3, 1, au chef de même chargé d'un lion issant de gueules.

P. Anselme.

M. Julliot dit comme Rousseau, d'azur à besans d'or, au chef de même.

20. D'azur semé de billettes d'or, au chef d'argent chargé d'un lion passant de gueules.

P. Anselme.

DUMAS, Charles-Augustin, docteur en médecine à Saint-Florentin.

Arm. comme ci-contre.

GOIN, Pierre, dit DE MORTE-MART, évêque d'Auxerre, 1326-1328.

Tarbé, comme ci-contre, et Lebeuf.

NIEL, Etienne, chanoine de Sens.

Arm. comme ci-contre.

DE MELUN, Guillaume, archevêque de Sens, 1317-1329, — Philippe, id., 1338-1345, — Guillaume II, id., 1345-1376.

Cornat.

— Charles, bailli de Sens, xvᵉ siècle.

— Louis, archevêque de Sens, abdique 1474.

P. Anselme.

Rousseau, Vie des arch. de Sens, n'indique pas le lion issant, mais notre description est conforme non seulement à celle du P. Anselme, mais encore à un ancien portrait de la galerie du Chapitre de Sens, où cet écu est figuré, à un sceau des arch. de l'Yonne, 1434, et à l'indication de Duchesne.

DE ROCHEFORT, dont Edme, abbé de Vézelay, député du clergé aux États-Généraux de 1614, et Edme, capitaine d'Avallon et de Vézelay.

P. Anselme.

— Bailli d'Auxerre, xvıᵉ siècle.

Lebeuf.

21. Echiqueté d'azur et d'argent, au chef d'or chargé d'un lion passant de sable, armé, lampassé et couronné de gueules.

Dict. nobl. et d'Hozier.

QUARRÉ, seign. d'Aligny, Festigny, Gouloux, XVIIᵉ siècle.

Dict. nobl. d'Hozier.

22. Vairé d'or et d'azur, au chef de gueules chargé d'un lion léopardé d'argent.

Palliot, p. 649.

HENNEQUIN, seign. de Subligny, XVIIᵉ siècle.

Arch. imp.

— Seign. de la Chapelle-feu-Payen, XVIᵉ siècle.

Arch. de l'Yonne.

23. D'hermine, au chef de gueules, chargé d'une vivre d'or.

Cat. des Et. de Bourg.

D'ASSIGNY, seign. de Senan, de Charmoy, XVIIᵉ siècle.

Arch. de l'Yonne, inventaire de Senan.

— Seign. du Fort, de Montréal, de Lain, de Moulins près de Toucy.

Arm. du Nivernais.

— Seign. de la Motte Jarry, paroisse de Bléneau.

Dict. nobl.

— Seign. de Pestau, élu aux Etats de Bourg. par le bailliage d'Auxerre, 1682.

Cat. des Etats de Bourgogne.

§ XIV. — ÉCUS AYANT UNE SEULE FASCE SANS MEUBLE SUR UN CHAMP SANS MEUBLE.

1. D'or à la fasce d'azur.

Palliot, p. 173; Duchesne, p. 354, pour Pot.
Palliot, p. 323, pour Villers-la-Faye.
Devise de Pot: *Tant. L vaut.*

1° POT, seign. de Villon, de Rugny, de Melisey; baron de Thorey, 1398-1502, de Chamelard, et autres lieux.

Lambert, notice dans l'ann. de l'Yonne.

2° DE VILLERS-LA-FAYE, seign. de Santigny et de Pasilly, XVIIᵉ siècle.

Courtépée, VI, p. 29 et 43.

2. D'argent à la fasce de gueules.

Père Anselme pour Béthune et Saint-Maur; Dom Viole, pour Lesignes; Palliot, pour Bouville.
D'après la collection de portraits Tar-

1° DE BÉTHUNE-SULLY, baron de Bontin, seign. de Sommecaise.

Du Bouchet, généal. de Courtenay.
Le cri de guerre était: BÉTHUNE!

bé, le champ serait d'azur ce qui est erroné.

Palliot dit que la fasce de l'écu de de Bouville était chargée de 3 annelets d'or, mais cela est contraire au sceau mentionné ci-contre, du moins en ce qui concerne les seign. de Milly.

La devise du duc de Sully était : *Ardeo ubi aspicior.*

3. D'argent à la fasce d'azur.
Vertot et Vulson, p. 125.

4. D'argent à la fasce lozangée de gueules de 3 pièces et 2 demies.

2° DE SAINTE-MAURE, comtes de Joigny, XVᵉ siècle.

Père Anselme.

— Marquis de Nesle, seign. de Dissangis, Lisle-sous-Montréal, Lucy-le-Bois, Massangis, Montillot, Provency, XVIIᵉ siècle.

Vauban, statist. de l'élect. de Vézelay.

— Barons de Lisle-sous-Montréal.

Arch. impériales.

— Seign. de Beaulches.

Déy, géogr. féod. de la baronnie de Perreuse.

3° DE LESIGNES, Erard, évêque d'Auxerre, 1270-1278.

Lebeuf.

4° DE BOUVILLE, seign. de Milly, XIIIᵉ siècle.

Arch. de l'Yonne, charte de 1299, dont le sceau est de... à la fasce de...

MANDELOT, seign. du Fresne près Noyers.

Courtépée.

— Seign. d'Irouer, 1472.

Quantin, notice sur Avallon dans le Bull. Soc. hist. de l'Yonne.

— Seign. de Pacy, XVIᵉ siècle.

Vertot.

— Seign. de Cisery et de Tronçois, territoire de Cisery.

Breuillard.

— Seign. de Lezinnes, Vireaux, Sambourg, La Grange du Plessis, Pacy, XVIᵉ siècle.

Cart. du comté de Tonnerre, arch. de l'Yonne.

— Seign. de Viviers et d'Argenteuil, XVᵉ, XVIᵉ siècle.

Inv. du comté de Tonnerre, arch. de l'Yonne.

BARBEZIÈRES DE CHEMERAULT, seign. de Venisy et de Turny, dont Charles, l'un d'eux,

Palliot, p. 295 et dict. hérald.

L'un écartelait au 1 de Barbezières, au 2 d'azur à la croix fourchée d'argent, au 3 d'hermine au chef de gueules, au 4 d'or à l'aigle éployée de sable. Palliot, p. 295.

5. De gueules à la fasce d'argent.

Vulson, p. 124.

6. De sinople à la fasce d'or.

Arm. gén. Bourg, 1696.

7. De sable à la fasce d'or.

D'Hozier, arm. gén. pour Balathier, et arm. gén. Bourg. 1696, pour les Tanneurs d'Avallon.

8. De sable à la fasce d'argent.

Dict. hérald. et Palliot, p. 323.

9. De ... à la fasce crenelée de ...

D. Viole, p. 417.

a fait bâtir le château de Turny, XVIIe siècle.

Duranthon, not. dans l'ann. de l'Yonne.

D'AUTRICHE, Maximilien, seign. de Noyers.

Guérard, notice dans l'ann. de l'Yonne.

GARNIER, Charles, notaire à Avallon.

Arm. comme ci-contre.

1º BALATHIER DE LANTAGE, seign. d'Estigny et de Sérilly, près de Sens.

D'Hozier, arm. gén.

2º AVALLON, les Tanneurs.

Arm. gén. Bourg. 1696.

DE LORON, seign. de Châtenay, dont David élu aux Etats de Bourgogne, 1682.

Cat. des Etats de Bourg.

— Seign. de Dommecy, dont Hugues, chevalier de Malte, 1574.

Vertot.

— Seign. du Chesne-Saint-Eusoye.

Déy, études historiques sur le canton de Bléneau.

— Seign. de la Maison-Blanche, paroisse de Crain, XVIe siècle.

Lechat, almanach de l'Yonne.

— Seign. d'Arcy.

Statistique du comté d'Auxerre, en 1670.

— Seign. de Tharot, ancienne famille protestante d'Avallon.

Courtépée, VI, p. 51.

— Seign. de Dommecy-sur-Cure, 1600.

Arch. de l'Yonne.

DE CRENEY, Michel, évêque d'Auxerre, 1390-1409.

D. Viole, p. 417, et Lebeuf.

§ XV. — ÉCUS AYANT UNE SEULE FASCE SANS MEUBLE SUR UN CHAMP MEUBLÉ.

1. D'or à la fasce bastillée de 3 pièces d'azur, accomp. de 3 têtes de pavots de gueules.

Arm. gén. Paris, 1696.

JANNEAU, Edme, avocat à St-Florentin.

Arm. comme ci-contre.

2. D'or à la fasce de sable, accomp. de 3 trèfles de sinople.

Tablettes de Thémis et manuscrits de la ville de Sens.

DUPRAT, Antoine, archevêque de Sens, 1525-1535.

Cornat, hist. des arch. de Sens.

— Seign. de Senan, Volgré, Chailleuse, Saint-Romain, Sépaux, XVIᵉ siècle.

Arch. de l'Yonne, invent. de Senans.

— Seign. de Cudot.

Nobl. baill. de Sens, 1789.

3. D'or à 2 grappes de raisins de pourpre, couchées l'une sur l'autre sous une fasce abaissée de sable, sommée d'une vis de gueules, traversée de 2 bâtons de même en sautoir.

Arm. gén. Paris, 1696.

PRESSUROT, Paul, chanoine de Saint-Julien-du-Sault.

Arm. comme ci-contre.

4. D'argent à la fasce de gueules, accomp. de 3 aiglons d'azur.

Dict. nobl. et Palliot.
Le dict. hérald. dit la fasce accomp. de 3 merlettes.

HELLENVILLIER, seign. de Plancy et de Chitry, XVᵉ siècle.

Dict. nobl.

— Seign. de Bagneaux.

Arch. imp.

5. D'argent à la fasce de gueules, accomp. de 6 merlettes de sable, 3 en chef et 3 en pointe, rangées en fasce.

Dict. nobl. et Dict. hérald.

DE FUSSEY, Dame en partie de Lezinnes, Vireaux et Sambourg, 1538.

Arch. de l'Yonne, Inv. du comté de Tonnerre.

6. D'argent à la fasce d'azur, accomp. en chef d'un lion naissant de gueules et en pointe de 3 trèfles de sinople.

Dict. nobl. et arm. univ.
Suivant ce dernier ouvrage, le lion est naissant, ce que nous admettons, et le champ serait d'or, ce qui est beaucoup moins probable.

ANCEL DES GRANGES, dont Michel, baron de Dolot, XVIIIᵉ siècle.

Bardot, notice dans l'ann. de l'Yonne.

7. D'argent à la fasce de sino-ple, accomp. de 3 trèfles de même.
Dict. hérald.

8. D'argent à 1 jumelle de sable, accomp. en chef de 2 paires de tenailles d'azur et en pointe d'un marteau de même, emmanché de gueules.
Arm. gén. Paris, 1696.

9. De gueules à la fasce d'argent, accomp. en chef de 2 croissants d'argent et en pointe d'un lion léopardé de même.
Arm. gén. Bourg. 1696.

10. De gueules à la fasce d'argent, accomp. de 3 châtels d'or, 2 et 1.
Cat. des Et. de Bourg.

11. De gueules, à la fasce d'argent surmontée de 3 grelots de même.
P. Anselme I, p. 360.
Suivant le dict. hérald. la fasce serait d'or.

12. D'azur à la fasce d'or, accompagnée en chef de 3 roses de même et en pointe d'une tour aussi d'or.
Dict. nobl.
L'arm. gén. Paris, 1696, dit la fasce en devise.

13. D'azur à la fasce d'or, accompagnée de 3 besans de même.
Dict. nobl.

14. D'azur à la fasce d'or, accompagnée en chef d'un soleil d'or

DUPRÉ DE SAINT-MAUR, seign. de Villegardin et de Montacher.
Nobl baill. de Sens, 1789.

TONNERRE, les Taillandiers.
Arm. comme ci-contre.

BAUDENET, dont Jean, seign. en partie d'Annoux.
Arm. comme ci-contre.

DU CHATELET, seign. de Vermenton.
Cat. Et. de Bourg.
— Seign. de Bazarne et de Ville-thiéry, XVIIIe siècle.
Arch. de l'Yonne.

DE PLAINES, seigneur de Maligny.
P. Anselme, 1, p. 360.

PARIS DE LA BROSSE, seign. de Villeneuve-la-Guyard.
Tarbé.

DU MAS, seign. de Villiers-Vineux, XVIe siècle.
Arch. de l'Yonne, cart. du comté de Tonnerre.
Il existe sur le linteau de la porte du château de Pansy, commune d'Angely, xvie siècle, un écu sculpté de... à la fasce de... accompagnée de 3 besans ou tourteaux de...
Voir, pour la même famille, § 55, n° 6, un autre écu indiqué par Palliot.

VALLON, Jacob, avocat au bailliage d'Avallon.

et en pointe d'une gerbe aussi d'or posée dans un vallon de même.

Arm. gén. Bourg. 1696.

15. D'azur à la fasce d'or, accompagnée de 3 comètes caudées d'argent.

Palliot, p. 182.

16. D'azur à la fasce d'or, accompagnée en chef de 3 croissants d'argent.

D'Hozier, arm. gén. I, p. 358.

17. D'azur à la fasce d'or, accompagnée en chef de 3 croissants de sinople, et en pointe de 3 trèfles d'or 2 et 1.

Tarbé, arm. man.

18. D'azur à la fasce d'or, surmontée de 3 étoiles de même, rangées en chef.

Arm. gén. Paris, 1696.

19. D'azur à la fasce d'or, accompagnée en chef de 3 étoiles d'or et en pointe d'un mouton d'argent.

Arm. gén. Paris, 1696.

20. D'azur à la fasce d'or, accompagnée en chef de 2 étoiles de même et en pointe d'un croissant d'argent.

Arm. gén. Paris, 1696.

21. D'azur à la fasce d'or, accompagnée en chef d'un croissant d'argent, accosté de 2 étoiles d'or et en pointe d'un cœur de même.

Arm. gén. Paris, 1696.

22. D'azur à la fasce d'or, accompagnée en chef de 2 étoiles et en pointe d'un cœur de même enflammé de gueules.

Arm. gén. Bourg, 1696.

Arm. comme ci-contre.

D'après cet armorial François Vallon, greffier au bailliage de la même ville, portait une étoile au lieu d'un soleil, le reste conforme.

COMEAU DE CRÉANCÉ, seign. de Vincelles, XVIIᵉ et XVIIIᵉ siècles.

Arch. de l'Yonne.

LUILLIER, seign. de Précy, famille de robe qui a rempli plusieurs charges de magistrature aux bailliages de Sens et de Villeneuve-le-Roi.

D'Hozier, arm. gén. I. p. 358.

DUPERRET, seign. de Subligny.

Bardot, notice dans l'ann. de l'Yonne.

DE REMIGNY, Paul-Léonard, seign. de Joux.

Arm. comme ci-contre.

BOQUEAU, Pierre, curé de Saint-Pierre-le-Donjon de Sens.

Arm. comme ci-contre.

LEZINNE, abbaye de la Charité.

Arm. comme ci-contre.

AMIOT, Michel, curé d'Egrisel-les-le-Bocage.

Arm. comme ci-contre.

MOCQUOT, Jean-Baptiste, avocat à Auxerre.

Arm. comme ci-contre.

23. D'azur à la fasce d'or, accompagnée en chef d'une étoile entre 2 roses, et en pointe d'un massacre de cerf, le tout d'or.

Arm. gén. Paris, 1696.
D'Hozier, arm. gén. I, p. 277.
On trouve cet écu dans une des grilles du collatéral sud de la cathédrale de Sens.

24. D'azur à la fasce d'or, accompagnée en chef d'une étoile et en pointe de 3 trèfles de même, 2 et 1.

Arm. gén. Paris, 1696.

25. D'azur à la fasce crénelée d'or, accompagnée en chef d'une molette de même posée au 1er canton.

Arm. gén. Paris, 1696.

26. D'azur à la fasce d'argent, accompagnée en chef d'une étoile, accostée de 2 fleurs de lis et en pointe d'un porc-épic, le tout aussi d'argent.

Arm. gén. Paris, 1696.

27. D'azur à la fasce ondée d'argent, accompagnée de 3 quintefeuilles d'or.

Palliot.

28. D'azur à la fasce ondée d'argent, accompagnée en chef de 3 grelots de même et en pointe d'un croissant d'argent.

D'Hozier, arm. gén. I. p. 94. et Arm. gén. Bourg, 1696.

29. D'azur à 1 tierce d'argent, accompagnée en chef d'une navette couchée d'or et en pointe de 2 fuseaux de même passés en sautoir.

Arm. gén. Paris, 1696.

30. D'azur à la fasce de gueu-

GUILLAUME, Christophe, seign. de Richebourg, à Sens.

— Maximilien, seign. en partie de Marsangis.

Arm. comme ci-contre.

— Max-Roch-Louis-Robert, seign. de Marsangy.

Nobl. baill. de Sens, 1789.

DE BROÉ, écuyer à Saint-Florentin.

Arm. comme ci-contre.

BELLENGERS, Louis, écuyer, seign. de la Motte, à Saint-Florentin.

Arm. comme ci-contre.

DUBOIS, François, gouverneur de Brebourg, seign. d'Aisy, décédé avant 1696.

Arm. comme ci-contre.

LENET, seigneur de Jouy.

Bardot, notice dans l'ann. de l'Yonne.

BRETAGNE, famille d'Avallon, seign. de Ruère.

D'Hozier, arm. gén. I. p. 94.

— Marie, femme de Réné-François Estiennot, seign. de Vassy.

Arm. gén. Bourg. 1696.

TONNERRE, les tisserands.

Arm. comme ci-contre.

VIOLAINE, seign. de la Cour-

les, accompagnée de 4 étoiles d'or, 3 en chef et 1 en pointe, celle-ci dans un croissant aussi d'or.

Cat. Et. de Bourg.

31. De sinople à la fasce d'or, accompagnée en chef de 3 cygnes d'argent et en pointe d'une étoile de même.

Arm. gén. Paris, 1696.

32. De sable à la fasce d'argent accompagnée d'une gerbe d'or en pointe.

Arm. du Nivernais.

33. De... à la fasce d'or, accompagnée en pointe de 3 étoiles de même.

Inscription en marbre noir de la cathédrale de Sens.

34. De... à la crosse denchée de... en pal, et à la fasce denchée de... sur le tout.

D. Cottron, S.-Germ. p. 1144.

35. D'hermine à la fasce de gueules.

Arm. du Nivernais.

36. De... à la fasce de... surmontée d'une devise vivrée de...

Sceau d'une charte de 1288, arch. de l'Yonne.

des-Mailly, élu aux États de Bourgogne, par le bailliage d'Auxerre, 1712.

Cat. Et. de Bourg.

DE LOISEAU, Jacques, seigneur de Champs, demeurant en l'élection de Vézelay.

Arm. comme ci-contre.

DES PAILLARDS, seigneur de la Bussière et de Ratilly, paroisse de Treigny.

Arm. du Nivernais.

Cette famille a habité Auxerre. La rue des Petits-Pères portait autrefois le nom de *rue des Paillards*, et la cour qui touche à la chapelle de la place du Cerf volant était nommée la *Cour des Paillards*.

DE LA BARRE, Guillaume, chanoine de Sens, mort le 3 février 1641.

Inscription comme ci-contre.

DE BARLORA, Hugues, abbé de Saint-Germain d'Auxerre, 1375-1402.

D. Cottron, comme ci-contre.

DE CHANDIOUX, seign. de Treigny et de Ratilly, XVIe siècle.

Déy, géographie féod. de la baronn. de Perreuse.

DE SERGINES ou SARGINES, seign. de ce lieu, XIIIe siècle.

Charte de 1288, arch. de l'Yonne.

§ XVI. — ÉCUS AYANT UNE SEULE FASCE MEUBLÉE SUR UN CHAMP SANS MEUBLE.

1. D'or à la fasce de gueules chargée de 3 limes d'argent.

Arm. gén. Paris, 1696.

2. D'argent à la fasce d'azur chargée de 3 coquilles d'or.

Palliot, p. 324.

DURAND, curé de Villeblevin.

Arm. comme ci-contre.

BONNEVAL, seigneur de Courceaux, XVIIe siècle.

Arch. de l'Yonne.

3. De gueules à la fasce d'argent, chargée de 3 écussons d'azur.

Palliot, p. 309.

CUSSIGNY, seigneur de Lezinnes, Vireaux et Sambourg, XVIᵉ siècle.

Arch. de l'Yonne, inv. du comté de Tonnerre.

4. D'azur à la fasce d'argent chargée d'une plante de sauge de sinople.

Arm. gén. Paris, 1696.

DE SAUGY, Charles, écuyer à Tonnerre.

Arm. comme ci-contre.

5. D'azur à la fasce d'argent, chargée de 3 hameçons de sable.

Arm. gén. Paris, 1696.

AMÈTE, dont un chanoine de Sens, XVIIᵉ siècle.

Arm. comme ci-contre.

6. De sinople à la fasce d'argent, chargée de 2 fouets de sable.

Arm. gén. Paris, 1696.

FOUTIER, Jacques, chanoine de Vézelay.

Arm. gén. Paris, 1696.

§ XVII. — ÉCUS AYANT UNE SEULE FASCE MEUBLÉE SUR UN CHAMP MEUBLÉ.

1. D'or à la fasce d'azur chargée de 3 étoiles d'or et accompagnée de 3 mouches de sable miraillées d'argent, 2 et 1.

Arm. gén. Paris, 1696.

MOUCHOT, Edme, avocat à Tonnerre.

Arm. comme ci-contre.

2. D'argent à la fasce d'azur, chargée d'un lion naissant d'or et accomp. de 3 grenades de gueules.

Arm. gén. Paris, 1696.

DODUN, receveur du grenier à sel de Tonnerre.

Arm. comme ci-contre.

3. D'argent, semé de boutons de roses de gueules, tigés de sinople, à 1 fasce d'azur chargée de 3 rochers d'or.

Arm. gén. Paris, 1696.

BOUTON, Mathieu-Michel, directeur des regrats du grenier à sel de Sens.

Arm. comme ci-contre.

4. D'argent à la fasce de gueules, frettée d'or, accompagnée de 3 molettes de sable.

Cat. Et. de Bourg.

SAINT-LÉGER, seigneur de Reuilly.

Cat. Et. de Bourg.

5. D'argent à la fasce d'azur, chargée d'une rose d'or, accostée de 2 molettes de même.

Dict. hérald.

DE CHALMAISON, Eustache, seign. de Bierry, XVIIᵉ siècle, aujourd'hui Anstrude.

Breuillard.

6. D'argent à 1 roue sans jantes de gueules et 1 fasce d'azur brochant sur le tout, chargée d'un arc d'or.

Arm. gén. Paris 1696.

7. D'argent à la fasce d'azur, chargée d'une seringue d'argent et accomp. de 3 pintes ou mesures à vin d'azur.

Arm. gén. Paris 1696.

8. D'argent à la fasce de sable, chargée d'une vivre d'or, et accomp. de 3 sautoirs fleuronnés de gueules, 2 et 1.

Arm. gén. Paris, 1696.

9. De gueules à la fasce d'or, chargée de 3 roses d'azur, et accompagnée d'une clef d'argent, en pointe.

Palliot, p. 660.

10. De gueules à la fasce d'or, chargée d'une coquille de sable et accompagnée de 3 molettes d'éperons d'or.

Dict. nobl.

Bardot, not. dans l'ann. de l'Yonne, ne parle pas des 3 molettes.

11. De gueules à la fasce d'argent, chargée de 7 moucheutures d'hermine de sable, accomp. au chef de 2 étoiles d'argent, et en pointe d'un château de même.

Arm. gén. Paris, 1696.

Du Bouchet, généal. de Courtenay, dit à la fasce d'hermine.

12. De gueules à la fasce échiquetée de 3 traits d'argent et de sable, accomp. d'un croissant d'or en chef et d'un bœuf passant d'or en pointe.

Dict. nobl.

13. D'azur à la fasce d'or char-

ROARD, Christophe, élu de Tonnerre, avocat.

Arm. comme ci-contre.

TONNERRE, les potiers d'étain.

Arm. comme ci-contre.

BENOIST, Charles, lieutenant de l'élection de Sens.

Arm. comme ci-contre.

DE BÈZE, dont Théodore, né à Vézelay, et son père, bailli de cette ville.

Toutes les biographies.

DE BRAGELONNE, seigneur de Jouy.

Dict. nobl. et Bardot, comme ci-contre.

DE QUINQUET, seign. de la Vieille-Ferté.

Arm. comme ci-contre.

ARMAND ou DARMAND, Pierre, seign. de Château-Vieux, de Montifaux, Fontaine-Madame, Serin, la Villotte, 1731.

Arch. de l'Yonne.

CŒUR, Jacques, seign. de Saint-

gée de 3 coquilles de sable et accompagnée de 3 cœurs de gueules.

Plafonds de l'hôtel de Jacques Cœur à Bourges.

Le dict. nobl. ne mentionne pas les cœurs, et Palliot les dit d'or.

14. D'azur à la fasce d'or chargée d'une étoile de gueules accostée de 2 hures de sanglier arrachées et affrontées de sable, les défenses d'argent, accomp. de 3 croissants d'argent.

Palliot, p. 11.

15. D'azur à la fasce d'or, chargée d'une étoile de gueules, accostée de 2 hures de sanglier arrachées et affrontées de sable, accompagnée de 3 bonds d'argent, 2 et 1.

Palliot, parl. de Bourg. p. 360.

16. D'azur à 3 flèches d'argent, ferrées et empennées d'or posées en pal et 1 fasce cintrée de même brochant sur le tout, chargée d'un arc de gueules cordé d'azur.

Arm. gén. Paris, 1696.

17. D'azur à 1 arbre d'argent sur une terrasse de même et 1 fasce d'or brochant sur le tout, chargée de 5 flèches rangées de gueules.

Arm. gén. Paris, 1696.

18. D'azur à la fasce d'argent chargée de 3 têtes de Maures de sable et accompagnée de 4 haches d'armes d'argent posées en barre, 2 en chef et 1 en pointe.

Arm. gén. Paris, 1696.

19. D'azur à la fasce d'argent chargée d'une vivre de gueules, et accomp. de 6 grelots d'or, 2 et 1.

Arm. gén. Paris, 1696.

Fargeau, Perreuse, Toucy, Champignelles, Fontenouilles, etc.

Déy, hist. du comté de Saint-Fargeau.

— Seign. de Cézy.

Tarbé.

GONTIER, lieutenant du bailli d'Auxerre, XVe siècle.

Lebeuf.
Voir le numéro suivant.

GONTHIER, Palamède, trésorier de France en Bretagne, auteur de plusieurs ouvrages et né à Auxerre, d'après la bibliothèque française de La Croix-du-Maine.

Palilot, parl. de Bourg. p. 361.
Voir le numéro précédent.

VYARD, François, seign. d'Epineuil.

Arm. comme ci-contre.

SAGET, Jean, bourgeois de Tonnerre.

Arm. comme ci-contre.

HACHETTE, Gilles, curé de Foissy.

Arm. comme ci-contre.

GRILLOT, Edme-Jacques, procureur fiscal à Chablis.

Arm. comme ci-contre.

20. D'azur à la fasce d'argent chargée de 3 étoiles du champ, accomp. en chef d'un agneau pascal d'argent et en pointe du chiffre BCB, aussi d'argent.

Arm. gén. Paris, 1696.

BARON, Charles, chanoine de Sens.

Arm. comme ci-contre.

21. D'azur à 2 pelles à four d'or passées en sautoir, et 1 fasce d'argent brochant sur le tout, chargée de 3 tourteaux de gueules.

Arm. gén. Paris, 1696.

TONNERRE, les Boulangers.

Arm. comme ci-contre.

22. D'azur à 1 marteau de sellier d'argent, emmanché d'or et 1 fasce d'argent brochant sur le tout, chargée d'une selle de gueules brodée et frangée d'or.

Arm. gén. Paris, 1696.

TONNERRE, les Selliers.

Arm. comme ci-contre.

23. D'azur à la fasce d'argent chargée d'une molette de sable et accomp. de 3 têtes de léopard d'or rangées en chef.

Arm. du Niv.

HINSELIN, seign. de Moraches, mouvant de la baronnie de Perreuse.

Déy, géogr. féod. la baronnie de Perreuse.

24. D'azur à la hache d'armes d'argent dans un faisceau d'armes d'or liée d'argent, et posé en pal, à la fasce de gueules sur le tout chargée de 3 étoiles d'or.

P. Anselme.
Devise du cardinal : *Hinc ordo et copia rerum.*

1° MANCINI DE MAZARIN, baron de Donzy, fief dont étaient mouvantes beaucoup de seigneuries comprises dans le département de l'Yonne ; seign. de Beaulches.

P, Anselme.

— Seign. de Cussy.

Arch. de l'Yonne.

2° DELAPORTE DE LA MEILLERAIE, après son mariage avec Hortense de Mancini, mêmes fiefs que le précédent. Avant, voir § 69, n° 30.

P. Anselme.

25. D'azur à un renard rampant d'or et 1 fasce haussée de gueules chargée de 3 poulets d'argent et brochant sur le cou du renard.

Arm. gén. Paris, 1696.

COLLET, Barbe, demoiselle, à Tonnerre.

Arm. comme ci-contre.

26. De sinople à la fasce d'or, chargée de 2 compons d'azur, et accomp. de 3 cœurs de carnation.
Arm. gén. Paris, 1696.

BOUTTEVILAIN, curé de Ville-thierry.
Arm. comme ci-contre.

27. D'hermine à la fasce vivrée d'azur chargée d'une épée cou-chée d'or.
Arm. gén. Paris, 1696.

D'ASSIGNY, Léon, seign. de Charmoy, Senan, le Chesnoy.
Arm. comme ci-contre.

§ XVIII. — ÉCUS AYANT DEUX FASCES OU FASCÉ DE QUATRE PIÈCES.

1. D'or à 2 fasces de gueules.
Dict. nobl.

DE GARLANDE, seign. de Chau-mont-sur-Yonne, XIIe siècle.
Tarbé.

2. D'or à 2 fasces de gueules et 1 orle de 9 merlettes de même, 4, 2 et 3.
P. Anselme.
Suivant le sceau qui append à une charte de 1215 des arch. de l'Yonne, il n'y avait primitivement que 3 merlettes, 1 en chef, 1 en cœur et 1 en pointe.

MELLO, seign. de Saint-Bris.
P. Anselme.
— Guy, évêque d'Auxerre, 1247-1269.
Lebeuf et Dom Viole.
— Seign. de Chitry.
Quantin, notice dans l'ann. de l'Yonne.
— Seign. de Saint-Bris, Augy, Bailly, Ancep, Scenay, Choilly-lès-Auxerre, Sainte-Pallaye, XVe siècle.
Arch. imp.
— Seign. de Beaulches.
Déy, géogr. féod. de la baronnie de Perreuse.

3. D'or à 2 fasces de sinople et 1 grappe de raisin de pourpre bro-chant sur le tout.
Arm. gén. Paris, 1696.

GRATIEN, Charles, procureur du roi à Sens.
Arm. comme ci-contre.

4. D'argent à 2 cotices de sino-ple, accomp. en chef d'une étoile de gueules, en pointe d'une mou-cheture d'hermine de sable, et en flanc de 2 trèfles de même.
Arm. gén. Paris, 1696.

THIERRIAT, Florentin, procu-reur du roi en l'élection de Saint-Florentin.
Arm. comme ci contre.

5. D'argent à 2 fasces de sable.
Vertot et Paillot, pour Alonville.
Dict. hérald. pour Saint-Maurice.

1. D'ALONVILLE, seign. de Ver-tron et de la Brosse-Pâlis, terri-toire de Montacher.
Bardot, notice dans l'Ann. de l'Yonne.

6. De gueules à 2 fasces d'or.

Arm. manuscrit de la ville de Sens, pour Leportier; Arm. univ., Dict. hérald. et Vulson, pour d'Harcourt.

Devise de la maison d'Harcourt : *Hinc lumen, hinc fulmina.*

7. D'azur à 2 fasces d'or, accomp. en chef de 3 étoiles de même.

Arm. gén. Bourg., 1696.

Le Dict. hérald. ne mentionne pas les 3 étoiles.

8. D'azur à 2 fasces d'or, accomp. de 6 besans d'argent, 3, 2 et 1.

Dict. nobl. et Vertot.

9. D'azur à 2 fasces d'or, accomp. de 6 coquilles d'argent, 3, 2 et 1.

Dict. nobl. et Palliot, p. 188,

10. D'azur à 2 fasces d'argent, bastillées de 9 pièces, accomp. en chef de 2 quinte-feuilles d'argent et en pointe d'une demi-roue de moulin de même.

Tarbé, arm. man.

— Seign. de Vertron, dès 1591.

P. Anselme, II, p. 126.

— Seign. de la Brosse-Vertron.

Dict. nobl.

2. DE SAINT-MAURICE, prince de Montbarrey, seign. de Moulins-Pont-Marquis, 1772.

Arch. de l'Yonne.

1. LEPORTIER DE MARIGNY, archevêque de Sens, mort en 1316.

Arm. comme ci-contre.

2. D'HARCOURT, comte de Lillebonn, seign. de St-Bris, 1763.

Quantin, notice dans l'Ann. de l'Yonne.

— Seign. de Pisy, XVIIIe siècle.

Breuillard.

NIGOT, seign. de Saint-Sauveur.

Actes de l'état civil de cette commune.

DU FAUR-RÉQUELU, comte de Pibrac, baron de Dannemoine,

Le Maistre, notice dans l'annuaire de l'Yonne.

D'AGUESSEAU, seign. de Coulange-la-Vineuse et du Val-du-Merry.

Ribière, notice dans le Bull. de la Société hist. de l'Yonne.

— Seign. de Villy et de Lignorelles, 1789.

Arch. de l'Yonne.

CRÉCY DE CHAMPMILLON, dont Charles, né à Courlon, le 18 juillet 1760, condamné à mort révolutionnairement le 21 floréal an II, et Bernard-Louis-François, né aussi à Courlon, le 26 avril 1764, émigré.

Tarbé, arm. man.

11. D'azur à 2 fasces de gueules.

Père Anselme, II, p. 116, ce qui est contraire aux règles héraldiques.

Palliot, dit p. 298; vairé d'or et de gueules ce qui est l'écu de Beaufremont.

DE BILLY, seign. de Vertron, XVIe siècle.

P. Anselme, II, p. 116.

La seigneurie de Vertron s'est confondue avec celle de la Brosse-Palis, territoire de Montacher.

12. De sinople à 2 fasces d'or chargées chacune de 4 tourteaux de gueules.

Arm. gén. Paris, 1696.

BOULARD, Étienne, bourgeois de Villeneuve-le-Roi.

Arm. comme ci-contre.

13. De sable à 2 fasces d'or, chargées chacune de 3 marcs d'azur.

Arm. gén. Paris, 1696.

MARCELOT, Antoine, conseiller au présidial de Sens.

Arm. comme ci-contre.

14. De sable à 2 fasces d'argent.

Arm. gén. Bourg. 1696.

AVALLON, les Selliers.

Arm. comme ci-contre.

15. Fascé de 4 pièces de... et de...

D. Viole, III, p. 2209.

DU VERTET, Denise, abbesse des Isles, près d'Auxerre, 1459-1483.

D. Viole, comme ci-contre.

16. Fascé et contrefascé d'azur et de sable de 4 pièces, les pièces d'azur chargées chacune d'un rameau de myrte d'or posé en fasce.

Arm. gén. Paris, 1696.

DE SITTE, Jean-François, Seigneur de Soucy.

Arm. comme ci-contre.

§ XIX. — ÉCUS AYANT 3 FASCES, OU FASCÉS DE 6 PIÈCES.

1. D'or à 3 fasces de gueules.

Tarbé, portraits, pour Gout.
Palliot, pour Rambures.

1. DE GOUT, Raymond, neveu du pape Clément V, archidiacre de Sens, cardinal diacre du titre de Sainte-Marie-la-Neuve, mort en 1335.

Tarbé, portraits.

2. DE RAMBURES, seign. de Champignelles, etc.

Déy, études historiques sur le canton de Bléneau.

2. D'or à 3 fasces de gueules, chargées chacune de 5 sautoirs d'argent.

Dict. nobl.

L'arm. univ. dit fascé de gueules et d'or de 6 pièces, les fasces de gueules frétées d'argent.

DE BERNAGE, seign. de Villechétive et de la Borde, 1578-1603.

Arch. imp.

— Seign. de Saint-Maurice, Vaux et Chassy.

Dict. nobl.

— Seign. de Saint-Maurice-Thizouailles, 1757.

Docum. hist. de. la soc. des sciences
de l'Yonne, XII, p. 767.

— Seign. de Chaumont-sur-
Yonne, Saint-Maurice, Chassy.

Nobl. baill. d'Auxerre, 1789.

3. D'or à 3 jumelles de sable.
Palliot, p. 401.

DE GOUFFIER, seign. de Saint-
Cyr, 1660.

Arch. de l'Yonne.

— Seign. de Sermizelles.

Courtépée, VI, p. 48.

4. D'or à 3 fasces de sable.
P. Anselme.

DE GONSAGUE, vicomtes de
St.-Florentin, ducs de Nivernois.

Pigeory, notice dans l'annuaire de
l'Yonne.
Plusieurs membres de cette famille
écartelaient, le duc de Mantoue notamment de plus de 25 quartiers. L'écu de
Mantoue, particulièrement, était d'argent, à la croix patée de gueules, cantonnée de 4 aigles de sable becquées et
membrées de gueules.
Palliot, p. 56.

5. D'argent à 3 fasces de gueules.
Palliot et Cat. Et. de Bourg.

DE BOULAINVILLIERS, seign.
de Fouronnes.

Cat. des États de Bourgogne.

— Seign. de Champignelles.

Déy, études hist. sur le canton de Bléneau.

— Seign. de Toucy et de Charny, XVIe siècle.

P. v. de rédaction de la coutume de
Montargis.

— Seign. de Courgis.

Arch. de l'Yonne.

— Seign. de Fouronnes, XVIIe
siècle.

Statist. 1670, du comté d'Auxerre.

6. D'argent à 3 fasces de gueules surmontées de 3 aigles éployées
de sable.
Palliot, p. 664, pour Courcelles de
Champlay, et Dict. nobl.

DE COURCELLES, seign. de
Saint-Liébaud et de Saint-Vinnemer, XVIe siècle.

Arch. de l'Yonne, Inv. du comté de
Tonnerre.

— Seign. de Tanlay, pour
Champlay, sans doute.

V. Petit, notice dans l'ann. de l'Yonne.
Après que la baronnie de Courcelles

eut été érigée en marquisat, pour Louis, en 1667, les membres de cette famille s'appelèrent Champlay de Courcelles, comme ils s'étaient appelés Courcelles de Champlay, du nom de cette seigneurie qu'ils ont possédée.

7. D'argent, à 3 fasces bretessées de cinq pièces de gueules, chacune chargée de 5 trèfles d'or.

Palliot et D. Cottron, S.-P. p. 947.

DE BIRAGUE, Réné, abbé de Saint-Pierre-le-Vif de Sens, 1579-1584.

D. Cottron, comme ci-contre.

8. D'argent à 3 fasces de sable, à la bordure engrêlée de gueules.

Palliot.

LAFIN DE BEAUVOIR, seign. de Maligny.

De Bastard, notice dans l'Ann. de l'Yonne.

9. De gueules à 3 fasces ondées d'or.

Palliot, p. 480.
Le dict. hérald. dit de gueules à 2 jumelles d'argent. A une certaine époque, cette famille a écartelé de Saint-Chéron qui est de gueules à 2 jumelles d'argent, puis, divisée en deux branches, l'une d'elles a porté de Saint-Chéron aux 1 et 4 et de Toulangeon au 2 et 3, d'où est venue la confusion.

TOULANGEON, seign. d'Arcy-sur-Cure.

Courtépée.

—Seign. d'Ancy-le-Franc, XVIᵉ siècle.

Cart. du comté de Tonnerre, arch. de l'Yonne.

10. De gueules à 3 jumelles d'or.

Palliot, p. 401.

SAINT-SEIGNE, seign. de Saint-Bris, XVIᵉ siècle.

Arch. imp.

11. D'azur à 3 fasces ondées d'or.

Cat. Et. de Bourg.

DE BRANCION, élu aux Etats de Bourgogne par le bailliage d'Auxerre.

Cat. Et. de Bourg.

12. D'azur à 3 fasces d'argent.

Dict. hérald.

DUMESNIL, seign. de Villiers-Vineux, XVIIIᵉ siècle.

C. Dormois, notice dans le bull. de la Soc. hist. de l'Yonne.

13. D'azur à 3 fasces ondées d'argent.

Arm. gén. Paris, 1696, pour Thiesset; Palliot, p. 480, pour Sercey; P. Anselme, pour Pardaillan.

1. THIESSET, Jacques, bailli de la ville et du comté de Tonnerre.

Arm. comme ci-contre.

2. DE SERCEY ou DE SERCY, seign. d'Arconcey, Etaules-le Haut, le Fay, etc. XVIIᵉ siècle.

Arch. de l'Yonne.

3. DE PARDAILLAN, archevêque de Sens.

P. Anselme.
Les membres de cette famille écartelaient de diverses manières.

14. D'azur à 3 fasces crénelées d'argent, maçonnées de sable.

Tarbé, portraits.

15. De sinople, à 3 fasces d'argent.

Arm. gén. Bourg, 1696.

16. De sable à 3 jumelles d'argent, à la bordure de même.

Cat. des Et. de Bourg.

17. De... à 3 fasces de...

Sceau d'une charte de 1224 et de 1277, arch. de l'Yonne, fond Saint-Marien.

18. De... à 3 fasces denchées de...

D. Viole.

19. Fascé d'or et d'azur de 6 pièces et 1 bordure de gueules.

D'Hozier. arm. gén. I. p. 192.

20. Fascé d'argent et de gueules de 6 pièces.

Arm. hist.

21. Fascé enté d'argent et de gueules de 6 pièces.

Du Bouchet, généal. de Courtenay, pour Chauvigny ; P. Anselme, et Thaumas de la Thaumassière, hist. du Berry, pour Rochechouard.

DE CROS, Pierre, évêque d'Auxerre, mort 1350.

Tarbé, portraits.

NOYERS, les selliers et bourreliers.

Arm. comme ci-contre.

DE LAFERTÉ, seign. de Fouronnes.

Cat. des Et. de Bourg.

DE SEIGNELAY, les anciens seigneurs.

Chartes de 1224 et 1277, arch. de l'Yonne, fond Saint-Marien.

DE SEIGNELAY, Guillaume, évêque d'Auxerre, 1207-1220.

D. Viole et Lebeuf.

DIO DE MONTPEIROUX, demeurant à Irouer.

D'Hozier, comme ci-contre.

DE POLIGNAC, seign. de Paron, vicomtes de Sens, XVIIIe siècle.

Déy, notice dans l'Ann. de l'Yonne, et Nobl. baill. de Sens, 1789.

1. DE CHAUVIGNY, seign. de Tanlay, de Sautour, de St-Bris, de Courcelles et de Neuvy, XVIe siècle.

Du Bouchet, comme ci-contre.

— Seign. de Sautour, 1390.

Arch. imp.

— Seign. de Ravières, Tanlay, etc., XVe siècle.

Arch. de l'Yonne, inventaire du comté de Tonnerre.

2. DE ROCHECHOUARD, seign. de la Brosse, de Montigny, XVIIe siècle.

P. Anselme, I. p. 525.

— Seign. du Postillon, paroisse de Champigny.

Nobl. baill. de Sens, 1789.

— Seign. de Courlon et des Ormes.

Arch. de l'Yonne.

22. Fascé d'argent et de sinople de 6 pièces à 7 tourteaux de gueules sur les fasces d'argent, 3, 3 et 1.

Arm. gén. Paris, 1696.

23. Fascé de 6 pièces de... et de...

Sceaux de chartes de 1258, 1291 et 1299, arch. de l'Yonne.

24. Fascé de 6 pièces de... et de...

Sceau d'une charte de 1267, fonds de Pontigny, arch. de l'Yonne.

ORLÉANS DE RÈRE, Louis, gouverneur de Villeneuve-le-Roi. 1615.

Déy, notice sur Champignelles, bull. de la Soc. hist. de l'Yonne, II, p. 29.

DE TRAINEL, seign. de Foissy.

Chartes, comme ci-contre.

RAGOT, Guy, seign. de Champlost.

Charte de 1267, comme ci-contre.

— Etienne dit Garchy, seign. de Champlost, XIVe siècle.

Arch. imp.

§ XX. — ÉCUS AYANT 4, 5, 6 FASCES, OU FASCÉS DE 8 A 12 PIÈCES.

1. De gueules à 4 fasces d'argent.

D. Cottron, Saint-Germain, p. 1212, pour Beaujean ; Arm. gén. Bourg. 1696, pour Jodot.

1. DE BEAUJEAN, François, abbé de St-Germain d'Auxerre, 1514-39.

D Cottron, St-Germ. L'auteur, après avoir blasonné cet écu, d'après le sceau de l'abbé, le figure ensuite, p. 1215, d'argent à 4 fasces de gueules.

2. JODOT, Denis, officier de la Maison du Roi et Réné, contrôleur au grenier à sel, à Noyers.

Arm. comme ci-contre.

2. De sinople, à 4 fasces d'or.

Arm. gén. Bourg. 1696.

HENRY, Jean-Gaspard, chanoine de Montréal.

Arm. comme ci-contre.

3. De sinople, à 4 fasces d'argent.

Arm. gén. Bourg. 1696.

NOYERS, les officiers du grenier à sel.

Arm. comme ci-contre.

4. D'argent à 5 fasces de gueules.

De Caumartin.

DE BEAUJEU, seign. de Villiers-Vineux, XVe et XVIe siècles.

De Caumartin.

— Seign. de Saint-Hubert, de Jaulges et de la Thuillerie, XVIIe et XVIIIe siècles.

D'Hozier, I, p. 56.

5. D'or à 6 fasces d'argent.

Tarbé.

DU PLESSIS, seign. du Plessis-Saint-Jean.

Tarbé.

6. Fascé d'argent et de gueules de 8 pièces.

P. Anselme.

7. Fascé d'argent et de gueules de 10 pièces, au lion de sable brochant sur le tout.

D. Viole, p. 413.

8. Fascé d'argent et de sable de 10 pièces.

Arm. gén. Paris, 1696.

9. Fascé de gueules et d'argent de 10 pièces, au lion de sable brochant sur le tout, avec une couronne d'or détachée sur la première fasce.

Tablettes de Thémis.
D. Viole, p. 369, figure l'écu fascé d'argent et de gueules, d'où il résulte que la couronne détachée d'or se trouve sur argent, ce qui est contraire aux règles héraldiques.
En revanche, le lion est figuré *mort-né*, armoiries parlantes de *Mornay*, et un correcteur maladroit a commencé à ajouter des ongles au lion.

DE CHAUMONT, seign. de Chaumont-sur-Yonne, l'un capitaine de Sens et d'Auxerre.

P. Anselme.

D'ÉTOUTEVILLE, Guillaume, évêque d'Auxerre, 1376-1382.

D. Viole, p. 413, et Lebeuf.

HÉMARD, Charles, écuyer, seigneur de Paron et des Barres, et Valentin, chanoine de Sens.

Arm. comme ci-contre.

DE MORNAY, Pierre, évêque d'Auxerre, 1295-1306.

D. Viole, p 369, et Lebeuf.

§ XXI. — ÉCUS AYANT UN SEUL PAL.

1. D'azur à 1 lion d'or passant, et 1 pal de gueules chargé de 3 yeux d'argent posés l'un sur l'autre, le pal brochant sur le lion.

Arm. gén. Paris, 1696.

2. De sable, au pal d'or.

Arm. gén. Bourg. 1696.

3. De sable à 3 roses d'argent au pal de gueules brochant sur celle de la pointe.

P. Anselme.

FOREUIL, Etienne, chantre et chanoine de Saint-Julien-du-Sault.

Arm. comme ci-contre.

AVALLON, les boulangers.

Arm. comme ci-contre.

LE CLERC, seigneur de Saint-Sauveur, de Dicy, Fleurigny, Sergines ; l'un d'eux bailli de Sens.

P. Anselme.
D'après Tarbé, cette famille n'aurait possédé à Sergines que la seigneurie du quartier de la Raganne.

§ XXII. — ÉCUS AYANT PLUSIEURS PALS.

1. D'argent à 2 pals d'azur chargés chacun de 2 croix haussées, fleuronnées, et au pied fiché d'or.
Arm. gén. Paris, 1696.

PRESSURAT, Guillaume, curé de Villevallier.
Arm. comme ci-contre.

2. D'argent à 2 pals de sable.
Du Bouchet, généal. de Courtenay.

DE HARLAY, seigneur de Césy, Champvallon, Saint-Aubin, Villiers-sur-Yonne, Dolot, Bonnart, Bassou, etc.
P. Anselme, IV, p. 228.
— Seign. de Vaurobert, hameau de Dolot, et de Chéroy. — Seign. de Dolot, XVIIe siècle.
Arch. imp.
— ROGER, abbé de Saint-Pierre d'Auxerre, XVIIe siècle.
Leclerc de Fouroles, not. dans l'Ann. de l'Yonne, 1843.

3. D'or à 3 pals de gueules.
Duchesne, p. 430.

DE FOIX, vicomtes de Saint-Florentin, seigneurs d'Ervy et de Dannemoine.
Le Maistre, notice dans l'ann. de l'Yonne,

4. D'or à 3 pals de gueules, enté en pointe de sinople à 1 dragon d'argent, et 1 bordure de gueules chargée de 8 sautoirs d'or.
Arm. gén. Paris. 1696.

DE FRANCE, Louis, seigneur de la Petite-Ronce.
Arm. comme ci-contre.

5. D'argent à 3 pals de gueules.
Verrières de l'église de La Ferté-Loupière, pour La Roche; Tarbé, arm. man. pour Clément.

1. DE LA ROCHE, maison alliée au Courtenay-Laferté, par Perrin de la Roche.
Mlle Félicité Servier, ann. de l'Yonne, 1858.
2. DE CLÉMENT, seigneur de Lalande.
Tarbé, arm. man.

6. D'argent à 3 pals de sinople.
D. Viole, p. 420.

DE THOISY, Jean, évêque d'Auxerre, 1409-1410.
D. Viole et Lebeuf.

7. De sinople à 3 pals d'argent.
Arm. gén. Bourg. 1696.

NOYERS, les Savetiers.
Arm. comme ci-contre.

8. De sable à 3 pals d'or.

Arm. gén. Paris, 1696.

9. De sable à 3 pals, 2 d'or et celui du milieu d'argent.

Arm. gén. Paris, 1696.

10. De... à 3 pals de...

D. Viole, vol. II, p 2038, d'après une tombe de l'abbaye de Saint-Julien d'Auxerre.

11. De sinople à 4 pals d'or.

Arm. gén. Bourg 1696.

12. De sinople à 4 pals d'argent.

Arm. gén. Bourg. 1696.

13. Pallé d'argent et d'azur de 8 pièces, à 1 lion de gueules brochant sur le tout.

Arm. gén. Paris, 1696.

14. Pallé de gueules et d'azur de 12 pièces, les pals de gueules chargés de fusées d'or.

D'Hozier, arm. gén. V.

DE BAUDIN, seigneur en partie de Brion.

Arm. comme ci-contre.

CHASSIN, François, prêtre habitué à Saint-Florentin.

Arm. comme ci-contre.

DE NEUVY, Marguerite, abbesse de Saint-Julien d'Auxerre, 1400-1412.

D. Viole, comme ci-contre.

BOROT, Benjamin-Louis, chanoine de Montréal.

Arm. comme ci-contre.

NOYERS, les maréchaux.

Arm. comme ci-contre.

MAUVISE, Louise, femme de François DÉJA, seigneur de Viviers.

Arm. comme ci-contre.

BONNIN DE CLUSEAU, seigneur de Chitry, de Chaumot, d'Héry.

D'Hozier, comme ci-contre.

§ XXIII. — ÉCUS AYANT UNE SEULE BANDE SANS MEUBLE SUR UN CHAMP SANS MEUBLE.

1. D'or à la bande vivrée d'azur.

P. Anselme, pour La Baume ; Palliot, p. 645, pour Gaétan ; arch. de l'Yonne, pour Ligny.

1. DE LA BAUME-MONTREVEL, seigneur de Noyers, de Michery, Ancy-le-Serveux, Ligny-le-Châtel, etc.

P. Anselme.

— Seign. de Méré et de Varennes, XVIe siècle.

Arch. de l'Yonne, cart. du comt. de Tonnerre.

2. DE LA BAUME D'ESTAYS, Christophe-Louis, chevalier de Malte, commandeur de Pontaubert.

Vertot.

3. DE LA BAUME-LEBLANC, seigneur du Plessis, près de Sens.

Tarbé, notice sur Sergines.

4. LIGNY-LE-CHATEL, la pré-vôté, XVIᵉ siècle.

Sceau des Arch. de l'Yonne.

C'est l'écu de la Baume-Montrevel, seigneur du lieu.

5. GAÉTAN ou CAJÉTAN DE THIENNE, seigneur de Dolot.

Nobl. baill. de Sens, 1789.

BELIN, Alexis, curé de Saint-André-en-terre-pleine.

Arm. comme ci-contre.

1. CORNUT, Gauthier; Giles I, Henri et Giles II, archevêques de Sens, morts en 1241, 1252, 1258, 1292.

Tarbé.

2. DE RICHEBOURG, Louise, veuve du sire de Coqueborne, seigneur de Villeneuve-au-chemin.

Arm. gén. Paris, 1696.

DE LANDE, seigneur de Lalande et d'Arblay, ce dernier fief, paroisse de Neuilly, mouvant de la châtellenie de Saint-Maurice-Thizouaille.

Doc. hist. de la soc. de l'Yonne, vol. XII, p. 767.

1. TONNERRE, la ville.

Comme ci-contre.

2. BUREAU, André, comte de la Rivière, seigneur de Beinne.

Arm. gén. Paris, 1696.

3. DE NOAILLES, seigneur de Fleury.

Tarbé, arm. man.

1. DE CHALON, comte d'Auxerre, de Tonnerre, de Joigny, seign. de

2. D'or au tronc écoté de gueules, posé en bande.

Arm. gén. Bourg. 1696.

3. D'argent à la bande de gueules.

Arm. man. de la ville de Sens, pour Cornut; Arm. gén. Paris, 1696, pour Richebourg.

4. D'argent à la bande d'azur.

Dict. nobl.

5. De gueules à la bande d'or.

Dict. hérald. et arm. gén. Paris, 1696, pour Tonnerre et Bureau; Tarbé, arm. man. pour Noailles.
Les armoiries de la ville de Tonnerre seraient *d'azur à la bande d'or*, d'après d'anciens sceaux, d'après une gravure du cartulaire de cette ville, et d'après un ancien drapeau blanc. Elles ont été évidemment empruntées à celles de la maison de Châlon, § suivant, nous croyons en conséquence que la *bande d'or* suffit à distinguer les armoiries de la ville, et que l'écu officiel de 1696 doit être respecté.

6. De gueules à la bande d'argent.

P. Anselme.

Chevannes, de Lisle-sous-Montréal.

P. Anselme.

— Seigneur de Ravières.

Du Bouchet, généal. de Courtenay.

— Seigneur de Coulanges-sur-
Yonne, de Lisle, de Chevannes
près Savigny, de Saint-André.

Courtépée, VI.

2. DE NEUFCHATEL, seigneur
d'Ancy-le-Franc, de Cruzy, etc.

P. Anselme et Duchesne, généal. de
Vergy.
Cette maison s'est éteinte en 1504. On
peut supposer, d'après les armoiries, que
c'était une branche de la maison de
Châlon.

7. D'azur à la bande d'or.

Arm. man. de la ville de Sens.

De gueules à la bande d'argent.

Julliot.

8. D'azur à la bande ondée
d'or.

Du Bouchet, généal. de Courtenay,
p. 362.

9. D'azur à la bande d'argent.

Arm. gén. Paris, 1696.

10. De sinople, à la bande d'argent.

Arm. gén. Bourg, 1696.

11. De sable à la bande d'or.

Arm. gén. Bourg., 1696.

12. De sable à la bande d'argent.

Cat. Et. de Bourg. et arm. du Niv.

DE ROYE, Guy, archevêque de
Sens, 1385-1409.

Cornat.

DE MONTRÉAL, seign. de ce
lieu, XIIIe siècle.

P. Anselme, II, p. 148.

— Seign. d'Athie, XIIIe siècle.

Du Bouchet, comme ci-contre.

DE RACAULT, dont Catherine,
demeurant à Joigny.

Arm. comme ci-contre.

1. NOYERS, les apothicaires.

Arm. comme ci-contre.

2. CROMOT DE VASSY, chanoine d'Avallon.

Arm. comme ci-contre.

AVALLON, les savetiers.

Arm. comme ci-contre.

DE LA RIVIÈRE-CHAMPLEMY,
bailli et gouverneur d'Auxerre ;
— seign. de Châtel-Censoir, Cheny, Bennes, Cézy, Ormoy, Poily,
Bonnart, Rebourseau, Seignelay ;
— vicomtes de Tonnerre et de
Quincy.

Cat. et arm. comme ci-contre.

13. De sable à la bande fuselée d'argent.

Palliot.

— Seign. du Perchin.

Déy, géogr. féod. de la baronnie de Perreuse.

DE BROC. Pierre, évêque d'Auxerre, 1640-1671, écartelait au 1 et 4 *de Broc*, au 2 et 3 d'or à la croix de gueules cantonnée de 16 alérions d'azur, qui est *Montmorency*.

D. Viole, p. 455.

14. De... à la bande fuselée de ... et 1 lambel de 2 pendants de... en chef.

Sceau du xve siècle, appartenant à M. Coutant, des Risseys.
Exergue : SCEL DE LA PRÉVOTÉ DE LIGNY-LE-CHASTEL.
Voir ci-devant, n° 1.

LIGNY-LE-CHATEL , la prévôté.

Comme ci-contre.

15. Tiercé en bande d'or, de gueules et d'azur.

P. Anselme.
Devise : *Ne despice an autem.*

DE CAUMONT-LAUZUN, seign. de Saint-Fargeau et pays de Puisaie, baron de Perreuse.

Déy, histoire du comté de Saint-Fargeau.

§ XXIV. — ÉCUS AYANT UNE SEULE BANDE SUR UN CHAMP MEUBLÉ.

1. D'or à la bande d'azur accostée de 3 molettes de gueules, 1 en chef et 2 en pointe.

Arm. gén. Paris, 1696.

AMIRAL , François, écuyer, seign. en partie de la Louptière, gentilhomme de fauconnerie du roi à Sens.

Arm. comme ci-contre.

2. D'argent à 1 fer de moulin de sinople et 1 bande de gueules brochant sur le tout.

D. Viole.

TALEYRAND DE PÉRIGORD, évêque d'Auxerre, 1828-1830.

Lebœuf.

3. D'argent à la bande fuselée de gueules, accompagnée de 6 fleurs de lis d'azur mises en orle, 3 en chef et 3 en pointe.

P. Anselme, IX, p. 139.

DU BELLAY, François, comte de Tonnerre.

Dict. nobl.

— Seign. de la Chapelle-Flogny et d'Epineuil, XVIe siècle, jusqu'à 1603.

Le Maistre, notice dans l'annuaire de l'Yonne.

— Seign. de Villarnoux.

Courtépée, VI, p. 59.

— Jean, abbé de Pontigny, xvie siècle.

Chaillou des Barres, ann. de l'Yonne, 1844, p. 157.

4. D'argent à la bande de sinople, accompagnée en chef d'une étoile de gueules et en pointe d'une moucheture d'hermine et accostée en fasce de 2 trèfles de sinople.

Arm. gén. Bourg., 1696.

THIERRIAT, Germain, président au grenier à sel d'Auxerre.

Arm. comme ci-contre.

5. D'argent à la bande d'azur, accompagnée de 6 roses de gueules mises en orle.

Arm. manuscr. de la ville de Sens, et Julliot.

ROGER, Pierre, archevêque de Sens, 1329; pape sous le nom de Clément VI, 1339.

Cornat.

6. D'argent à la bande de sable, accompagnée en chef d'une merlette de même.

Dict. hérald. et Vertot.

DU DEFFAND, seign. de Sementron et de Fontenoy.

Arch. du château de Saint-Fargeau.

— Seign. de Lalande, d'Ordon et de Dannery.

Dict. généal. hérald.

7. De gueules à la bande d'or, accompagnée de 6 étoiles de même mises en orle.

Arm. manuscr. de la ville de Sens, et Julliot.

ROBERT, Adémar, archevêque de Sens, 1376-1384.

Cornat.

8. De gueules à la bande d'or, accompagnée de 6 merlettes de même, mises en orle.

Père Anselme.

DE CHAMPLIVAUT, gouverneur d'Auxerre.

P. Anselme.

9. De gueules à la bande d'argent, accompagnée en chef de 3 étoiles de même et en pointe d'un lion aussi d'argent, lampassé et armé d'or.

Arm. gén. Paris, 1696.

DE VEZONS, François, co-seigneur d'Annoux, xviie siècle.

Arm. comme ci-contre, et Breuillard.

10. D'azur à la bande d'or, accostée de 2 demi-vols abaissés de même et de 2 étoiles d'argent au-dessus de chaque demi-vol.

Arm. du Nivernais.

DE LA BUSSIÈRE, seigneur de Guerchy, près de Treigny, du Grandcharron, de Treigny, etc.

Déy, géographic féod. de la baronnie de Perreuse.

11. D'azur à la bande d'or, accompagnée de 7 billettes de même, 4 en chef et 3 en pointe, celles-ci mises en orle.

P. Anselme, VII, p. 1.
Tombeau de la cathédrale d'Auxerre.

12. D'azur à 3 fleurs de lis d'or, à la cotice de gueules, brochant sur le tout.

P. Anselme ; arm. manuscr. de la ville, et galerie du chapitre de Sens.
Sceau conforme des arch. de l'Yonne, 1541.

13. De ... à la bande de ... accompagnée de 2 tourteaux ou besans de ...

D. Cottron, St-P., p. 709.

14. Echiqueté d'argent et d'azur, à la bande engrêlée de gueules brochant sur le tout.

Vertot. L'arm. gén. Paris, 1696, pour Guillaume-Edme de Montigny, ne dit pas que la bande soit engrêlée.

15. Losangé de ... et de ... à la bande de ... brochant sur le tout.

Sceau d'une charte de 1286, arch. de l'Yonne, fonds Pontigny.

16. De vair à la cotice de gueules.

Du Bouchet, généal. de Courtenay.

BEAUVOIR-CHASTELLUX, seign. de Chastellux, érigé en comté en 1621, de Coulanges-la-Vineuse, de Bazarne, Prégilbert, Sainte-Pallaye, Val-de-Mercy, vicomtes d'Avallon, barons de Quarré.

P. Anselme, vol. VII, p. 1.

-- Seign. de Sery, Fontenay, Trucy-sur-Yonne, Saint-André.

Vauban, statist. de l'élect. de Vézelay, et P. V. de la coutume d'Auxerre.

— Seign. de Villefargeau et de Courson, XVe siècle.

Arch. de l'Yonne et de l'Empire.

DE BOURBON-VENDOME, Louis, archevêque de Sens, 1536-1557.

Cornat.

THOMAS, abbé de Saint-Pierre-le-Vif de Sens, 1239.

D. Cottron, comme ci-contre.

DE MONTIGNY, dont François, seign. d'Hautefeuille, paroisse de Villiers-Saint-Benoît et de l'Hermite, et Alexandre, chevalier de l'ordre de Jérusalem, 1539.

Déy, études hist. sur le canton de Bléneau, et Vertot.

— Guillaume-Edme, écuyer, seign. de la Haute-Ferrière, demeurant à Joigny.

Arm. gén. Paris, 1696.

AUXERRE, la Cour de la Comté.

Comme ci-contre.

DE PLANCY, seign. de Bazarne.

Du Bouchet, comme ci-contre.

— Seign. de Chemilly.

Courtépée.

§ XXV. — ÉCUS AYANT UNE SEULE BANDE MEUBLÉE SUR UN CHAMP
SANS MEUBLE.

1. D'or à la bande de gueules, chargée d'un loup ravissant d'argent.

Dict. hérald et arm. man. Tarbé.

DE LAVERDY, seign. de Serbonnes.

Tarbé, arm. man.

2. D'or à la bande de gueules chargée de 3 alérions d'argent.

Vertot et Dom Cottron, Saint-Germ., p. 1240.

DE LORRAINE, Louis, cardinal de Guise, archevêque de Sens, comte de Joigny, 1553; abdique 1563. Abbé de Saint-Germain d'Auxerre, 1539-1567.

Arch. imp. Tarbé et D. Cottron.
Il portait l'écu ci-contre, qui est *Lorraine*, sur un écu écartelé et contre-écartelé de Hongrie, de Naples, de Jérusalem, d'Aragon, d'Anjou, de Gueldres, de Flandres et de Bar.

3. D'or à la bande d'azur chargée de 3 sardines d'argent.

Arm. univ.

ARNAUD DE SARDINE, seign. de la Motte Levault, territoire de Saint-Privé.

Déy, études hist. sur le canton de Bléneau.

4. D'argent à la bande de gueules chargée de 3 quintefeuilles d'or.

D. Cottron, St-Germ., p. 1202.

DE CHARMES, Claude, abbé de Saint-Germain d'Auxerre, 1495-1507.

D. Cottron, comme ci-contre.

5. D'argent à la bande engrêlée de sable, chargée de 3 fermeaux d'or.

Cat. Et. de Bourg.

ESTERLING, seign. de Sainte-Pallaie et de Prégilbert.

Cat. Et. de Bourg.

— Seign. de Fontenay au comté d'Auxerre et de Sainte-Pallaie.

Statist. du comté d'Auxerre, 1670.

6. De gueules à la bande d'or chargée d'une traînée de sable, accompagnée de 5 barillets de même.

Palliot, p. 638.

BRUSLARD DE GENLIS, seign. de Pisy, XVIIIe siècle.

Breuillard.

7. D'azur à la bande d'or chargée de 3 fers de piques de gueules, celui du milieu accosté de 2 tourteaux de sable.

Arm. gén. Paris, 1696.

DE BURDELAUT, François, seig. de Fontenilles.

Arm. comme ci-contre.
Cette famille est la même sans doute que celle § 26, n° 4.

8. D'azur à la bande d'argent chargée d'une rose de gueules.

Palliot, p. 671.

DE CHANGY, seign. de Villiers et de Fleury.

Procès-verbal de la coutume d'Auxerre

9. D'azur à la bande de sable, chargée de 3 sautoirs d'or.

Dict. nobl. et Vertot.

DU HAMEL, seign. du Buisson-soif et de Valprofonde.

Nobl. baill. de Sens, 1789.

10. De... à la bande... chargée en chef d'un oiseau de...

Sceau de 1297, arch. de l'Yonne.

TONNERRE, la prévôté.

Comme ci-contre.

11. De... à la bande de... chargée d'un écu de... à la bande de...

Sceau de la charte d'affranchissement de Vertaut, 1310, arch. de l'Yonne.
Ce sont sans doute les armes de Châlon superposées à celles de la ville de Tonnerre, ou *vice versâ*.

TONNERRE, la cour du comté.

Comme ci-contre.

12. De... à la bande de... chargée d'une couronne à 3 fleurs de lis de... et d'une étoile de...

Flandin, notice dans l'ann. de l'Yonne.

CURE, l'abbaye.

Flandin, comme ci-contre.

§ XXVI. — ÉCUS AYANT UNE SEULE BANDE MEUBLÉE SUR UN CHAMP MEUBLÉ.

1. D'or, fretté de sable, à la bande d'azur chargée de 3 lions d'or.

D. Viole, p. 349.

DE MACON ou DE CHALON, Hugues, évêque d'Auxerre, 999-1039.

Lebeuf.

2. De gueules à la bande d'or chargée d'un lion de sable, accompagnée de 3 croisettes d'or, 2 en chef et 1 en pointe.

Arm. du Nivernais.
L'Arm. gén. Paris, 1696, pour Bargédé, curé d'Anthien, dit la bande accompagnée de 3 trèfles d'or.

BARGÉDÉ, famille de Tonnerre, dont un des membres a laissé des mémoires sur l'histoire d'Auxerre.

Lebeuf.

— Nicolas, député du bailliage d'Auxerre aux États-Généraux de 1576.

Augustin Thierry.

3. D'azur à la bande d'or chargée de 3 fers de lance de sable et accompagnée de 2 têtes de cerfs d'or.

Cat. Et. de Bourg.

L'Arm. gén. Bourg. 1696, sans doute au vu d'une empreinte sans hachures, a blasonné de la sorte pour Claude Marie, conseiller au bailliage d'Auxerre.

MARIE D'AVIGNEAU, famille d'Auxerre, l'un élu par le bailliage d'Auxerre aux États de Bourgogne.

Cat. Et. de Bourg.

— Barons D'AVIGNEAU, seign. de Treigny et Ratilly.

Dey, géographie féod. de la baronnie de Perreuse.

D'or à 1 bande d'azur chargée de 3 fers de dard d'argent et accostée de 2 têtes de cerf de gueules posées de profil.

4. D'azur à la bande d'or, chargée de 3 fers de dards et accompagnée de 2 besans d'argent, 1 en chef et 1 en pointe.

D'Hozier, arm. univ. I. p. 65.

BEURDELOT, seig. de Fontenilles, de Malfontaine et de Boistaché, demeurant à Vézelay. Le fief de Malfontaine était mouvant de Merry-sur-Yonne.

D'Hozier, comme ci-contre
Cette famille est la même sans doute que celle § 25, n° 7.

5. D'azur à 3 fleurs de lis d'or, à la bande de gueules chargée de 3 lionceaux d'argent.

P. Anselme.

DE BOURBON - LA - MARCHE, ducs de Nemours, dont le duché comprenait Lixy, Dolot, Pont-sur-Yonne, Dixmont, etc., xvᵉ siècle.

P. Anselme.

6. D'azur à la bande de gueules bordée de 2 cotices d'or, chargée d'une broye de même et accompagnée de 2 amphistères aussi d'or.

Lebeuf, 2ᵉ édit., d'après un sceau des archives de l'Yonne, fonds de l'Évêché, domaines, liasse xiv.
D. Viole, p. 430, indique une simple bande.

BAILLET, Jean, évêque d'Auxerre, 1477-1513.

Lebeuf.

§ XXVII. — ÉCUS AYANT PLUSIEURS BANDES.

1. De sable à 2 bandes d'argent.
Arm. gén. Bourg. 1696.

AVALLON, les charpentiers.
Arm. comme ci-contre.

2. D'argent à 2 cotices, l'une de gueules et l'autre de sinople, acostées de 2 trèfles aussi de sinople et accompagnées d'une étoile d'azur posée en chef entre les deux cotices et d'une moucheture d'hermine de sable en la pointe de l'écu.
Arm. gén. Paris, 1696.

THIERRIAT, Nicolas, bailli d'Ervy.
— Jacques, curé de Jaulges et autres.
Arm. comme ci-contre.

3. D'or à 3 bandes de sinople, au chef d'azur chargé d'une croix d'argent.
Arm. gén. Paris, 1696.

VILLEFOLLE, le chapitre de la collégiale.
Arm. comme ci-contre.

4. D'argent à 3 bandes de gueules.

1. DE MONTAIGU, Hugues, évêque d'Auxerre, 1115-1136, et

D. Viole, , p. 317, pour Montaigu ; Palliot, p. 73, pour Semur.

Simon, grand bailli d'Auxerre, 1137-1151.

Lebeuf, hist. ecclésiast. et hist. civile d'Auxerre.

D'après Dom Viole, l'évêque serait issu des anciens ducs de Bourgogne, en sorte que, sous ce rapport et sous celui des armes, qui sont fort différentes, Jean de Montaigu, archevêque de Sens, 1407-1415, ne serait pas de la même famille.

2° DE SEMUR, seign. de Sceaux et de Montilles.

Breuillard.

5. D'azur à la bande d'argent, cotoyée de 2 cotices d'or potencées et contrepotencées.

Palliot, p. 554

Le cri de guerre était : *passe avant li meillor.*

C'est par erreur que, dans la galerie du chapitre de Sens, les armes de Guillaume de Champagne portent 2 cotices d'argent.

Le nombre des pièces des cotices est de 13 d'après Palliot, de 14 suivant le dict. hérald. et indéterminé si l'on en croit le roman de Seintré.

DE CHAMPAGNE, Guillaume, archevêque de Sens, mort en 1177.

Tarbé.

— Les comtes de Champagne, seign. de Saint-Florentin pendant trois siècles, de Dannemoine, XIII° siècle.

Pigeory, notice dans l'ann. de l'Yonne.

6. D'hermines à 3 bandes de gueules, chargée de 11 coquilles d'or, 3, 5, 3.

Cat. Et. de Bourg.

Devise : *Ayez l'amour de la Madelaine.*

Celle du dernier marquis de Ragny était : *Posita feritate nitescit.*

DE LA MADELAINE, seign. de Ragny, érigé en marquisat le 14 juin 1597, et de Savigny-en-Terre-Pleine.

Courtépée.

— Plusieurs abbesses de Saint-Julien d'Auxerre.

Salomon, notice dans le Bull. de la société hist. de l'Yonne.

— Seign. de Guillon, de Montréal et de Sauvigny-le-Beuréal, XVI° et XVII° siècles.

Breuillard.

7. De gueules à 4 bandes d'argent.

Arm. gén. Bourg, 1696.

DUSSON, contrôleur au grenier à sel de Noyers.

Arm. comme ci-contre.

8. De sinople à 4 bandes d'or.

Arm. gén. Bourg. 1696.

MARS, Lazare, chanoine de Montréal.

Arm. comme ci-contre.

9. D'or à 5 cotices d'azur.

Arm. univ. et Tarbé, arm. manusc.

BALBE-BERTON, seigneur de Vault et de Villefargeau.

Tarbé, arm. man.

10. D'azur à 5 bandes d'or.

D. Viol, p. 449, et Duchesne, p. 647.

11. Bandé d'or et de gueules de 6 pièces.

Palliot, p. 40.

12. Bandé d'or et d'azur de 6 pièces, à la bordure engrêlée de gueules.

Dict. nobl. et dict. hérald.

13. Bandé d'or et d'azur de 6 pièces, à la bordure de gueules.

Palliot, p. 40 et D. Plancher, I, p. 280.

14. Bandé d'argent et d'azur de 6 pièces, au lion morné de gueules brochant sur le tout.

Arm. gén. Paris, 1696.

15. Bandé de gueules et d'argent de 6 pièces, la 2ᵉ chargée d'un lion de sable.

P. Anselme.

16. Bandé de vair et de gueules de 6 pièces.

Dict. nobl. et Palliot, p. 647.
Duchesne ajoute, p. 264, *la 2e bande de vair rompue d'un croissant d'or sur l'argent*, ce qui prouverait seulement qu'une branche de cette famille aurait ajouté cette brisure.

DE SOUVRÉ, Gilles, évêque d'Auxerre, 1626-1631.

Lebeuf.

DE BOURGOGNE, antérieurement à Robert-le-Fort (1030), souche de la première race des Ducs héréditaires.

Palliot, p. 40.

DE LUDRES, Ferry, seign. de Chitry, 1410.

Quantin, notice dans l'ann. de l'Yonne.

DE BOURGOGNE, les Ducs, depuis Robert-le-Fort, 1030, jusqu'à Philippe-le-Hardi, 1361, fin de la première race.

Palliot et D. Plancher, comme ci-contre.
Suivant Le Maistre, Marguerite, comtesse de Tonnerre, portait parti de France et de Bourgogne.
Eudes, sire de Bourbon, comte de Nevers, d'Auxerre et de Tonnerre, XIIIe siècle, portait, suivant le P. Anselme, I, p. 544, la bordure engrêlée.

— Hugues, seign. d'Avallon, de Chevannes et de Montréal, XIIIᵉ siècle.

P. Anselme, I, p. 546.

MOREAU, Claude-François, seign. d'Avrolles.

Arm. comme ci-contre.
Voir § 34, nᵒ 1, un écu tout différent d'après le dict. nobl.

DAUVET, seign. de Saint-Valérien.

P. Anselme.
Pierre, inhumé dans l'église de Saint-Valérien, 1642, et Anne, sa fille, 1637. Il n'y a pas de lion dans les écus qui accompagnent les monuments qui leur sont consacrés.

DE LONGUEVAL, seign. de Censy, près Noyers.

Le Maistre.

§ XXVIII. — ÉCUS AYANT UNE OU PLUSIEURS BARRES.

1. D'or à la barre d'azur et à macle de gueules posée en chef.

Arm. gén. Bourg. 1696.

GUENEAU, François, curé de de Bierry, aujourd'hui Anstrude.

Arm. comme ci-contre.

2. D'or à la barre de sinople.

Arm. gén. Paris, 1696.

BARRE, receveur des tailles en l'élection de Vézelay.

Arm. comme ci-contre.

3. De gueules à la barre d'argent, et 1 lambel de même posé en chef.

Arm. gén. Paris, 1696.
Tarbé, arm. man. dit une bande au lieu d'une barre.

DE LESPINASSE, écuyer, seign. de Larju, demeurant à Saint-Florentin.

Arm. comme ci-contre.

— Seign. de Germigny.

Tarbé, arm. man.

4. D'azur à 3 fleurs de lis d'or, à la barre d'argent brochant sur le tout et une bordure de gueules.

Thomas de la Thomassière, hist. du Berry.

D'ANJOU-MÉZIÈRES, comte de Saint-Fargeau, baron de Perreuse, etc.

Déy, hist. du comté de Saint-Fargeau.

5. D'azur semé de fleurs de lis d'or, à la bordure componnée d'argent et de gueules, et au filet d'argent brochant sur le tout.

Dict. nobl.

DE BŒURRE, seign. de Mailly-la-Ville et du Val-de-Cheuilly.

Arch. imp.
Cette famille, qui a pris le nom de BŒURES-EN-FLANDRE, est issue d'un bâtard de Bourgogne.

6. De sinople à la barre d'or.

Arm. gén. Bourg., 1696.

BOROT, Joseph, receveur des consignations au bailliage d'Avallon.

Arm. comme ci-contre.

7. De sinople à la barre d'argent.

Arm. gén. Bourg., 1696.

NOYERS, les chirurgiens.

Arm. comme ci-contre.

8. Tiercé en barre d'azur, de gueules et de sinople, à 1 plume à écrire d'or en bande, brochant sur le tout.

Arm. gén. Paris, 1696.

SALLOT, greffier en la maréchaussée provinciale de Sens.

Arm. comme ci-contre.

— Michel-Armand, seign. de Varennes, maire de Sens, 1789.

Nobl. baill. de Sens, 1789.

9. De sablo à 2 barres d'argent.

Arm. gén. Bourg. 1696.

AVALLON, les Apothicaires.

Arm. comme ci-contre.

10. De sinople à 4 barres d'or.

Arm. gén. Bourg. 1696.

BROUCHIN, Philibert, chanoine de Montréal.

Arm. comme ci-contre.

11. De gueules à 4 barres d'argent.

Arm. gén. Bourg. 1696.

RARD, Jean, receveur au grenier à sel de Noyers.

Arm. comme ci-contre.

§ XXIX. — ÉCUS AYANT 1 CROIX PLEINE, CANTONS SANS MEUBLE.

1. D'or à la croix de gueules.

D. Cottron, St-G., p. 1180.

DE NANTOU, Jean, abbé de St-Germain, d'Auxerre, 1402-1423.

D. Cottron, comme ci-contre.

— Jean, arch. de Sens, mort 1432.

Tarbé.

2. D'or à la croix de gueules.

D. Cottron, St-P. p. 851.

DE MONTAUDIT, Dreux (*Droco de Montaudicto*), abbé de Saint-Pierre-le-Vif de Sens, 1429.

D. Cottron, comme ci-contre.

3. D'or à la croix de gueules, chargée de 5 coquilles d'argent.

Palliot, p. 136.

DE HANGEST, bailli d'Auxerre, XVIᵉ siècle.

Lebeuf.

4. D'or à la croix patée de gueules.

Palliot, p. 19.
Suivant Vulson, p. 140, la croix est alaisée.
Ceux de cette maison qui écartelaient portaient sur le tout Du Tillet.

DU TILLET, marquis de la Bussière, baron de Pontchevron, seign. de la Motte-Levault, territoire de Saint-Privé.

Déy, hist. du comté de Saint-Fargeau.

5. D'or à la croix engrêlée d'azur.

Palliot, p. 234.

CHALUZ, seign. de Tanlay, St-Vinnemer, le Coing, Ancy-le-Serveux et Argentenay, XVᵉ siècle.

Arch. de l'Yonne, inv. du comté de Tonnerre.

6. D'argént à la croix de gueules et 1 lion d'or brochant sur le tout.

Arm. gén. Paris, 1696.

DE MONTROY, Marie-Angélique, femme d'André BUREAU, comte de la Rivière, seign. de Benne.

Arm. comme ci-contre.

7. D'argent à la croix de gueules, chargée de 5 coquilles d'or, au lambel d'azur de 5 pendants.

D. Cottron, St-P. p. 751.

GEOFFROY, abbé de St-Pierre-le-Vif, de Sens, 1281.

D. Cottron, comme ci-contre.

8. D'argent à la croix engrêlée de gueules.

D. Viole, P. Anselme et Duchesne.

DE LENONCOURT, Robert et Philippe, évêques d'Auxerre, le premier, 1554-1560 ; le second, 1560-1563.

Lebeuf.

9. D'argent à la croix engrêlée de gueules, chargée de 5 coquilles d'or.

P. Anselme, IV, p. 753.

10. De gueules à la croix d'or.
P. Anselme.

11. De gueules à la croix d'or chargée de 5 molettes de sable.
Dict. hérald.

12. De gueules à la croix d'argent.
Duchesne, p. 384 et dict. hérald.

13. De gueules à la croix d'hermine.
Dict. nobl.

DU PLESSIS, seign. de Hautefeuille, Asnières, Malicorne, XVIe siècle.

Déy, études historiques sur le canton de Bléneau.

— Seign. de Fontaine, et de Saint-Maurice-Thizouailles, 1595.

Doc. hist. de la Soc. des sciences de l'Yonne, XII, p. 767.

1. DE VALLERY, seign. de Tannerre.

P. Anselme.

— de Vallery, Chevillon, Saint-Valérien, etc.

F. Servier, notice dans l'Ann. de l'Yonne.

2. DE MALIGNY, seign. de Maligny, Montigny, Poinchy, Chablis, Benne, la Chapelle-Vaupeltaigne, Lignorelles.

Du Bouchet, P. Anselme, de Bastard.

— Seign. de Villeneuve-Saint-Salve, de Benne et de Poinchy, XIVe siècle.

Arch. imp.

D'AVOUT, famille du maréchal à Annoux.

De Laténa, notice dans l'ann. de l'Yonne.

— Seign. d'Etaules-le-Bas et de Vignes.

Courtépée, VI, p. 16 et 58.

Le maréchal portait, d'après Layné: d'or à 2 léopards lionnés adossés de gueules tenant chacun une lance polonaise de sable posées l'une au premier, l'autre au second canton, à la bordure componnée d'or et de gueules.
La gloire lui avait fait oublier sans doute le vieux blason de sa famille.

DE SAVOIE, Louis, comte de Joigny, seign. de Chevannes.

Père Anselme.

DE LA PALUS, seign. de Thoréy, Villon et Rugny, XIVe siècle.

Lambert, notice dans l'Ann. de l'Yonne.

14. D'azur à la croix d'argent.
Arm. gén. Paris, 1696.

CHEVALIER, curé prieur de Michery.
Arm. comme ci-contre.

15. D'azur à la croix d'argent, chargée de 5 roses mi-parties de gueules et de sinople.
Arm. gén. Paris, 1696.

BRIENON, le Chapitre de la Collégiale.
Arm. comme ci-contre.

16. De sinople à la croix d'hermine.
Arm. gén. Paris, 1696.

MARCELLOT, chanoine de Sens.
Arm. comme ci-contre.

17. De sable à la croix d'or.
Dict. nobl. pour d'Albon. Palliot, p. 225, dit d'or à la croix de sable.
Palliot, p. 225, pour de Bernaut et Arm. gén. Paris, 1696.
Arm. gén. Bourg. 1696, pour les Tisserands d'Avallon.

1. D'ALBON, dont Jacques, marquis de Fronsac, connu sous le nom de maréchal de Saint-André, comte de Vallery, tué à Dreux, 1562.
Tarbé.
C'est lui qui a bâti le château de Vallery et qui l'a donné au prince de Condé.
D. Morin, hist. du Gâtinais.

2. DE BERNAUT, seign. de Brannay, XVIIᵉ siècle.
Vauban, statist. de l'élection de Vézelay.

— François, seign. de Blannay, major de la ville de Perpignan.
Arm. gén. Paris, 1696.

3. AVALLON, les Tisserands.
Arm. gén. Bourg. 1696.

18. De ... à la croix de ...
Sceau d'une charte de 1288, arch. de l'Yonne.

DE PRUNOY, seign. de ce lieu.
Charte de 1288, arch. de l'Yonne.

19. De ... à la croix de ...
D. Cottron, St-P. p. 857.

DE SAULTOUR, Michel (de Sulturinæ), abbé de Saint-Pierre-le-Vif de Sens, 1438.
D. Cottron, comme ci-contre.

§ XXX. — ÉCUS AYANT UNE CROIX PLEINE, CANTONS MEUBLÉS.

1. D'or à la croix de gueules, cantonnée de 16 alérions d'azur, 4 par canton.
Dict. nobl.
Telles sont les pleines armes de la maison de Montmorency.
La branche Montmorency-Luxembourg

DE MONTMORENCY, seign. du Mont-Saint-Sulpice.
Cornat, notice dans le bulletin de la Soc. hist. de l'Yonne.

— Seign. de Rogny et de Champcevrais.

ajoutait sur le tout un écu d'argent au lion de gueules, couronné d'or, la queue nouée et fourchée en sautoir.

Dict. nobl.

Celle de Montmorency-Laval chargeait la croix de 5 coquilles d'argent.

Arm. hist.

Devise : *Dieu aide au premier baron chrétien.*

Ou ΑΠΛΑΝῶΣ, *sans fraude.*

2. D'or à la croix mi-partie de gueules et d'azur, cantonnée au 1 et 4 d'un croissant d'azur, au 2 et 3 d'une étoile de même.

Arm. gén. Paris, 1696.

3. D'or à la croix d'azur cantonnée de 4 aiglettes de gueules.

Arm. man. de la ville de Sens.

Déy, études hist. sur le canton de Blé-ncau.

Marquis de Seignelay.

Nobl. baill. de Sens, 1789.

Le marquis de Seignelay est alors l'aîné de la famille ; il s'intitule : Anne-Léon, duc de Montmorency, premier baron de France et premier baron chrétien, chef des nom et armes de sa maison, baron libre de l'empire, prince d'Aigremont, marquis de Seignelay, etc.

— Comtes de Joigny, barons de Lisle-sous-Montréal, seign. de Champs et de Vaux.

Arch. imp.

— Seign. de Carisey, de Thorey, de Rugny, Melizey, Chamelard, Cruzy.

Arch. de l'Yonne, inventaire du comté de Tonnerre.

— Seign. de Thoré-en-Ton-nerrois.

Duchesne, p. 464.

— Seign. de Varennes, de Méré-le Serveux, de Champs et de Vaux.

Arch. de l'Yonne.

— Seign. de Tanlay, XVIᵉ siècle.

V. Petit, notice dans l'Ann. de l'Yonne.

— Barons de Thorey, XVIᵉ et XVIIᵉ siècles.

Lambert, notice dans l'Ann. de l'Yonne.

— Seign. de Villon.

Arch. de l'Yonne, cart. du comt. de Tonnerre.

DE COMPIGNY, Louis, seigneur de ce lieu.

Arm. comme ci-contre.

DE MONTAIGU, Jean, archevêque de Sens, 1407-1445.

Cornat.

Les tablettes de Thémis le disent chancelier de France 1405, destitué 1409.

— Odon, abbé de Saint-Pierre-le-Vif de Sens, 1390.

D. Cottron abb. St-P.

4. D'or à la croix denchée d'azur, cantonnée de 4 lionceaux de même, les 2 de senestre tournés à senestre, les 2 de dextre tournés à dextre.

Arm. gén. Paris, 1696.

5. D'argent à la croix de gueules, bordée engrêlée de sable, cantonnée de 4 aiglettes de même, becquées et armées de gueules.

Tarbé, arm. man. d'après Lainé.
Cri de guerre : *Battons et abattons !*
Devise : *Ad alta.*

6. D'argent à la croix vivrée d'azur, cantonnée de 4 alérions de gueules.

Arm. gén. Paris, 1696.

7. De gueules à la croix d'or, cantonnée de 4 trèfles de même.

D. Viole, p. 408.

8. D'azur à la croix d'or, cantonnée de 4 soleils de même.

D. Cottron, St-P., p. 941.

9. D'azur à la croix d'or, cantonnée de 18 billettes de même, 5 dans les cantons du chef et 4 dans ceux de la pointe.

P. Anselme.
On trouve cet écu dans les grandes verrières *est* et *ouest* de la cathédrale d'Auxerre.

BOLÉ, Louis-Jules, seign. de Champlay, maréchal-des-logis des camps et armées du Roi, XVIIe siècle.

Arm. comme ci-contre.

— Seign. de Champlay, les Vosves, Epineau, Charmeaux, Villemer, Neuilly, Arblay, la Motte-le-Royer, Boisserelle, Aillant et Ronsin.

F. Servier, notice dans l'Ann. de l'Yonne.

LECLERC DE JUIGNÉ, dont Casimir, écuyer, officier de cavalerie à Sens, 1789.

Tarbé, arm. man.

RATIER, curé de Sépeaux.

Arm. comme ci-contre.

GERMAIN, Jean, évêque d'Auxerre, 1361-62.

Lebeuf.

HURAULT, Philippe, abbé de St-Pierre-le-Vif de Sens, 1552-1564.

D. Cottron, comme ci-contre.

DE CHOISEUL, seign. en partie de Noyers, capitaines de Noyers, seign. du Plessis-Saint-Jean.

P. Anselme.

—Comtes du Plessis-Saint-Jean, érigé en comté en 1675 sous le nom de *Plessis-Praslin.*

Tarbé.

— Seign. du Plessis-Saint-Jean, 1516, alors *Plessis-Messire-Guillaume.*

Tarbé.

— Seign. de Chitry, 1505.

Arch. imp.

— Seign. de Carizey et de Vezinnes, 1402.

Arch. de l'Yonne, Inv. du comté de
Tonnerre.

— Seign. du Plessis-Saint-Jean
et de Pailly, XVIᵉ, XVIIᵉ et XVIIIᵉ
siècles.

Arch. de Seine-et-Marne.

— Barons de Chitry, l'un gouverneur de Champagne entre Seine
et Yonne.

Dict. nobl.

10. D'azur à la croix d'or, cantonnée de 4 chatons d'anneau de
pourpre cerclés d'or.

Déy, géographie féod. de la baronnie
de Perreuse.

11. D'azur à la croix potencée
et contrepotencée d'or, cantonnée
de 4 lions de même.

Palliot, p. 554.

12. D'azur à la croix d'argent,
cantonnée de 8 crosses d'or, 2 par
cantons, adossées.

Verrières de la cathédrale de Sens.

D'après l'arm. man. de la ville de Sens,
et une verrière des bas-côtés sud de la
cathédrale, il n'y aurait par canton
qu'une crosse à double crochet, XVIᵉ siècle; mais si l'on considère que les 8
crosses indiquent les 8 siéges de la pro-
vince, Sens, et les sept évêchés suffra-
gants désignés par la légende CAMPONT qui
accompagnait ordinairement les armes
de l'archevêché, Chartres, Auxerre,
Meaux, Paris, Orléans, Nevers, Troyes,
on est amené à reconnaître que c'était
faute d'espace que les bâtons de 2 crosses
ont quelquefois été confondus. L'archevêché de Paris, constitué seulement en
1623, a été détaché de Sens avec Meaux,
Chartres et Orléans.

13. D'azur à la croix échiquetée d'argent et de gueules, cantonnée de 4 fleurs de lis d'or et, au
milieu de la croix, un canton de
gueules à la croix de sable.

Arm. gén. Paris, 1696.

14. De sable à la croix d'argent,

CHAILLOU, seign. des Barres et
de la forêt d'Ardeau.

Déy, comme ci-contre.

DE LA FONTAINE, seign. de Junay, XVIᵉ siècle.

Arch. de l'Yonne, cart. du comté de
Tonnerre.

SENS, le chapitre métropolitain.

Verrières de la cathédrale de Sens.

DE SAINT-MESMIN, directeur
des aides à Sens, et Jean, chanoine
de cette ville.

Arm. comme ci-contre.

MONTBÉON, le prieuré.

chargée en cœur d'un cintre ouvert d'azur tracé d'or et cantonnée de 4 bourdons de même appointés en cœur.

Arm. gén. Paris, 1696.

15. De ... à la croix de ... cantonnée de 4 crosses de ...

Sceau d'une charte de 1455, arch. de
l'Yonne.

Arm. comme ci-contre.

VILLENEUVE-L'ARCHEVÊQUE,
la prévôté.

Charte de 1455, arch. de l'Yonne.

§ XXXI.—ÉCUS AYANT UN SAUTOIR PLEIN, CANTONS SANS MEUBLES.

1. D'or au sautoir de sable.

Dict. nobl. d'après le *Mercure* d'août
1747.
D'après Palliot, p. 584, le sautoir serait chargé de 5 billettes d'or ou d'argent.

DU FRESNOY, barons de Saultour, seign. de Sormery, XVII⁰
siècle.

Quantin, notice dans l'ann. de l'Yonne.

— Seign. de Villiers-Vineux,
XVII⁰ et XVIII⁰ siècles.

C. Dormois, notice dans le bull. de la
soc. hist. de l'Yonne.

2. D'or au sautoir engrêlé de
sable.

Palliot, p. 580.

DE SAINT-BLIMON, seign. de
Bierry, aujourd'hui Anstrude, XVe
siècle.

Breuillard.

3. D'argent, au sautoir de gueules.

Arm. gén. Paris, 1696.

DE CRÈVECŒUR, Louis-Gaston,
seign. de Prunoy.

Arm. comme ci-contre.

4. De gueules au sautoir d'or.

Palliot, p. 582.

DE GAILLOMIEL, seign. d'Ancy-
le-Franc, XVe siècle.

Arch. de l'Yonne, inv. du comté de
Tonnerre.

5. De sinople au sautoir d'or.

Arm. hist. et Palliot, p. 652.

DE LA GUICHE, seign. d'Aisy et
de Cry, XVIIIe siècle.

Arch. de l'Yonne.

— Seign. de Magny et de Noyers,
XVIe siècle.

Breuillard.

— Seign. de Perrigny-sur-Armançon, 1788.

Arch. de l'Yonne.

6. De sable au sautoir d'or.

Arm. gén. Bourg. 1696.

AVALLON, les maréchaux-fer-
rants.

Arm. comme ci-contre.

7. De ... au sautoir de ...

De Bastard, vie de Jean de Ferrières.
Jean, vidame de Chartres, écartelait au 1 et 4 de Ferrières, au 2 de ... au chef de ... et au lion de ... brochant sur le tout; au 3 de ... semé de fleurs de lis de ...
De Bastard, comme ci-dessus.

DE FERRIÈRES, seign. de ce lieu, et de Maligny, XVIe siècle.

De Bastard, comme ci-contre et ann. de l'Yonne.

— Seign. d'Island et de Presle.

Courtépée, VI, p. 19 et 33.

— Seign. de Sauvigny-le-Beuréal, et de Chevannes, près Savigny.

Breuillard.

— Seign. de Pisy.

Arch. de l'Yonne.

§ XXXII. — ÉCUS AYANT UN SAUTOIR PLEIN, CANTONS MEUBLÉS.

1. D'argent à 1 gui de chêne d'azur et 1 sautoir échiqueté d'or et de sable brochant sur le tout.

Arm. gén. Paris, 1696.

GUYOT, Jean, médecin à Tonnerre.

Arm. comme ci-contre.

2. D'argent au sautoir de sable cantonné de 4 perdrix au naturel.

Dict. nobl. et dict. hérald.

LE RAGUIER, seign. et barons de Migennes, XVIe siècle, ou *de Raguier*.

P. Anselme, IV, p. 752, 754, et coutume de Troyes.

LE RAGUIER, conseiller ecclésiastique au parlement de Paris, Doyen du chapitre de Saint-Etienne d'Auxerre, 1449, portait de même.

D. Viole, I, p. 485.

— Jean, maître des comptes à Paris, seign. de Fontaine-Géry, 1493.

Arch. de l'Yonne, inv. du comté de Tonnerre.

3. D'argent au sautoir engrêlé de sable, accomp. de 4 croix de Jérusalem de gueules.

Arm. gén. Paris, 1696.

VIVIEN, dont Jean, curé d'Aillant, et André, curé de Laduz.

Arm. comme ci-contre.
Un VIVIEN, maître des comptes, seign. de la Chapelle-feu-Payen, arch. de l'Yonne, XVIIe siècle, pourrait être de la même famille.

4. D'argent à 2 jumelles de sable passées en sautoir et accomp. en chef et en pointe de 2 couron-

TONNERRE, les cabaretiers et hôteliers.

Arm. comme ci-contre.

nes de lierre de sinople et aux flancs de 2 bouteilles de gueules.

Arm. gén. Paris. 1696.

5. De gueules, au sautoir d'or, cantonné en chef et en pointe de 2 étoiles à 6 rais de même, et en flancs de 2 demi-vols aussi de même.

Arm. gén. Orléans, 1696.

6. De gueules au sautoir dentelé, cantonné de 2 quintefeuilles en chef et en pointe, et de 2 besans en flanc, le tout d'or.

Dict. nobl.

7. D'azur au sautoir engrêlé d'or, accomp. de 4 clefs de même.

Arm. gén. Bourg. 1696.

8. De sinople au sautoir d'argent, accomp. de 4 tours de même, crenelées d'or.

Arm. gén. Paris, 1696.

9. D'hermines au sautoir de gueules.

D'Hozier, arm. gén. I, p. 398.

10. D'argent au sautoir de gueules, cantonné de 4 quintefeuilles de même.

Dict. hérald.

DE LA BUSSIÈRE, dont Jacques, seign. de Grosbois et du Grand-Charron, ce dernier fief, territoire de Saints et de Sainte-Colombe.

Arm. comme ci-contre, et Déy, géog. féod. de la baronnie de Perreuse.

DE PARIS, seign. de Guerchy, près de Treigny.

Déy, géog. féod. de la baronnie de Perreuse.

CROSMOT, Georges, conseiller du roi, lieutenant criminel aux bailliage et chancellerie d'Avallon.

Arm. comme ci-contre.

GODRAIN DES PALLEAUX, seign. du Plessis, élection de Joigny.

Arm. comme ci-contre.

DE LAFERTÉ, demeurant à Toucy, XVIIIe siècle.

D'Hozier, comme ci-contre.

STUART, Jean, seign. de Vézinnes et de Fontaine-Géry, 1547.

Arch. de l'Yonne, inv. du comté de Tonnerre.

§ XXXIII. — ÉCUS AYANT 1 SEUL CHEVRON SANS MEUBLE SUR UN CHAMP SANS MEUBLE.

1. D'argent au chevron d'azur.

Cat. Et. de Bourg. pour Longueville; arm. gén. Paris, 1696, pour Chamoret.

1. LONGUEVILLE, seign. de la Maison-Blanche.

Cat. Et. de Bourg.

— Seign. de Santigny.

Courtépée, VI, p. 43.

— Seign. de Crain.

Statist. du comté d'Auxerre, 1670.

2. CHAMORET, Jacques, chanoine de Sens.

Arm. gén. Paris, 1696.

2. De gueules au chevron d'or.

Arm. gén. Paris, 1696.

3. D'azur au chevron d'or.

De Caumartin, pour Bellangers; .
Dict. hérald. pour Mypont.

4. De sinople au chevron d'or.

Arm. gén. Bourg. 1696.

5. De ... au chevron de ....

D. Viole, II, p. 2,040, d'après un sceau
de l'abbaye St-Julien d'Auxerre.

CHAUDET DE LA RENAY, veuve
Bernard, seign. de Champigny.

Arm. comme ci-contre,

1. BELLANGERS, seign. de Blacy et de Fontenay.

De Caumartin.

—Seign. de Rebourseaux, XVIIIᵉ
siècle.

Arch. de l'Yonne.

2. DE MYPONT, seign. en partie
de Lezinnes, Vireaux, Sambour et
la Grange-du-Plessis, 1530.

Arch. de l'Yonne, cart. du comté de
Tonnerre.
Devise : *My pont difficile à passer.*

RAUDOT, Lazare, docteur en
médecine à Avallon.

Arm. comme ci-contre.

LARELANDE, Marguerite, chantre de l'abbaye Saint-Julien d'Auxerre, 1431.

D. Viole, comme ci-contre.

§ XXXIV. — ÉCUS AYANT 1 SEUL CHEVRON SANS MEUBLE, SUR UN
CHAMP MEUBLÉ D'ANIMAUX.

1. D'or au chevron de gueules,
accomp. de 3 têtes de Maures de
sable.

Cat. des Et. de Bourg., pour le doyen
Moreau, et jeton conforme.

D'azur au chevron d'or accompagné de 3 têtes de Maures de
sable liées d'argent.

Dict. nobl. pour Moreau d'Avrolles.

D'or au chevron de gueules, accomp. de 3 têtes de Maures de sable

MOREAU, dont Gaspard, doyen
de la cathédrale d'Auxerre, élu
aux Etats de Bourgogne, 1730,
mort le 27 mai 1746.

Cat. Et. de Bourg.

— D'AVROLLES, dont Claude
qui, marié à Anne de Saint-Phalle
de Trotas, en 1627, héritière de la
seigneurie d'Avrolles, a pris ce
nom et l'a transmis à sa descen-
dance.

— Seign. de Chéu et de Jaulges.

Dict. nobl.
Voir § 27, n° 14, un écu tout différent
pour Moreau d'Avrolles, d'après l'arm.
gén. Paris, 1696.

— Charles, conseiller honoraire
aux bailliage et présidial d'Auxer-

posées de profil et tortillées d'argent.

Arm. gén. Bourg. 1696, pour Charles.
Cet écu figure sur une tombe du collatéral sud de la cathédrale d'Auxerre avec cette épitaphe :
Cy gist messire Gaspard MOREAU,
Prestre, docteur en théologie
de la Faculté de Paris, Doyen et
Chanoine de cette église pendant
43 ans, élu des Estats
de Bourgogne.

2. D'or au chevron de gueules, accomp. de 3 aiglons d'azur, becqués et membrés de gueules.

Du Bouchet, généal. de Courtenay.
Duchesne, p. 428, ne dit pas les aiglons becqués, mais seulement membrés de gueules.
Vulson, p. 349, n'ajoute pas que les aiglons sont becqués et membrés de gueules.
Devise : *Sans sortir de l'ornière*

3. D'or au chevron d'azur, accomp. en chef de 2 trèfles de sable et en pointe d'un coq de gueules au pied levé.

Arm. gén. Paris 1696.

4. D'argent au chevron de gueules, accomp. de 3 têtes de Maures de sable posées de profil.

Arm. gén. Bourg. 1696.

5. D'argent au chevron de gueules, accomp. en chef de 2 étoiles d'azur et en pointe d'une aigle le vol abaissé de sable.

Arm. gén. Paris, 1696.

6. D'argent au chevron de gueules, accomp. de 3 têtes de butor arrachées de sable.

Arm. gén. Paris, 1696.
Pour Henri, cet arm. dit le chevron de sable.

7. D'argent au chevron de gueules, accomp. de 7 merlettes de

re, exerçant la justice sur le fait des aides.

Arm. comme ci-contre.

DE LA TREMOILLE, comtes de Joigny, xve siècle.

Du Bouchet, généal. de Courtenay, p. 349.

— Comtes de Joigny, seign. de Cézy et de la Ferté.

P. Anselme, IV, p. 179.

— Seign. de Sermizelles.

Courtépée, VI, p. 48.

GALIMARD, Jean, avocat à St-Florentin.

Arm. comme ci-contre.

MORISOT, Jean, contrôleur au grenier à sel d'Avallon.

Arm. comme ci-contre.

PÉTROT, François, écuyer, commissaire ordonnateur des guerres à Tonnerre.

Arm. comme ci-contre.

DE LA RUE, Edme, seign. de la Brosse.

Arm. comme ci-contre.
Un écu sculpté de la maison Lorin, rue des Neiges à Auxerre, paraît appartenir à cette famille. Il est au chevron de... accomp. de 2 têtes d'oiseaux en chef, de... et d'une étoile en pointe de..

— Henri, seign. de Montfey, demeurant à Joigny.

Arm. comme ci-contre.

D'AUMONT, seign. de Germigny.

P. Anselme.

même 4 en chef et 3 en pointe 1, 2.

P. Anselme.

8. D'argent au chevron de gueules accomp. de 3 colombes de même, chacune soutenue d'une étoile aussi de gueules.

Arm. gén. Paris, 1696.

DE CHANNE, Georges, chevalier de Saint-Louis, lieutenant de cavalerie à Joigny.

Arm. comme ci-contre.

9. D'argent au chevron d'azur accomp. en chef d'un croissant d'azur entre deux flammes de gueules et en pointe d'une tête de Maure de sable, tortillée d'argent.

Arm. gén. Paris, 1696.

CHOMORET, Jacques, chanoine à Sens.

Arm. comme ci-contre.

10. D'argent au chevron d'azur, accomp. en chef de 2 roses de gueules et en pointe d'une tête et cou de loup de même.

Arm. gén. Paris, 1696.

BAUTRU, Blaise, procureur au présidial de Sens.

Arm. comme ci-contre.

11. D'argent au chevron d'azur, accomp. de 3 têtes d'aigle de sable, becquées et arrachées de gueules.

Dict. nobl.

PAJOT, seign. de Villeperrot.

Tarbé, arm. man.

12. De gueules au chevron d'or accomp. en chef de 2 roses et en pointe d'un oiseau de même.

Palliot, p. 675.

L'arm. gén. Bourg. 1696, pour Réné-François Estiennot, seign. de Vassy, dit d'azur à un chevron d'or, accomp. en chef de 2 quintefeuilles et en pointe d'une perdrix aussi d'or.

ESTIENNOT, seign. de Pisy et de Vassy-sous-Pisy, XVIIIe siècle, l'un savant bénédictin, Claude, né à Cisery, en 1658.

Courtépée, VI, p. 30 et 54 et Bréuillard.

13. De gueules au chevron d'argent, accomp. de 3 lions d'or.

Cat. des Et. de Bourg.

THEVENIN, marquis de Tanlay.

Cat. Et. de Bourg.

— Marquis de Tanlay, seign. de Saint-Vinnemer, Thorey, Rugny, Melizey.

Nobl. baill. de Sens, 1789.

— Barons de Thorey, XVIIIe siècle.

Lambert, notice dans l'Annuaire de l'Yonne.

14. De gueules au chevron ondé d'argent et d'azur de 6 pièces, accomp. de 3 lionceaux d'or.

P. Anselme.

15. D'azur au chevron d'or, accomp. en chef de 2 étoiles de même et en pointe d'un lion d'argent soutenu d'un cœur de même.

Arm. gén. Bourg. 1696.

16. D'azur au chevron d'or, accomp. en chef de 2 étoiles, et en pointe d'un cerf passant d'or.

Arm. gén. Bourg. 1696.

17. D'azur au chevron d'or, accomp. en chef de 2 étoiles de même, et en pointe d'un mouton passant d'argent.

P. Anselme, et D. Viole, p. 451.

18. D'azur au chevron d'or, accomp. en pointe d'une brebis d'argent.

Palliot, p. 106.

19. D'azur au chevron d'or, accomp. en chef de 2 étoiles de même et en pointe d'un chat passant d'argent surmonté d'un croissant d'or.

Arm. gén. Paris, 1696.

20. D'azur au chevron haussé d'or, surmonté d'un croissant d'argent et accomp. de 3 étoiles d'or, celle de la pointe au-dessus d'un chat passant la tête de front, d'argent.

Arm. gén. Paris, 1696.

COEFFIER - RUZÉ D'EFFIAT, seign. de Baulches.

Déy, géogr. féod. de la baronnie de Perreuse.

— Cinq-Mars, de cette maison, seign. de Richemont près d'Armeau et de Palteau.

Tarbé.
Les armoiries ci-contre sont du reste celles de la maison Ruzé à laquelle a succédé la maison Coeffier au xviie siècle.

1° JAZUX, procureur fiscal à Noyers.

2° OUDIN, Claude, docteur en médecine à Noyers.

Arm. comme ci-contre.

MARIE, Jean, conseiller aux bailliage et présidial d'Auxerre.

Arm. comme ci-contre.

SÉGUIER, évêque d'Auxerre, 1631-1637.

Lebeuf.

— Seign. de Germigny.

Arm. man. Tarbé.

BERBIS DE MAILLY, seign. de Junay, xviiie siècle.

Arch. de l'Yonne.

GUENIOT, Nicolas, docteur en médecine à Saint-Florentin.

Arm. comme ci-contre.

LECHAT, Olivier, curé de Chéu et de Tronchois, et Olivier, bourgeois de Saint-Florentin.

Arm. comme ci-contre.

21. D'azur au chevron d'or, accomp. de 3 chats assis de même.

Tarbé, arm. man.

MICAULT, seign. de Toucy.

Tarbé, arm. man.

MICAULT D'HARVELAY, seign. de Toucy et de Fontaines, xviiie siècle.

Arch. de l'Yonne.

22. D'azur au chevron d'or, sommé d'une aigle éployée d'argent et accompagnée en chef de 2 étoiles d'or et en pointe d'un croissant d'argent.

Arm. gén. Bourg., 1696.

MARPON, Pierre, prieur de St-Amatre d'Auxerre.

Arm. comme ci-contre.

23. D'azur au chevron d'or, accomp. de 3 chouettes contournées d'argent.

Arm. gén. Paris, 1696.

DU VIGNE, Jean, chef de panneterie du roi, à Vézelay.

Arm. comme ci-contre.

24. D'azur au chevron d'or, accomp. de 3 colombes d'argent.

Arm. gén. Paris, 1696.

BARBIER, Louis-Guillaume, grenetier au grenier à sel de Vézelay.

Arm. comme ci-contre.

25. D'azur au chevron d'or, accomp. en chef de 2 étoiles d'argent et en pointe d'un oiseau de même.

Arm. gén. Paris, 1696.

ROBERT, Louis, marchand à Villeneuve-le-Roi.

Arm. comme ci-contre.

26. D'azur au chevron d'or, accomp. d'un croissant et d'une étoile d'argent en chef et en pointe d'un cygne de même.

Dict. nobl.

PHILIPPE, Etienne, seign. de La Ferté Loupière et de Chevillon, xviiie siècle.

F. Servier, notice dans l'ann. de l'Yonne.

27. De ... au chevron de ... accompagné en chef de 2 annelets de ... et en pointe d'un cygne de...

Tombe de l'église Saint-Eusèbe d'Auxerre.

PIRETOU, Jacques, conseiller du roi aux comté et élection d'Auxerre.

Tombe, comme ci-contre.

28. D'azur au chevron d'argent, accomp. en chef de 2 étoiles de même et en pointe d'un lion d'or tenant dans la patte senestre une épée d'argent.

Arm. gén. Paris, 1696.

GRATIAN, Louis, écuyer, conseiller au présidial de Sens.

Arm. comme ci-contre.

29. D'azur au chevron d'argent,

CHENU, seign. de Carisey, de

accomp. de 3 .hures de sanglier de même.

Dict. nobl.

Nuits-sur-Armançon, etc., XVe siècle.

Dict. nobl. et Arch. de l'Yonne.

— Seign. de Ravières.

Courtépée, VI, p. 28.

§ XXXV.—ÉCUS AYANT 1 SEUL CHEVRON SANS MEUBLE SUR 1 CHAMP MEUBLÉ DE PLANTES, FLEURS, FRUITS OU FEUILLES.

1. D'or au chevron d'azur, accompagné de 3 trèfles de même.

D'Hozier, arm. gén. V.

LA LOÈRE, seign. de Mâlay-le-Grand.

D'Hozier, comme ci-contre.

2. D'argent au chevron de gueules, accompagné en chef de 2 étoiles d'azur et en pointe d'un arbre de sinople mouvant d'un croissant de gueules.

Arm. gén. Bourg. 1696.

ROBINET, commissaire aux revues des troupes, à Auxerre.

Arm. comme ci-contre.

— ROBINET DE PONTAGNY, membre de l'académie d'Auxerre.

3. D'argent au chevron d'azur, accompagné de 3 roses de gueules.

Arm. gén. Bourg. 1696.

PAUTRAS, Edme, conseiller du roi, grenetier au grenier à sel de Seignelay.

Arm. comme ci-contre.

4. D'argent au chevron d'azur, accompagné de 3 trèfles de sinople.

Tarbé, arm. man.

VILLETARD, seign. de Vincelles, 1769-1789.

Arch. de l'Yonne.

5. De gueules au chevron d'or, accompagné de 3 glands avec leurs coupelles de même.

Hist. du Berry.

DU BREUIL, seign. de Paluant, paroisse de Châtel-Censoir et de Montot-lès-Noyers, XVIe siècle.

Arch. de l'Yonne.

6. De gueules au chevron d'or, accompagné en chef d'une étoile d'or à dextre, d'une rose d'argent boutonnée d'or à senestre, et en pointe d'une plante de millet d'argent.

Arm. du Nivernais.

MILLIN, seign. de Villerot.

Déy, géogr. féod. de la baronnie de Perreuse.

7. De gueules au chevron d'argent, accompagné de 3 soucis fleuris d'or.

Hist. du Berry.

DE BÉTHOULAT, seign. d'Argenteuil et de Jouancy, XVIe et XVIIe siècles.

Inv. du comté de Tonnerre, Arch. de l'Yonne.

8. D'azur au chevron d'or, accompagné en chef de 2 étoiles de même, et en pointe d'un cyprès d'argent sur une montagne de même.

Tarbé, arm. man.

9. D'azur au chevron d'or, accompagné de 3 pommes de pin de même.

D. Viole, p. 424, pour Pinon ; arm. gén. Paris, 1696, pour Lallement.

10. D'azur au chevron d'or, accompagné de 3 roses de même.

Du Bouchet, généal. de Courtenay, pour des Vosves ; arm gén. Orléans, 1696, pour de Vathaire.

11. D'azur au chevron d'or, accompagné de 3 roses de même.

Arm. gén. Paris, 1696.

12. D'azur au chevron d'or, accompagné de 3 roses d'argent, boutonnées d'or.

D'Hozier, arm. gén. I. p. 138.

13. D'azur au chevron d'or, accompagné de 3 roses d'argent.

Arm. gén. Bourg. 1696.

14. D'azur au chevron surmonté d'une étoile accostée de 2 roses, le tout d'argent, et accompagné en pointe d'un gland d'or.

Arm. gén. Bourg. 1696.

15. D'azur au chevron d'or sur-

DE MAUSSION, seign. d'Yrouère.

Tarbé, arm. man.

1. PINON, Laurent, évêque d'Auxerre, 1433-1449.

Lebeuf.

2. LALLEMENT, Charles, avocat à Tonnerre.

Arm. gén. Paris, 1696.

1. DES VOSVES, seigneur de Senan et de Malesherbes près de Senan.

Du Bouchet, comme ci-contre

2. DE VATHAIRE, seign. de Guerchy près de Treigny.

Déy, géographie féod. de la baronnie de Perreuse.

HEUVRARD, Paul, avocat à Tonnerre.

Arm. comme ci-contre.

DE CHÉRI, élection de Tonnerre, diocèse de Langres, seign. de Neuvy, de Marolles et du Tremblay.

D'Hozier, comme ci-contre.

NORMAND, Bernard, conseiller et procureur du roi aux bailliage et chancellerie d'Avallon.

Arm. comme ci-contre.

DESCHAMPS, Prix, receveur des impositions au bailliage d'Avallon.

Arm. comme ci-contre.

DESCHAMPS DE CHARMELIEU, seign. de Saint-Bris, 1763 (Quantin, ann. de l'Yonne), et de Courgis, 1788 (Arch. de l'Yonne), était sans doute de la même famille.

VAULICHER, Gauthier, valet de

monté d'un croissant d'argent et accompagné de 2 étoiles d'or en chef et d'une rose d'argent tigée et feuillée de sinople en pointe.

Arm. gén. Paris, 1696.

16. D'azur au chevron d'or, accompagné en chef de 2 coquilles et en pointe d'une rose, aussi d'or.

Palliot, p. 662.

17. D'azur au chevron d'or, sommé d'une rose au naturel et accompagné en chef de 2 étoiles et en pointe d'un croissant de même soutenant un cœur de carnation.

Arm. gén. Bourg. 1696.

18. D'azur au chevron d'or, accompagné en chef de 2 glands la tige en bas avec leur cupule et 2 feuilles aussi d'or et en pointe d'un raisin de même la grappe pendante.

Arm. gén. Paris. 1696.

19. D'azur au chevron d'or, accompagné en chef de 2 glands de même et, en pointe, d'une rose d'argent surmontée d'une étoile d'or.

Arm. gén. Bourg. 1696.

20. D'azur au chevron d'or, accompagné en chef de 2 étoiles de même et en pointe de 3 glands de chêne liés ensemble aussi d'or.

Arm. gén. Paris, 1696.

21. D'azur au chevron d'or, accompagné de 3 trèfles de même.

Arm. gén. Paris, 1696.

chambre de Monsieur, à Tonnerre.

Arm. comme ci-contre.

CARILLON, seign. de Maraut, paroisse de Magny-lès-Avallon, et du fief de Carillon qui a pris le nom de cette famille, XVe siècle.

Courtépée, VI, p. 23.

CROMOT, Robert-Colas, ancien conseiller ès-bailliage et chancellerie d'Avallon.

Arm. comme ci-contre.

CHAUVET, Louis, trésorier et official de Brienon-l'Archevêque.

Arm. comme ci-contre.

VAUSSIN, Jean, conseiller du roi aux bailliage et chancellerie d'Avallon.

Arm. comme ci-contre.

VALLAN, dont Marie, femme d'Eustache DU DEFFEND, seign. de Saint-Loup d'Ordon, Chaumont-sur-Yonne, etc.

Arm. comme ci-contre.

— Charles, seign. d'Arcy (statist. du comté d'Auxerre, 1670), était probablement de la même famille.

BREUIGNON, Jean, trésorier et chanoine de l'abbaye de Vauluisant.

Arm. comme ci-contre.

22. D'azur au chevron d'or, accompagné de 3 trèfles de même, et 1 croissant d'argent en chef.

P. Anselme, et Cat. Ét. de Bourg.

LE PRESTRE DE VAUBAN, seign. de Pierre-Perthuis, dont le maréchal, né à Saint-Léger-de-Fourcheret.

Arm. comme ci-contre.

23. D'azur au chevron d'or, accompagné de 3 trèfles d'argent.

Arm. gén. Bourg. 1696.

PREVOST, grenetier au grenier à sel d'Avallon.

Arm. comme ci-contre.

24. D'azur au chevron d'or, accompagné en chef de 2 mouchetures d'hermine de même, et en pointe d'une gerbe aussi d'or.

Arm. gén. Paris, 1696.

BLENON, Louis, curé de Villeneuve-le-Roi.

Arm. comme ci-contre.

25. D'azur au chevron d'or, accompagné de 3 œillets de Grèce d'argent, tigés de même.

Arm. gén. Paris, 1696.

DÉYA, François, seign. de Viviers.

Arm. comme ci-contre.

26. D'azur au chevron brisé d'or, accompagné en chef à dextre d'une rose d'argent, à senestre de 2 étoiles de même, et en pointe de 2 étoiles aussi d'argent à dextre et d'une rose de même à senestre.

Arm. gén. Paris, 1696.

BREVOT, Nicolas, élu de Tonnerre.

Arm. comme ci-contre.

27. D'azur au chevron d'argent, accompagné en chef de 3 étoiles d'or mal ordonnées et en pointe d'une rose feuillée et tigée de même.

Dict. hérald. et Dubuisson.
Chevron d'or et étoiles d'argent.
Lainé.

CANAYE ou CANNAY, seign. de Brannay et de Fresnes, XVII⁰ siècle.

Bardot, notice dans l'ann. de l'Yonne.

28. De sinople au chevron composé de 11 bombes d'argent, celle de la pointe enflammée de gueules, accompagné de 3 quintefeuilles.

Tarbé, arm. man. pour Louis-Claude.
Ces armes étaient sculptées sur la clef de voûte de la porte d'une maison à Sens, rue des Trois-Rois, vis-à-vis la rue du Saint-Esprit :
De sinople au chevron composé de grains de chapelet d'or, accompagné de 3 quintefeuilles d'argent.
Arm. gén. Paris, 1696, pour Jérôme et Mille François.

L'HERMITE DE CHAMPBERTRAND, Louis-Claude, doyen de l'église de Sens, 1789.

Tarbé, arm. man.

— Jérôme, doyen des conseillers au présidial de Sens, et Mille-François, prévôt de cette ville.

§ XXXVI.—ÉCUS AYANT 1 SEUL CHEVRON SANS MEUBLE SUR 1 CHAMP MEUBLÉ AUTREMENT QUE D'ANIMAUX, DE PLANTES, DE FLEURS, FRUITS OU FEUILLES.

1. D'or au chevron de gueules, accompagné de 3 molettes de même.

Tarbé. Collection de gravures, appartenant aujourd'hui à la Soc. des sciences hist. de l'Yonne, 1 vol. in-folio.

DE LIVRY, Nicolas, abbé de Sainte-Colombe de Sens.

Tarbé, comme ci-contre.

2. D'or au chevron d'azur, accompagné de 3 falots allumés de gueules.

Palliot, p. 61.

PICOT, seign. de Courson, la Chapelle et Villepot, XVIᵉ siècle.

Coutume d'Auxerre.

3. D'argent au chevron de gueules, accompagné de 3 tourteaux de même.

D'Hozier, arm. gén. I. p. 14.

ANDRAS, Philippe, demeurant à Froville, paroisse de Saint-Aubin-Châteauneuf.

D'Hozier, comme ci-contre.

— Seign. de Treigny.

Arm. du Nivernais.
Il existe sur une plaque de cheminée de la maison Pétrini à Saint-Fargeau, un écu de... au chevron de... accomp. de 3 besans ou tourteaux de...
Cet écu pourrait s'appliquer aussi à la maison Berthelot de la Villeurnoy, qui a possédé Tannerre et dont les armes étaient d'azur au chevron d'or, accomp. de 3 besans de même; voir plus bas, nᵒ 15.

4. D'argent au chevron de gueules, accompagné de 3 burelles d'azur.

Arm. gén. Paris, 1696.

BUREAU, Jean, officier de la maison du Roi, à Joigny.

Arm. comme ci-contre.

5. D'argent au chevron de gueules, accompagné de 3 cors de chasse de même.

Arm. gén. Bourg. 1696.

BRECHOT, Simon, prieur curé de Cours près Noyers.

Arm. comme ci-contre.

6. D'argent, au chevron de gueules, accompagné de 3 aniles de sable.

Palliot, p. 24.
Quelques-uns écartelaient de gueules à 3 molettes de sable.
De Combles, traité des devises hérald.
Devise : *Nescit labi virtus.*

IMBERT DE LA PLATIÈRE, seign. de Maraut, paroisse de Magny-les-Avallon, XVIᵉ siècle.

Courtépée, VI, p. 24.

7. D'argent au chevron d'azur, accompagné en chef de 2 molettes

LECLERC, Jean, conseiller du Roi à Joigny, avocat en parlement,

de sable, et en pointe d'une étoile à 8 rais d'azur.

Arm. gén. Paris, 1696.
Pour Edme et Nicolas, l'armorial ne dit pas que l'étoile ait 8 rais

8. D'argent au chevron de sinople, accompagné en chef de 2 étoiles d'azur et en pointe d'un croissant de gueules.

Arm. gén. Bourg. 1696.

9. D'argent au chevron de sable, accompagné de 3 molettes de même.

Arm. gén. Paris, 1696.

10. De gueules au chevron d'or, accomp. de 3 étoiles de même.

Arm. univ. Dict. hérald. et Tarbé, collection de portraits.

11. De gueules au chevron d'or accomp. de 3 coquilles d'argent lignées de sable.

Palliot, parl. de Bourg. p. 311, et Petitot, p. 193.

12. De gueules au chevron d'argent, accomp. de 3 besans d'or.

Arm. man. de la ville de Sens.

13. De gueules au chevron d'argent, accomp. de 3 étoiles de même.

P. Anselme.

14. De gueules au chevron d'argent accomp. en chef de 2 étoiles, et en pointe d'un croissant aussi d'argent.

Arm. gén. Bourg. 1696.

lieutenant-criminel, vérificateur des rôles des tailles et autres impôts.

— Edme, procureur, et Nicolas, avocat à Saint-Florentin.

Arm. comme ci-contre.

LE BRUN, Marie-Madeleine, veuve de J.-B. SAINT, receveur au grenier à sel d'Avallon.

Arm. comme ci-contre.

SAUNAT, dont Gaston-Jean-Baptiste et Catherine, femme d'Edme-Gaston DE LENFERNAT, seign. de Villars, XVIIe siècle.

Dey, not. hist. sur Champignelles, dans le bulletin de la Soc. hist. de l'Yonne, II, p. 13.

DE BÉRULLE, seign. de Cérilly.

Nobl. baill. de Sens, 1789.

— Seign. de Courgis.

Arch. de l'Yonne.

— Pierre, cardinal, ministre d'Etat, né au château de Cérilly le 4 février 1575, mort en 1629.

Tarbé, collection de portraits.

DE LA MARE, Pierre, seigneur de Chevigny, territoire d'Anstrude, conseiller au parlement de Bourgogne, 1712, mort à Coutarnoux le 12 novembre 1739.

Petitot, p. 192, et notes manuscrites.

DE BEAUNE, Renault, archevêque de Sens, 1602-1606.

Cornat, notice sur les archevêques de Sens.

CROZAT, seigneur de Saint-Fargeau, baron de Perreuse, etc.

Dey, hist. du comté de Saint-Fargeau.

GUÉRIN, Bénigne, notaire royal à Montréal.

Arm. comme ci-contre.

15. D'azur au chevron d'or, accomp. de 3 bésans de même.
Dict. nobl.

16. D'azur au chevron d'or, accomp. de 3 losanges de même.
Palliot, p. 5.

17. D'azur au chevron d'or, accomp. de 3 étoiles de même.
D'Hozier, arm. gén. II, pour Hodeneau ; Arm. gén. Bourg, 1696, pour Lacurne et Richer.
D'après le Dict. hérald. ce seraient 3 molettes au lieu de 3 étoiles. et le champ serait de gueules pour Lacurne.

18. D'azur au chevron d'or, accomp. de 3 étoiles à 6 rais d'argent.
Arm. gén. Paris, 1696.

19. D'azur au chevron d'or, accomp. de 3 étoiles d'argent.
D'Hozier.
On trouve cet écu dans la grande verrière *Est* de la cathédrale d'Auxerre, mais rien ne prouve qu'il appartienne à cette famille.

20. D'azur au chevron d'or, accomp. en chef de 3 étoiles mal ordonnées d'argent, et en pointe d'un globe de même cintré et croisé d'or.
Arm. gén. Paris, 1696.

21. D'azur au chevron d'or, accomp. en chef de 2 étoiles et en pointe d'une coquille de même.
Arm. gén. Paris, 1696.

BERTHELOT DE LA VILLEURNOY, seigneur de Tannerre et des Violettes, XVIIIᵉ siècle.
Dey, hist. du comté de Saint-Fargeau.
— Seigneur de Jouy et de Rebourseaux.
Dict. nobl.

FYOT, seigneur de Tharoiseau.
Courtépée, VI, p. 51.
— Seigneur de Tharoiseau et de Menade.
Arch. de l'Yonne.

1. HODENEAU DE BREUIGNON seigneur de ce lieu et de Magny, paroisse de Merry-sur-Yonne.
D'Hozier, comme ci-contre.

2. LACURNE, Henri-Louis, de la famille des frères Lacurne de Sainte Pallaie.
Arm. gén. Bourg. 1696.

3. RICHER, Jean, écuyer, garde du corps de Monsieur, seigneur du Bouchet-lez-Cravan.
Arm. gén. Bourg. 1696.

DE CANAYE, Suzanne, dame de Brannay.
Arm. comme ci-contre.

BERNARD DE MONTESSUS, Paul Henri, seigneur de Ruilly, de Servignac et de Cussy.
Nobl. du baill. de Châlon-sur-Saône, XVIIIᵉ siècle.

GARNIER DES CHESNES, officier chez Monsieur, à Saint-Florentin.
Arm. comme ci-contre.

JACQUINOT, Jean, écuyer à Saint-Florentin.
Arm. comme ci-contre.

22. D'azur au chevron d'or, accomp. en chef de 2 croissants d'argent et en pointe d'une étoile de même.

Arm. gén. Bourg. 1696.

23. D'azur au chevron vivré d'or accomp. de 3 étoiles couronnées de même.

D'Hozier, arm. gén. IV.

24. D'azur au chevron d'or, accomp. en chef de 2 étoiles de même, et en pointe d'une bouteille dans un panier aussi d'or.

Arm. gén. Paris, 1696.

25. D'azur au chevron d'or, accomp. en chef de 2 étoiles de même, et en pointe d'une croix aussi d'or, les extrémités en fer de flèche.

Arm. gén. Paris, 1696.

26. D'azur au chevron d'or, accomp. de 3 croissants d'argent.

Arm. gén. Paris, 1696.

27. D'azur au chevron d'or, accomp. de 3 croissants d'argent.

Dict. nobl.

28. D'azur au chevron d'or, accomp. en chef de 2 croissants d'argent, et en pointe d'une étoile de même.

Arm. gén. Bourg. 1696.

29. D'azur au chevron d'or, accomp. de 3 molettes de même.

Arm. man. de la ville de Sens.

LE TORS, Jean, avocat au parlement, à Avallon.

Arm. comme ci-contre.

PETIT, seigneur de Dracy, La Vaivre, Marivats, Bois-d'Aunay.

D'Hozier, comme ci-contre.

MILON, chef de fourrière chez S. A. R. Monsieur, à Tonnerre.

Arm. comme ci-contre.

SIMONNET, Simon, curé de Maligny.

Arm. comme ci-contre.

MOUCHON, Charles, chanoine de Sens.

Arm. comme ci-contre.

CORDIER, seigneur de Vallery.

Challe, notice dans l'ann. de l'Yonne.

— Seign. de Villethierry.

Nobl. baill. de Sens 1789.

LE TORET, Jean, conseiller aux bailliage et chancellerie d'Avallon.

Arm. comme ci-contre.

FORTIN DE LA HOGUETTE, Hardoin, archevêque de Sens, 1692-1715.

Cornat.

Ce prélat avait composé lui-même son épitaphe inscrite sur une pierre tumulaire de la cathédrale de Sens :

HIC JACET HARDUINUS PONTIFEX, QUI VIXIT PACIFICÈ CUM TRIBUS CAPITULIS, BRIOCENSI, PICTAVIENSI ET SENONENSI.

Orate pro eo ut Deum habeat pacificum.

30. D'azur au chevron d'or, accomp. de 3 molettes d'argent.

Arm. gén. Bourg., 1696.

31. D'azur au chevron d'or, accomp. en chef de 2 trèfles de même et en pointe d'une molette aussi d'or.

D. Viole, p. 442.
D'après le P. Anselme, le chevron serait chargé d'un croissant de gueules, ce qui est contraire à l'écu introduit par Amiot lui-même dans les verrières de la cathédrale d'Auxerre, et ce serait une étoile au lieu d'une molette, ce qui paraît certain.

32. D'azur au chevron d'or surmonté d'une molette d'argent et accomp. de 3 taus d'or, 2 et 1.

Arm. gén. Paris, 1696.

33. D'azur au chevron d'or, accomp. de 3 croisettes ancrées de même.

Palliot, p. 5; Vulson, p. 144; dict. nobl. dict. hérald.

34. D'azur, au chevron d'or, accomp. en chef de 2 roses de même, et en pointe d'un chicot en pal, écoté de 3 pièces aussi d'or.

Arm. gén. Paris, 1696.

PINART, Pierre, procureur du roi en la maîtrise des forêts d'Avallon.

Arm. comme ci-contre.

PINARDS D'EGRIEUX, seign. de Vincelles, XVIIᵉ siècle.

Arch. de l'Yonne, est peut-être de la même famille.

AMIOT, Jacques, évêque d'Auxerre, 1570-1593, et Edme, doyen de la même Église, 1632-1650, qui, sans être parent de l'évêque, en a pris les armes.

Lebeuf.

GRIVEAU, François, bailli de Vézelay.

Arm. comme ci-contre.

NEUFVILLE DE VILLEROY, comte de Joigny.

Pérille-Courcelles, notice dans l'ann. de l'Yonne.

— Seign. de Ragny, XVIIIᵉ siècle.

Courtépée, VI, p. 39.

— Seign. de Bassou et de Charmeaux, XVIIIᵉ siècle.

Arch. de l'Yonne.

— Seign. de Vezannes.

Arch. de l'Yonne, cart. du comté de Tonnerre.

— Seign. de La Ferté-Loupière, du petit Martroy et du petit Asnières.

F. Servier, notice dans l'ann. de l'Yonne.

BASTONNEAU, seign. de Vincelles et de Vincelottes, XVIIᵉ siècle.

Arch. de l'Yonne.

— Catherine, femme de Pierre

AUBERT, Dame de Vincelles et de Vincelottes.

Arm. comme ci-contre.

Tarbé, dans ses notes manuscrites, indique 2 quintefeuilles au lieu de 2 roses.

35. D'azur au chevron d'argent, accomp. de 3 étoiles d'or.

Arm. gén. Paris, 1696.

GIRAUDIN, Pierre, curé de Melizey.

Arm. comme ci-contre.

36. D'azur au chevron d'argent, accomp. de 3 étoiles de même.

Arm. gén. Paris, 1696.

DE LA BORDE, Dieudonné, écuyer, seign. du Fays (sur Turny) et de la Borde.

Arm. comme ci-contre.

37. D'azur au chevron d'argent, accomp. de 3 étoiles de même.

Arm. gén. Paris, 1696.

BARON, François, seign. de Paron, XVIIe siècle.

Arm. comme ci-contre.
Voir § 7, no 27.

38. D'azur au chevron d'argent, surmonté d'un croissant et accomp. de 3 étoiles, le tout de même.

Arm. gén. Paris, 1696.

DU MONCEAUX, veuve de Claude Rolland, seign. de Cézy.

Arm. comme ci-contre.

39. D'azur au chevron d'argent, accomp. en chef de 2 croissants et en pointe de 1 étoile de même.

Arm. gén. Paris, 1696.

PARIS, Edme, avocat à Saint-Florentin.

Arm. comme ci-contre.

40. D'azur au chevron d'argent, accomp. de 3 harpes d'or.

P. Anselme et Julliot.
D'après l'arm. man. de la ville de Sens, conforme à Vulson, p. 193, le chevron est aussi d'or.

DAVY, Jacques, cardinal du Perron, archevêque de Sens, 1606-1618, et Jean, 1618-1621.

Cornat.
Leurs tombeaux en marbre blanc, dans la cathédrale de Sens, portent l'écu de leurs armes.

41. D'azur au chevron d'argent, accomp. de 3 larmes de même.

Arm. gén. Paris, 1696.

BOULACHIN, Edme, curé de Percey.

Arm. comme ci-contre.

42. D'azur au chevron cousu de sable, accomp. de 3 coquilles d'or.

Monument de l'église d'Ouaine.

DAVAU, seign. de Dannery.

Déy, hist. du comté de Saint-Fargeau.

43. De sable au chevron d'or, accomp. de 3 étoiles de même.

Arm. gén. Paris, 1696.

LAURENCIN, famille de Sens.

Arm. comme ci-contre.

44. De... au chevron de ... accomp. de 3 besans ou tourteaux de...

DE VIEVRE, dont Madeleine, veuve de Vrin Lefort et d'Antoine Navinault, seign. de Chêne-Ar-

Tombe et litre de l'église de Chêne-Arnoult.

noult, Fontenouilles, Lenfernat, etc.

Tombe comme ci-contre.

§ XXXVII. — ÉCUS AYANT 1 SEUL CHEVRON MEUBLÉ.

1. D'or au chevron de gueules, chargé de 3 étoiles d'argent et accomp. de 3 croissants de gueules.

Dict. hérald.

DE DAMPIERRE, Nicolas, seign. de Roncevaux, paroisse de Cruzy, XVIe siècle.

Arch. de l'Yonne, inv. du comté de Tonnerre.

2. D'or au chevron de gueules, accomp. de 3 coquilles de sable.

Arm. man. de la ville de Sens.
Le chevron est chargé en chef d'une tête de Maure de sable, bandée d'argent.
D. Cottron, St-P p. 940.
P. Anselme, et tablettes de Thémis.

PONCHER, Etienne, archevêque de Sens, 1519-1525.

Cornat, notice sur les arch. de Sens.

— Etienne, archevêque de Sens, abbé de St-Pierre-le-Vif de Sens.

D. Cottron, S.-P.

3. D'argent au chevron d'azur chargé de 3 roses d'or, accomp. de 3 écrevisses de gueules.

Arm. gén. Bourg., 1696.

SEURAT, Octave, conseiller aux bailliage et siége présidial d'Auxerre.

Arm. comme ci-contre.

4. D'argent au chevron de sable chargé de 3 fleurs de lis d'or.

Tarbé, arm. man.

BRUNEL, seign. de Serbonnes.

Tarbé, arm. man.

5. D'argent au chevron de sable, chargé de 5 mouchetures d'hermine d'argent, et accomp. de 3 hures de sanglier de sable.

Arm. gén. Paris, 1696.

PERRELLE DE VERTAMONT, conseiller au grand conseil, 1732, seign. de la Grangehartuis, et en 1696, André-Pierre, écuyer, cons. du roi, receveur général et payeur des rentes de l'hôtel de ville de Paris, marié à Marie-Jeanne Lemaigre, d'une famille de Saint-Fargeau.

Déy, hist. du comté de Saint-Fargeau, et arm. comme ci-contre.

6. De gueules au chevron d'or chargé de 2 têtes de Maures de sable.

Arm. gén. Paris, 1696.

MOREAU, Jeanne, femme de Michel de Changy, seign. de Vezanne.

Arm. comme ci-contre.

7. D'azur au chevron d'or chargé de 3 roses de gueules, accomp. de 2 étoiles d'argent en chef, d'un

BRIAND DE FORBOIS, Claude, président au présidial d'Auxerre.

Arm. comme ci-contre.

croissant de même en pointe et de 2 *bruants* d'or affrontés et perchés sur le chevron, l'un d'un côté, l'autre de l'autre.

Arm. gén. Bourg. 1696.

8. D'azur au chevron denché d'or et de gueules, accomp. de 3 croissants d'argent.

Arm. gén. Paris, 1696.
Pour que la description soit conforme à l'écu figuré dans l'armorial, il faut dire : *d'azur à 1 chevron denché d'or chargé d'un chevron plein de gueules, et accomp. de 3 croissants d'argent.*

LECLERC, François, marchand tanneur à Saint-Florentin.

Arm. comme ci-contre.

9. D'azur au chevron renversé d'or, chargé de 5 étoiles de gueules et accomp. de 3 quintefeuilles d'argent, 2 et 1, et 1 chef dentelé d'or.

Arm. gén. Paris, 1696.

THUOT, Jacques, élu de Tonnerre.

Arm. comme ci-contre.

10: D'azur au chevron d'argent chargé de 2 lions de sable affrontés, armés et lampassés de gueules, le chevron accomp. en chef de 2 bustes de femmes d'argent, chevelées d'or, et en pointe enté de gueules, à l'aigle d'or éployée.

Arm. gén. Bourg. 1696, enregistrement du 21 juin 1697 pour Claude Leclerc, conseiller au présidial d'Auxerre.
Claude Leclerc est un des conseillers qui ont consenti à faire enregistrer leurs armoiries, tandis que leurs confrères résistaient à un honneur imposé d'office et chèrement taxé. Il a, du reste, emprunté ses armes à la famille Chevalier, d'Auxerre, avec laquelle celle de Leclerc a contracté deux alliances, et dont les armoiries sont ainsi blasonnées par Palliot, p. 96 : *Tiercé en chevron au 1er d'azur à 2 bustes de femmes habillées d'argent, au 2 d'argent, à 2 lions affrontés de sable; au 3 de gueules à 1 aigle d'or.*
Le chancelier Leclerc portait, suivant Le Féron, qui a publié un armorial des chanceliers, en 1555, *d'azur à 3 cygnes d'argent,* et la Chesnaye, dans son dict. de la noblesse, ne rattache au chancelier les Leclerc d'Auxerre que dans un article communiqué, dépourvu de preuves.
. Les Leclerc de Fleurigny enfin portaient, suivant le P. Anselme, *de sable à 3 roses d'argent au pal de gueules bro-*

1. CHEVALIER, famille d'Auxerre.

Palliot, p. 96.

2. LECLERC, Claude, conseiller au présidial d'Auxerre.

Arm. gén. Bourg. 1696.
Nous avons trouvé une curieuse variante des armoiries ci-contre dans un tableau du cabinet de M. Duru-Baudoin. Elles sont *de sinople, au chevron d'argent chargé de 2 lions affrontés de sable, accompagné en chef de 2 têtes d'hommes au naturel, posées de profil, au col rabattu d'argent, et coiffées d'un chapeau à la française de sable, et en pointe d'une aigle éployée d'or.*
Une autre variante enfin existe dans l'arm. gén. Bourg. 1696, pour Germain Leclerc, conseiller au présidial d'Auxerre.
De sinople au chevron d'argent, chargé de 2 lions affrontés de gueules et accomp. de 2 têtes de pucelles d'or et en pointe d'une aigle le vol abaissé de même.

chant sur celle de la pointe, d'où l'on peut induire que les Leclerc d'Auxerre n'appartenaient pas non plus à cette famille.

11. D'azur au chevron d'argent, chargé de 3 croisettes de gueules et accomp. de 3 têtes de léopard d'or.

Arm. gén. Paris, 1696.

12. D'azur au chevron d'argent, chargé de 3 rocs d'échiquier de gueules et accomp. de 2 clefs d'or en chef et d'un cœur de même en pointe.

Arm. gén. Paris, 1696.

13. D'azur au chevron de sable potencé et contrepotencé. d'or, accomp. de 3 buires de même.

P. Anselme.

14. De sable au chevron d'argent, chargé sur chaque branche d'une palme de sinople, et accomp. de 3 couronnes de feuilles de chêne d'or.

Arm. gén. Paris, 1696.

15. De ... au chevron de ... chargé de 3 roses de ...

Magasin pittoresque, 1852, p. 304.

NOZRY, Pierre, curé de Montacher.

Arm. comme ci-contre.

DE BERNARD, Catherine-Jeanne, veuve de Christophe Du Plessis.

Arm. comme ci-contre.

BUREAU DE LA RIVIÈRE, seign. de Cheny, Bonnard, Bassou, Cézy, etc.

P. Anselme.

— Seign. de Tannerre, de Charny, etc.

Déy, hist. du comté de Saint-Fargeau.

— Seign. de Bennes, et de Basses mouvant de Maligny.

De Bastard, not. dans l'ann. de l'Yonne.

Seign. de Vincelles, XIVe et XVe siècles, de Vermenton, 1451, de Seignelay, XVIe siècle.

Arch. imp.

VINCENT, Olivier, chanoine de Sens.

Arm. comme ci-contre.

KNOLLE, Robert, capitaine anglais, qui a détenu plusieurs places dans les limites actuelles du département de l'Yonne, notamment Ligny, Regennes, Malicorne et la Motte-Champlay.

Déy, études hist. sur le canton de Bléneau.

§ XXXVIII. — ÉCUS AYANT PLUSIEURS CHEVRONS.

1. D'or à 2 chevrons de gueules.
Arm. gén. Paris. 1696.

DE LA COUDRE, Françoise, veuve d'Olivier Beurdelot, seign. de Fontenilles. (Commune de Brosses, canton de Vézelay.
Arm. comme ci-contre.

2. D'or à 2 chevrons de gueules, accomp. de 2 flèches d'azur péries en chevrons posées entre les 2 chevrons, les pointes en haut, et d'une colombe de sable posée en pointe et portant à son bec une branche de laurier de sinople.
Arm. gén. Bourg. 1696.

MIGNOT, Jean, officier de Mme la duchesse d'Orléans, à Auxerre.
Arm. comme ci contre.

3. D'or à 3 chevrons de gueules, à la bordure engrêlée de même.
P. Anselme, VIII, p. 549.

De gueules à 3 chevrons d'or, à la bordure engrêlée d'azur.
Dict. hérald.
D'après l'hist. des archev. de Sens, par Rousseau, il n'y a pas de bordure, et l'on trouve, dans un sceau des archives de l'Yonne, XVe siècle, deux étoiles en chef, d'où l'on peut conclure que les pleines armes avaient seulement 3 chevrons, et que la bordure d'une part et les deux étoiles d'autre part n'ont été ajoutées que comme brisures.

DE SAVOISY, seign. de Seignelay, Bassou, Cheny, Beaumont, Lainsecq, Ormoy, Thury, XIV, XV, XVIe siècles.
P. Anselme, VIII, p. 549.
— Seign. de Seignelay, XIV, XV et XVIe siècles.
Arch. imp.
— Seign. de Coulange-la-Vineuse, 1408.
Ribière, notice dans le bull. de la soc. hist. d'Auxerre.
— Seign. de la Motte de Gurgy et de Bouilly, XVe siècle.
Arch. imp.
— Seign. de Poilly-sur-Serein.
Cart. du comté de Tonnerre, arch. de l'Yonne.
— Archevêque de Sens, mort en 1442.
Tarbé.

4. D'or à 3 chevrons d'azur.
D. Viole, St-P., p. 930.

DE TOUARE, Sébastien, abbé de St-Pierre-le-Vif de Sens, 1523-1534.
D. Viole, comme ci-contre.

5. De gueules à 3 chevrons d'or.
Palliot, p. 158.

DE CRÈVECŒUR, seign. de Carisey, XVIe siècle.

6. De gueules à 3 chevrons d'or accomp. de 3 besans de même.

Tarbé, arm. man.

7. De gueules à 3 chevrons d'hermines.

Dict. hérald.

8. De gueules à 4 chevrons d'argent.

Arm. gén Bourg. 1696.

9. D'azur à 3 chevrons d'or.

Cat. Ét. de Bourg.

10. D'azur à 3 chevrons d'or, accomp. de 3 étoiles de même.

Dict. nobl.

11. D'azur à 3 chevrons d'or, celui du chef brisé.

Dict. nobl.

La branche Clermont-d'Amboise écartelait au 1 et 4 de Clermont et au 2 et 3 pallé d'or et de gueules de 6 pièces.
Dict. nobl.

12. D'azur à 2 chevrons d'or entrelacés l'un dans l'autre, l'un renversé.

Arm. gén· Paris, 1696.

Invent. du comté de Tonnerre, archives de l'Yonne.

Une famille de ce nom, dont Suzanne, femme de Georges de Sennevoy, portait d'argent à 1 sautoir de gueules.
Arm. gén. Paris, 1696.

AGUENIN, famille de Tonnerre, anoblie en octobre 1402.

Tarbé, arm. man. d'après Blanchard.

DE TRECESSON, seign. de Saint-Loup-d'Ordon, xviiie siècle.

Nobl. baill. de Sens, 1789.

CHARREAU, seign. de l'Écluse, bourgeois de Tanlay, Jean et Pierre.

Arm. comme ci-contre.

FAVEROLLES, seign. de Dommecy.

Cat. comme ci-contre.

Les anciens seigneurs d'Arcy, xive siècle, portaient de ... à 3 chevrons de . .
P. Anselme. II, p. 104.

ANGRAN D'ALLERAY ou D'ALRET, seign. des deux Mailly, de Dommecy-sur-Cure, Merry-sur-Yonne, Fontenay-sous-Vézelay, Pierre-Perthuis, xviiie siècle.

Dict. nobl.

— Seign. de Mailly-le-Château, Mailly-la-Ville, Merry-sur-Yonne, Basoches, Pierre-Perthuis, Pouilly, paroisse de Fontenay-près-Vézelay, xviiie siècle.

Arch. de l'Yonne.

CLERMONT-D'AMBOISE, marquis de Gallerande, seign. de la Ferté-Loupière et de la Celle-St-Cyr, xve siècle.

F. Servier, notice dans l'Annuaire de l'Yonne.

CERVEAU, Réné, élu de Tonnerre.

Arm. comme ci-contre.

13. De sinople à 3 chevrons d'or.
Arm. gén. Bourg., 1696.

BOCQUILLOT, Lazare, chanoine de la collégiale Saint-Lazare d'Avallon, né en cette ville, auteur de plusieurs ouvrages estimés.
Arm. comme ci-contre, et nécrologe des appelants.

14. De sinople à 3 chevrons d'argent.
Arm. gén. Bourg., 1696.

NOYERS, les cabaretiers.
Arm. comme ci-contre.

15. De ... à 3 chevrons de ...
Sceau d'une charte de 1292, fonds Chitry, arch. de l'Yonne.
D'or à 3 chevrons de gueules.
Du Chesne, hist. Montmorency et Laval, p. 212.

D'IVRY, Guillaume, seign. de Chitry.
Charte de 1292 comme ci-contre.

16. De r.. à 3 chevrons de sinople
P. Anselme, II, p. 104.

D'ARCY, anciens seign. de ce lieu, dont Hugues, évêque de Laon, 1339, et Jean, évêque de Mende, 1331, d'Autun, 1333, et de Langres, 1342.
P. Anselme, II, p. 104.

17. De sinople à 4 chevrons d'or.
Arm. gén. Bourg. 1696.

CHAMPAGNE, Michelle, femme de Jacques BAUDENET, d'Annoux.
Arm. comme ci-contre.

18. De sinople à 4 chevrons d'argent.
Arm. gén. Bourg. 1696.

AVALLON, les chirurgiens.
Arm. comme ci-contre.

19. De sable à 4 chevrons d'or.
Arm. du Nivernais.

CHATEL-CENSOIR, le chapitre.
Arm. du Nivernais.

§ XXXIX. — ÉCUS AYANT UN PAIRLE PLEIN.

1. De sable à 1 pairle de sable.
Arm. gén. Bourg. 1696.

AVALLON, les bouchers.
Arm. comme ci-contre.

TROISIÈME PARTIE.

ÉCUS AYANT DES MEUBLES DE 1ʳᵉ CLASSE,

C'EST A-DIRE DONT LE CHAMP EST FRETTÉ, ÉCHIQUETÉ, MAÇONNÉ, A POINTS ÉQUIPOLLÉS, LOZANGÉ, FUSELÉ, SEMÉ, DE VAIRE OU VAIRÉ, D'HERMINES ET PAPELONNÉ.

---

§ XL. — ÉCUS FRETTÉS.

1. D'azur fretté d'or.
Paillot.

DE BETHISY, seign. de Neuvy-Sautour, XVIIIᵉ siècle.
Quantin, notice dans l'ann. de l'Yonne.

2. D'azur fretté d'argent.
Dict. hérald.

DE MERVILLIER, seign. de Drà-cy, XVIᵉ siècle.
Coutume d'Auxerre.

3. De sable, fretté d'échiqueté d'or et d'azur et 1 bordure dente-lée de même.
Arm. gén. Paris, 1696.

MARTINANGE, Louis, seign. de Moléon et de Vinneuf.
Arm. comme ci-contre.

§ XLI. — ÉCUS ÉCHIQUETÉS, MAÇONNÉS, OU A POINTS ÉQUIPOLLÉS.

1. Echiqueté d'or et de gueules.
Palliot et Vulson, p. 159.
Cet écu est sculpté sur la clef de cintre de la porte nord de l'église de Saint-Valérien.

DE PUY-VATAN, seign. de St.-Valérien, XVIIᵉ siècle.
P. Anselme.

2. Echiqueté d'or et d'azur.
Vertot et dict. nobl.

DE PIED-DE-FER, seign. de Champlost, dont un chevalier de Malte.
Vertot.
— Seign. de Champlost, XVIᵉ siècle.
Coutume de Troyes.

3. Echiqueté d'argent et de sa-ble.
Arm. du Nivernais.
Echiqueté d'argent et d'azur.
Vulson.

DE DIGOINE, seign. d'Arcy, XVᵉ siècle.
Arm. du Nivernais.

4. Echiqueté d'azur et d'or.

MARCELAT, dont Antoinette,

Inscription sur marbre blanc, cath. de Sens.

5. A 5 points d'or équipollés à 4 de gueules.

Dict. nobl.

femme de Bénigne LENAIN, seign. d'Olinville, décédée à Sens, où elle demeurait, le 20 février 1701.

Inscription, comme ci-contre.

DE RABUTIN, barons de Huban, fief mouvant de la baronnie de Perreuse, XVe siècle.

Déy, géograph. féod. de la baronnie de Perreuse.

— Seign. de Bierry, XVIe siècle, aujourd'hui Anstrude.

Mémoires du duc de Chevreuse, comte de Noyers, contre ses vassaux.

§ XLII. — ÉCUS LOZANGÉS OU FUSELÉS.

1. Lozangé d'or et d'azur.

Dict. nobl., dict. hérald. et arm. univ.

2. Lozangé d'or et de gueules.

P. Anselme, pour des Barres.
On trouve cet écu dans le sceau d'une charte des archives de l'Yonne, d'Alixe des Barres, abbesse du Paraclet, fonds Vauluisant, liasse IX.

Lozangé d'or et de gueules.

Palliot, p. 438, pour de Craon.

AURAY, seign. de Villeneuve-la-Guyard.

Tarbé.

1. DES BARRES, seign. de Chaumont-sur-Yonne et de Villeblevin, dont Jean, maréchal de France, affranchit les habitants en 1321.

P. Anselme.

— Seign. de Chitry.

Quantin, notice dans l'ann. de l'Yonne

— Seign. de Chitry, 1292.

Courtépée.

— Seign. de Serbonnes, 1401, de Champigny, des Barres, etc.

Arch. de l'Yonne.

2. DE CRAON, seign. de Sermizelles.

Courtépée, VI, p. 48.

§ XLIII. — ÉCUS SEMÉS.

1. D'or semé de grelots d'argent soutenus de croissants de gueules.

Dict. généal. hérald. et Palliot, p. 361.

D'ANGLURE, Jacques, seign. d'Etauges ou Estoges, de Quennes, Nangy et le Saussois, gouverneur d'Auxerre.

Coutume d'Auxerre.

— Seign. de la Brosse, Nangy-

sous-Voie, la Grange-du-Bois et Folle-Pensée, XVIe siècle.

Arch. imp.
Selehadin d'Anglure, seign. de Vault, XVe siècle, paraît être de la même famille. Arch. de l'Yonne, compte de la terre de Girolle.

2. D'or semé de fleurs de lis et de tours d'azur.

Vulson et de Bastard, not. dans l'ann. de l'Yonne.
Devise : SUSTENTANT LILIA TURRES.

DE LA TOUR, dont l'abbé de Simiane, et les De la Tour–Vidaud, seign. de Maligny.

De Bastard, comme ci-contre.

3. D'or semé de billettes de sable, au lion de même.

Palliot, p. 587.

MONTJEU, seign. du Mont-Saint-Sulpice.

Cornat, notice dans le bulletin de la Soc. hist. de l'Yonne.

4. De gueules semé de molettes d'argent, au lion de même.

Dict. nobl. et Vertot.

MONTMORIN, dont Armand-Marc, seign. de Theil, Noé et Vaumort, 1789.

Arch. de l'Yonne et Tarbé, arm. man.

5. D'azur semé de fleurs de lis d'or.

Palliot, p. 39, et Vulson, p. 235.

DE FRANCE, royaume et rois. depuis 752 jusqu'en 1380.

Avant et après cette époque, l'écu de France a été d'azur à 3 fleurs de lis d'or.
Palliot et Vulson, comme ci-contre.

6. D'azur semé de fleurs de lis d'or, au lambel de 3 pendants de gueules.

P. Anselme.

D'ANJOU, roi de Naples et de Sicile, comte de Tonnerre, 1284, né Charles de France.

Jacquillat-Despréaux, notice dans l'ann. de l'Yonne.
Cri de guerre : MONT JOIE ANJOU !

7. D'azur semé de fleurs de lis d'or, à la bordure de ... (gueules).

Sceau d'une charte de 1326, arch. de l'Yonne.

DE VALOIS, comte de Joigny.

Charte de 1326, arch. de l'Yonne.

8. De ... semé de fleurs de lis de ...

Sceau d'une charte de 1382, arch de l'Yonne, fonds Chitry.
Sans doute semé de France.

AUXERRE, la prévôté royale.

Le sceau ci-contre a pour exergue : S. PREPOSITURE REGIE AUTISSIODORENSIS.

9. D'azur semé de fleurs de lis d'or et de larmes d'argent, chargé d'un vase d'or brochant sur le tout.

Arm. du Nivernais.
L'arm. gén. Paris, 1696, ajoute que le vase broche sur le tout avec cette légende autour : OPTIMAM PARTEM ELEGIT.

VÉZELAY, le chapitre.

Arm. du Nivernais et arm. gén. Paris, 1696.

10. D'azur semé de fleurs de lis d'argent.

Palliot, p. 431.

11. D'azur semé de croisettes d'or, au lion de même brochant sur le tout. .

Tarbé.

12. D'azur semé de billettes d'or, au lion de même brochant sur le tout.

Palliot, p. 660, pour les comtes d'Auxerre de la maison de Nevers, Du Chesne, p. 164, pour Brienne; dict. nobl., Tarbé, arm. man. pour de Conflans.

13. D'azur semé de billettes d'or au lion de même, armé et lampassé de gueules, brochant sur le tout.

Guibert, hist. des villes de France et dict. hérald. conformes à une miniature peinte en tête du cartulaire de la ville au xvᵉ siècle et à l'écu qui occupe le tympan de l'hôtel-de-ville.

Toutefois, l'armorial de la généralité de Bourgogne, 1696, n'indique pas que le lion soit armé et lampassé de gueules et l'ordonnance royale du 9 octobre 1815, qui maintient Auxerre dans la possession de ses armoiries, dit simplement:

DE SAINT-BRISSON, le baron, seign. de Germigny, XVIIIᵉ siècle.

Arch. de l'Yonne.

CORBET DE FORMANOIR, seign. de Palleteau près Armeau, jusqu'en 1789, dont CINQ-MARS, et Guillaume-Louis, membre de l'académie d'Auxerre, né au château de Palleteau en 1712.

Tarbé.

1. AUXERRE, les comtes de la maison de Nevers.

Palliot, p. 660.

2. DE BRIENNE, seign. de Venizy.

P. Anselme et Du Chesne, p. 164.

— Seign. de Beaulches, 1319-1350.

Déy, géograph. féod. de la baronnie de Perreuse.

— Seign. de Sauvigny-le-Bois, 1540-1544.

Arch. de l'Yonne.

Agnès, comtesse de Joigny, 1300, portait parti de Joigny et de Brienne, d'après le sceau d'une charte des arch. de l'Yonne.

3. DE CONFLANS, commandeur de Malte, à Auxerre.

Tarbé, arm. man.

— David, seign. de Grandchamp.

Vicomte Tryon de Montalembert, ann. de l'Yonne, 1858, p 132.

AUXERRE, la ville.

Guibert et dict. hérald. comme ci-contre.

Ces armes ont été empruntées par la ville, affranchie en 1223, à ses comtes de la maison de Nevers. Elles ne diffèrent de l'écu des comtes qu'en ce que le lion dès armes de la ville d'Auxerre est armé et lampassé de gueules, et cette légère variante était indispensable pour éviter une confusion.

D'azur au lion d'or semé de billettes d'or. Le rideau du théâtre figure enfin les armes de la ville conformes à l'ordonnance de 1815.

14. D'azur semé de molettes d'or, au lion de même brochant sur le tout.

Thaumas de la Thaumassière, hist. du Berry.
Palliot dit p. 482 : d'azur semé d'étoiles d'or au lion de même. ☞

DE SULLY, autrefois *Seuly*, seign. d'Armeau, de Mâlay-le-Vicomte, de Villechétive.

Tarbé.

15. D'azur semé de croix d'or recroisettées, au pied fiché, à 2 bars d'or adossés sur le tout.

P. Anselme.
Cri de guerre : AU FEU, AU FEU !.

DE BAR, seign. de Saint-Fargeau, de Perreuse, etc.

Déy, hist. du comté de Saint-Fargeau.

— Seign. d'Avrolles, 1170, de Bazarne, 1450.

Arch. de l'Yonne.

— Seign. de Sormery, 1391.

Arch. imp.

— Seign. de Vergigny, de Rebourseaux, XIIIe siècle.

Cart. du comté de Tonnerre, arch. de l'Yonne.

— Seign. de Presles, XVe siècle.

Breuillard.

16. De ... semé de quintefeuilles de ... et une Notre-Dame de ... sur le tout.

Sceau d'une charte de 1412, arch. de l'Yonne.

AUXERRE, l'abbaye des Iles.

Charte de 1412, arch. de l'Yonne.

§ XLIV. — ÉCUS DE VAIR OU VAIRÉS.

1. De vair.
Palliot, p. 647.

1. DE TRAINEL ou *Treignel*, seign. de Plessis-du-Mex, XIVe et XVe siècle.

Arch. imp.

2. GARNIER DE JOIGNY portait également de vair ou vairé d'après le sceau d'une charte du XIIIe siècle. ☞

Arch. de l'Yonne.

2. Vairé d'or et de gueules.
Dict. nobl. et généal. de Vergy.

DE BEAUFREMONT, seign. de Cézy.

Tarbé.

3. Vairé de gueules et d'or.

Lebeuf, 2e édition.

D. Viole, p. 414, dit : vairé d'or et de gueules, ce qui est l'écu de Beaufremont.

D'après le P. Anselme, II, p. 38, le vairé de gueules et d'or serait chargé d'un bâton d'azur posé en bande.

— Seign. de Bléneau.

Déy, études histor. sur le canton de Bléneau.

CASSINEL, Ferric, évêque d'Auxerre, 1382-1390.

Lebeuf.

§ XLV. — ÉCUS D'HERMINES.

1. D'hermine à la bordure de gueules.

Arm. du Nivernais.

L'Arm. gén. Bourg., 1696 décrit de même pour Françoise d'Anlezy, femme d'Elie de Jaucourt, seigneur de Chapelle.

D'ANLEZY, seign. de Huban, mouvant de Perreuse.

Déy, géographie féod. de la baronnie de Perreuse.

— Guillaume, grand archidiacre de l'Église d'Auxerre, chanoine, 1340-1360.

Lebeuf.

2. D'hermine, à la bordure de gueules.

Palliot, p. 102.

DE BRETAGNE, Artus, comte de Richemont et de Tonnerre à cause de la dot promise à Marguerite de Bourgogne, 1425, pour laquelle le comté de Tonnerre a été engagé.

Charte du comté de Tonnerre.

3. D'hermine, à 1 pont à 3 arches de gueules, maçonné de sable.

Arm. gén. Bourg. 1696.

MINARD, Antoine et Edme, chanoines d'Avallon, XVIIe siècle.

Arm. comme ci-contre.

§ XLVI. — ÉCUS PAPELONNÉS.

1. D'or papelonné de sable.

Du Bouchet, hist gén. de Courtenay.

LE CHANTIER, seign. de Moulins-Pont-Marquis, de Briant, etc., mouvant de la seigneurie de Toucy.

Du Bouchet, comme ci-contre.

QUATRIÈME PARTIE.

ÉCUS AYANT DE SIMPLES MEUBLES.

----

§ XLVII. — ÉCUS AYANT UNE SEULE FLEUR DE LIS.

1. D'or à 1 fleur de lis de gueules.

Dict. nobl. et Palliot, p. 431.

DE TILLY, François-Henri-Hilaire, seigneur de Champrond, du Mesnil, et du Bouchet, territoire de Vinneuf et de Courlon, 1789.

Arch. de l'Yonne.

2. De gueules à la fleur de lis d'or.

Arm. univ. pour Herbouville.
Dict. nobl. pour Aux-Epaules.

1. D'HERBOUVILLE, seigneur de Saint-Jean-lez-Sens.

Tarbé.

2. AUX-ÉPAULES, seigneurs de Pisy, barons de l'Isle-sur-Serein, XVIᵉ siècle.

Arch. imp.
— Seign. de Pisy.

Breuillard.

3. De... à 1 fleur de lis de...

Sceau d'une charte de 1240.
Arch. de l'Yonne.

HERBERT, archidiacre d'Auxerre.

Charte, 1240, Arch. de l'Yonne.

4. De... à 1 fleur de lis de...

Sceau d'une charte de 1240, fonds Reigny, arch. de l'Yonne.

D'ARCY, Béatrix, dame d'Arcy-sur-Cure.

Charte de 1240, comme ci-contre.

5. De... à 1 fleur de lis épanouie de...

Sceau d'une charte de 1223.
Arch. de l'Yonne.

G. DE SAINT-FERGEAU, chanoine d'Auxerre.

Charte 1223, arch. de l'Yonne.

6. De... à 1 fleur de lis épanouie de... accostée de 2 quintefeuilles de...

Sceau d'une charte de 1502, arch. de l'Yonne.

SENS, la prévôté.

Charte de 1502 ci-contre.

7. De... à 1 fleur de lis épanouie de... entourée d'un cercle de...

Sceau d'une charte de 1502, arch. de l'Yonne.

SENS, la prévôté.

Sceau comme ci-contre.

Exergue : s. PREPOSITURE SENONENSIS.
Le génitif *prepositure*, écrit avec un *e* simple, semble indiquer que ce sceau était depuis longtemps en usage.

8. De. . . à 1 fleur de lis de. . . sommée de 2 croisettes de...

Sceau d'une charte de 1285, arch. de l'Yonne, fonds Pontigny.

VILLENEUVE-LE-ROI, la prévôté.

Comme ci-contre.

9. De gueules au coq d'argent, crêté, membré et becqué d'or, accompagné à senestre du chef d'un petit écusson d'azur à 1 fleur de lis d'or.

Dict. hérald.

DE SAINTE-MESME, comte de Lhôpital, Anne-Raymond, lieutenant-général des armées du roi, seigneur de Serbonnes et de Villemanôche, XVIIIe siècle.

Tarbé.

10. De... à un dextrochère de... mouvant du flanc senestre de l'écu, tenant déux clefs de... adossées en pal et accostées, au flanc dextre, d'une fleur de lis de...

·Sceau d'une charte de 1214, arch. de l'Yonne.

AUXERRE, le sacristain du chapitre.

Charte, 1214, arch. de l'Yonne.

Un sceau de la même date, pour *Eustache*, sacristain d'Auxerre, qui portait de... à un bouquet de fleurs de... donne à penser, d'accord avec le choix des meubles, que l'écu ci-contre appartient à la fonction et non au titulaire.

§ XLVIII. — ÉCUS AYANT 2 FLEURS DE LIS.

1. De... à 1 évêque de... accosté de 2 fleurs de lis de...

Sceau d'une charte de 1383, arch: de l'Yonne.
On trouve comme variante, dans un autre sceau, une crosse au lieu d'un évêque.

AUXERRE, la cour de l'official.

Charte de 1383, arch. de l'Yonne.

2. De...à un archidiacre de... accosté en chef de 2 fleurs de lis de...

Sceau d'une charte de 1278, arch. de l'Yonne.

AUXERRE, la cour de l'archidiacre.

Charte de 1278, arch. de l'Yonne.

3. De ... à un buste de doyen de... accosté de 2 fleurs de lis de ...

Sceau d'une charte de 1259, arch. de l'Yonne·

AUXERRE, la cour du doyen.

Charte de 1259, arch. de l'Yonne.

4. D'azur à 1 crosse posée en pal d'or, accomp. de 2 fleurs de lis de même.

Arm. gén. Bourg. 1696.

AUXERRE, le couvent de Saint-Marien, ordre des Prémontrés.

Arm. comme ci-contre.

5. D'argent au pin de sinople, accosté de 2 fleurs de lis de gueules.

Palliot, p. 9.

BUDE, seign. de Béru et de Viviers, XVe siècle.

Arch. de l'Yonne.

6. D'azur à l'épée d'argent, en pal, la garde en bas, accostée de 2 fleurs de lis d'or et en chef d'une couronne d'or.

Arm. gén. Paris, 1696.

7. D'azur à 2 clefs adossées d'argent, accomp. de 4 crosses posées en pal aux 4 cantons de l'écu et de 2 fleurs de lis, l'une en chef, l'autre en pointe.

Am. gén. Paris, 1696.

ALDAT, Dominique, chanoine de la collégiale Saint-Martin de Chablis.

Arm. comme ci-contre.

TONNERRE, les religieuses bénédictines, de l'abbaye de Saint-Pierre de Molosme dit Saint-Martin.

Arm comme ci-contre.

§ XLIX. — ÉCUS AYANT 3 FLEURS DE LIS.

1. D'azur à 3 fleurs de lis d'or.

Palliot, Vulson, etc.
Cri de guerre : MONTJOIE SAINT-DENIS.
Devise : *Lilia non laborant neque nent.*

DE FRANCE, le royaume et les rois depuis Clovis, 496, jusqu'à la seconde race, 752, et depuis Charles VI, 1380, jusqu'à Louis XVI, 1789, époque où finissent nos recherches.

Dans l'intervalle de 752 à 1380, l'écu de France a été d'azur semé de fleurs de lis d'or.

Palliot, p. 39, et Vulson, p. 235.
Les rois de France ont possédé, à diverses époques, un grand nombre de seigneuries dans l'étendue du département de l'Yonne.
D'après l'armorial des généralités de Paris et de Bourgogne, en 1696, portaient les armes de France :
1o Les officiers du présidial, de la prévôté et du grenier à sel de Sens ;
2o Les officiers du bailliage de Villeneuve-le-Roi ;
3o Les officiers de l'élection de Vézelay, avec cette inscription : ÉLECTION DE VÉZELAY ;
4o Les officiers du grenier à sel, et ceux du bailliage et chancellerie d'Avallon, avec cette inscription : SEEL D'AUALON.

2. D'azur à 3 fleurs de lis d'or, au lambel d'argent de 3 pendants.

Palliot, p. 108.

DE BOURBON-ORLÉANS, dont *Mademoiselle*, duchesse de Saint-Fargeau, baronne de Perreuse, etc.

Elle portait toutefois simplement de France, probablement parce qu'elle considérait que l'écu en lozange la dispensait de toute autre brisure.
Déy, hist. du comté de Saint-Fargeau.

3. D'azur à 3 fleurs de lis d'or, au bâton de gueules péri en bande.

P. Anselme, et tombeaux de Vallery.

4. D'azur à 3 fleurs de lis d'or, au bâton de gueules péri en bande, chargé d'un dauphin d'azur.

Thaumas de la Thaumassière, hist. du Berry.

Le P. Anselme dit la bande chargée en chef d'un croissant d'argent, ce qui peut être vrai pour quelques membres de la maison de Montpensier, mais qui ne s'applique pas à ceux qui ont été *dauphins*, comme gouverneurs du Dauphiné.

5. D'azur à 3 fleurs de lis d'or, à la bordure de gueules.

Vulson, p. 236.

6. D'azur à 3 fleurs de lis d'or, au lambel d'argent de 3 pendants en chef, et au bâton raccourci de même, en cœur.

Dict. nobl.

7. D'azur à 3 fleurs de lis d'or, à la bordure denchée d'argent sur gueules.

Palliot, p. 113.

8. D'azur à 1 lance antique posée en pal, soutenant une couronne ouverte, et à 3 fleurs de lis, le tout d'or.

DE BOURBON-CONDÉ, seign. de Vallery, de Ville-Thierry, etc.

P. Anselme.

— Seign. de Vermenton, etc.

Courtépée.

— Seign. de Venizy, 1640.

Duranthon, not. dans l'ann. de l'Yonne.

— Seign. de Montigny-le-Roi.

Statist. du comté d'Auxerre, 1670.

— Barons de Thury, XVe siècle.

Arch. de l'Yonne.

DE BOURBON-MONTPENSIER, princes dauphins, ducs de Saint-Fargeau, barons de Perreuse, etc.

Déy, hist. du comté de Saint-Fargeau.

1. DE BOURBON-CONTI, seign. engagistes de Mailly-le-Château.

Statist. du comté d'Auxerre, 1670.

2. DE BOURBON-SOISSONS, seign. de Noyers, XVIIe siècle, et le chevalier de Soissons, bâtard de Bourbon.

Dict. nobl. dict. hérald. et Guérard, notice dans l'ann. de l'Yonne.

DE BOURBON-ORLÉANS-LONGUEVILLE, seign. de Noyers, XVIe siècle.

Guérard, not. dans l'ann. de l'Yonne.

D'EST, Hippolyte, et Louis, cardinaux, abbés de Pontigny, XVIe siècle.

Chaillou des Barres, notice sur l'abbaye de Pontigny, ann. de l'Yonne, 1844, p. 177.

LE RICHE, famille de Sens.

Tarbé, arm. man.

Tarbé, arm. man.

Ces armes sont brodées sur un orne-
ment et sculptées sur un reliquaire donnés à la cathédrale de Sens par cette famille.

9. D'azur à 1 tour d'argent, maçonnée de guéules et accomp. de
3 fleurs de lis d'or.

Arm. gén. Bourg. 1696.

AVALLON, la prévôté.

Arm. comme ci-contre.

10. D'azur à 2 crosses d'or posées en sautoir et un écusson d'a-
zur brochant sur le tout chargé de
3 fleurs de lis d'or, 2 et 1, et accomp. en chef et en pointe de 2
églises d'argent et aux flancs de 2
mitres d'or doublées de gueules.

Arm. gén. Paris, 1696.

MOLESME, l'abbaye royale de
bénédictines, possesseurs de fiefs
dans le Tonnerrois.

Arm. comme ci-contre.

11. D'azur à 3 fleurs de lis d'or,
en pal, accostées de 2 crosses de
même, aussi en pal, accostées
elles-mêmes de 6 colombes d'argent 3 à dextre tournées à dextre,
3 à senestre tournées à senestre,
également en pal.

Tarbé, collection de gravures appartenant à la soc. des sciences historiq. de
l'Yonne, 1 vol. in-fº.

SENS, l'abbaye de Sainte-Colombe.

D'après l'arm. gén. Paris, 1696, les armes de l'abbaye sont: de gueules à 1 colombe d'argent.

§ L. — ÉCUS AYANT 4 FLEURS DE LIS, ET PLUS.

1. D'azur à 2 clefs d'or, les pennons en haut, passées en sautoir et
cantonnées de 4 fleurs de lis de
même.

Dom Cottron, S.-P., frontispice.

SENS, l'abbaye de Saint-Pierre-
le-Vif.

Dom Cottron, S.-P., p. 923.

2. D'or à 5 fleurs de lis d'azur en
sautoir.

Palliot, p. 431.

D'ARS, bailli de Sens, XIVᵉ siècle.

Lebeuf.

3. D'azur à 5 fleurs de lis d'or,
en sautoir.

Palliot, p. 552, et dict. hérald.

BRUNAUT-DES-LOGES, seign.
de Dannemoine.

Le Maistre, not. dans l'ann. de l'Yonne.

4. De sable au lion d'argent,
armé et lampassé de gueules, accomp. de 5 fleurs de lis d'or, 2

DE VILLEREAU, Pierre-Marc,
chevalier novice de Saint-Lazare,
demeurant à Sens, 1789.

en chef, 2 en flancs et 1 en pointe.

Tarbé, arm. man.

5. De gueules à la tour d'argent maçonnée de sable, accomp. de 6 fleurs de lis d'or posées en pal, 3 de chaque côté.

P. Anselme.

6. D'azur à la tour d'argent, maçonnée de sable, accomp. de 6 fleurs de lis d'or, 3 en chef, 1 en pointe et 2 en flancs.

Procès-verbal de rédaction de la coutume de Sens, 1555 ; gravure ancienne de la collection de la société des sciences historiques de l'Yonne ; cartulaire de la ville de Sens, 1571 ; et bulletin de la société archéologique de cette ville.

La devise était : URBS ANTIQUA SENONUM, NULLA EXPUGNABILIS ARTE, d'après une médaille frappée par les ligueurs de Sens et d'après l'inscription qui existait autrefois sur la porte Notre-Dame de cette ville.

7. De gueules au rai d'escarboucle, pommeté et fleurdelisé d'or, de 8 pièces, enté en cœur d'argent à l'escarboucle de sinople.

Arm. du Nivernais.

8. D'azur au rai d'escarboucle pommeté et fleurdelisé d'or, de 8 pièces.

Dict. hérald.

9. De gueules au dextrochère armé d'argent mouvant du flanc senestre, portant une bannière d'azur semée de fleurs de lis d'or, la trabe aussi d'argent.

Palliot, p. 637.

Tarbé, arm. man.

D'ALÈGRE, comtes de Joigny.

P. Anselme.

— Seign. de Précy.

Salomon et F. Servier, notice dans l'ann. de l'Yonne.

D'après ce dernier auteur, le nom serait Tourzel d'Alègre.

SENS, la ville.

Comme ci-contre.

Les armoiries de la ville de Sens, étaient autrefois, d'après un sceau, conservé aux archives impériales, sous le no 51,316, une forteresse composée d'un mur d'enceinte renfermant 3 tours, avec une porte sur laquelle on lit : SEN.

Voir § 66, no 13.

DE CLÊVES, comtes d'Auxerre, barons de Donzy d'où relevaient beaucoup de lieux compris dans le département de l'Yonne, seign. de Dixmont, Saint-Florentin, Ervy, Dannemoine, Lucy.

P. Anselme.

DE VEILHAN, seign. de Merry-sur-Yonne, Migé, Blannay, le Perchin, Mouffy, etc.

Coutume d'Auxerre.

—Seign. de Mailly-Château, 1598.

Courtépée.

— Seign. de Digoigne, XVIe et XVIIe siècle.

Arch. de l'Yonne.

CHAMONT, seign. de Villiers-Vineux, XVIIIe siècle.

C. Dormois, notice dans le bull. de la soc. hist. de l'Yonne.

10. D'argent à 1 ours rampant de sable contre un rocher de sinople semé de fleurs de lis d'or.

Palliot, p. 512.

DE SENNEMONT, seign. de Villiers-Vineux, xvie siècle.

C. Dormois, notice dans le bull. de la soc. hist. de l'Yonne.

§ LI. — ÉCUS AYANT UN HOMME COMPLET.

1. D'azur à 1 figure de Notre Seigneur Jésus-Christ de carnation, vêtue d'or et étendant les deux bras.

Arm. gén. Paris, 1696.

SENS, le séminaire.

Arm. comme ci-contre.

2. D'azur à 1 vierge d'or, tenant l'enfant Jésus de même, et assise sur une nuée d'argent.

Arm. gén. Paris, 1696.

SENS, le prieuré Notre-Dame-du-Charnier.

Arm. comme ci-contre.

3. D'azur à 1 Notre-Dame d'or les bras étendus en croix et posée sur des nuages aussi d'or.

Arm gén. Bourg, 1696.

MONTRÉAL, la collégiale.

Arm. comme ci-contre.

4. D'azur à 1 sainte Vierge tenant l'enfant Jésus sur son bras senestre, d'argent, accomp. en pointe de 2 plantes de fleurs d'or.

Arm. gén. Paris, 1696.

VALPROFONDE, la chartreuse.

Arm. comme ci-contre.

5. D'azur à une annonciation de la sainte Vierge d'or.

Arm. gén. Paris. 1696.

SENS, les Annonciades.

Arm. comme ci-contre.

6. D'azur à 1 assomption de Notre-Dame d'or.

Arm. gén. Bourg. 1696.

MONTRÉAL, le chapitre de la collégiale.

Arm. comme ci-contre.

7. De ... à 1 Notre-Dame de ... tenant une fleur de ... sur un pont à 4 arches de ...

Sceau d'une charte de 1511, arch. de l'Yonne, fonds Pontigny.

PONTIGNY, l'abbaye.

Comme ci-contre.

8. De ... à 2 noyers enlacés de ... soutenant une sainte Vierge tenant l'enfant Jésus de ...

Empreinte sur la reliure des livres donnés en prix par les doctrinaires de Noyers.
Courtépée, VI, p. 448, dit que les armes de Noyers étaient une Notre-Dame entourée de branches de noyer, et M. Quantin cite une plaque de cuivre possédée par un amateur de Noyers, qui présente cet emblème.

NOYERS, la ville.

Empreinte comme ci-contre. Les armes des Doctrinaires figurent sur la couverture opposée, voir § 75, no 3.

9. D'azur à un saint Joseph tenant de sa main dextre l'enfant Jésus et de sa main senestre une tige de lis, le tout d'or sur une terrasse de même.

Arm. gén. Paris, 1696.

VILLENEUVE-LE-ROI, les Bénédictines.

Arm. comme ci-contre.

10. D'azur à un saint Jean-Baptiste d'or.

Arm. gén. Paris, 1696.

SENS, couvent des chanoines réguliers de l'abbaye Saint-Jean.

Arm. comme ci-contre.

11. D'azur à un saint Paul d'or tenant de sa main senestre une épée d'argent, la pointe en bas.

Arm. gén. Paris 1696

SENS, l'abbaye Saint-Paul.

Arm. comme ci-contre.

12. De pourpre à 1 saint Jean-Baptiste d'or.

Arm. gén. Bourg. 1696.

BOISSEAN, Jean, curé de Tanlay.

Arm. comme ci-contre.

13. D'azur à 1 saint Nicolas d'or.

Arm. gén. Paris, 1696.

VILLENEUVE-LE-ROI, la communauté des procureurs au bailliage.

Arm. comme ci-contre.

14. D'azur à 1 saint Nicolas d'or.

Arm. gén. Bourg. 1696.

NICAI, Nicolas, procureur du roi en la châtellenie de Montréal.

Arm. comme ci-contre.

15. D'azur à 1 saint Nicolas vêtu pontificalement et donnant sa bénédiction à 3 enfants dans une cuvette posée à dextre en pointe, sur une terrasse, le tout d'or.

Arm. gén. Paris, 1696.

SENS, les procureurs au bailliage.

Arm. comme ci-contre.

16. D'azur à 1 saint Remi vêtu pontificalement, tenant de la main dextre une ampoule ou fiole, et de la senestre une crosse, le tout d'or sur une terrasse de même.

Arm. gén. Paris, 1696.

SENS, l'abbaye Saint Rémi.

Arm. comme ci-contre.

17. D'azur à 1 saint Benoît d'or.

Arm. gén. Paris, 1696.

TONNERRE, les Bénédictines.

Arm. comme ci-contre.

18. D'azur à 1 saint Benoît vêtu de l'habit de son ordre, tenant une crosse de sa main dextre, le tout d'or sur une terrasse de même.

Arm. gén. Paris, 1696.

SENS, les bénédictines.

Arm. comme ci-contre.

19. D'azur à 1 saint Sixte, pape, vêtu pontificalement, la tiare en tête et tenant de sa main dextre une haute croix, à triple traverse, le tout d'or.

Arm. gén. Paris, 1696.

SIXTE, le prieuré, près de Pont-sur-Yonne.

Arm. comme ci-contre.

20. D'azur à 1 saint Bernard revêtu d'un surplis et portant une aumusse sur le bras senestre, le tout d'or.

Arm. gén. Bourg. 1696.

MONTRÉAL, le prieuré Saint-Bernard.

Arm. comme ci-contre.

21. De gueules à une sainte Ursule d'or avec cette inscription autour de l'écu :

DU MONASTÈRE DE SAINTE URSULE DE NOYERS.

Arm. gén. Bourg., 1696.

NOYERS, les Ursulines.

Arm. comme ci-contre.

22. De... à 1 martyre de saint Étienne de ...

Sceau d'une charte de 1431, arch. de l'Yonne.

AUXERRE, la cour du doyen.

Charte de 1431, arch. de l'Yonne.

23. De... à un saint Pierre crucifié la tête en bas de ... accosté de 2 clefs de ...

Sceau des archives de l'Yonne.

AUXERRE, le couvent de Saint-Pierre.

Sceau des arch. de l'Yonne.

24. D'or à 1 reine de carnation, échevelée et couronnée du champ, vêtue de gueules, les bras élevés en croix, assise sur un ours de sable.

Palliot, p. 675.

SOBIESKI, roi et prince de Pologne, seign. de Maligny.

De Bastard, notice dans l'ann. de l'Yonne.

25. D'azur au chevalier d'or, l'épée au poing.

Cat. Et. de Bourg.
L'arm. gén. Bourg. 1696, décrit ainsi pour Etienne Champion :
D'azur à 1 champion ou homme posé de profil, armé d'un casque et cuirassé, tenant de sa main droite une épée levée et de sa gauche un bouclier, le tout d'or, ce qui est plus complet et conforme à la figure du cat. des élus aux états de Bourg.

CHAMPION, famille d'Avallon, dont Étienne, écuyer, lieutenant particulier au bailliage de cette ville, et Claude, maire, élu aux états de Bourgogne de 1745.

Cat. Et. Bourg.

— Seign. d'Annéot, d'Etaule, Menade, Précy-le-Mou et Tharoiseau.

Courtépée, VI, p. 4, 16, 25, 32, 51.

26. D'argent à 1 cordelier au naturel.

Arm. gén. Paris, 1696.

CORDELIER, Christophe, curé de Chaumot.

Arm. comme ci-contre.

27. D'azur à 1 Saturne ou vieillard ailé d'argent, tenant une faux et ayant une horloge sur la tête de même.

Arm. gén. Paris, 1696.

DE BIENCOURT, seign. de Potrincourt, demeurant à Sens.

Arm. comme ci-contre.

28. De ... à un personnage debout, au flanc dextre de l'écu, tenant de sa main dextre un sceptre et de la main senestre une croix de passion sur le chef de l'écu, et au flanc senestre 2 pénitents agenouillés ; le tout de ... sommé d'une étoile de ...

Sceau d'une charte de 1338, arch. de l'Yonne.

AUXERRE, le couvent des frères prêcheurs.

Charte de 1338, arch. de l'Yonne.

29. De ... à 1 personnage assis sur un siége à têtes d'animaux, de...

Sceau d'une charte de 1388, arch. de l'Yonne, fonds historique.

AVALLON, la prévôté.

Comme ci-contre.
Le contre-sceau, aux armes de Bourgogne, ancien et moderne, porte en exergue: CONTRA SIGILLUM CURIE DUCIS BURGONDIE.

30. D'argent à 1 mort de sable posé en bande.

Arm. gén. Paris, 1696.

MOREAU, Edme, curé de Vergigny.

Arm. comme ci-contre.

§ LII. — ÉCUS AYANT DES PORTIONS D'HOMME.

1. D'azur à 1 buste de la sainte Vierge posée de profil et contournée d'argent, diadémée de même.

Arm. gén. Paris, 1696.

VIEUXPOU, le prieuré.

Arm. comme ci-contre.

2. D'azur à 1 buste de femme la gorge découverte d'argent.

Arm. gén. Paris, 1696.

DE LA GORGETTE, François, curé de Lucy-le-Bois.

Arm. comme ci-contre.

3. D'azur à 1 tête d'ange d'argent et 1 bordure d'or.

Arm. gén. Paris, 1696.

JOLY, Robert, lieutenant en la prévôté de Sens.

Comme ci-contre.

4. D'azur à 1 chef de saint Lazare d'or.

Arm. gén. Bourg. 1696.
On retrouve la figure de cet écu dans une charte, XIIIe siècle, des archives de l'Yonne.

AVALLON, le chapitre de la collégiale.

Arm. comme ci-contre.

5. De gueules à la tête humaine d'argent aux poils levés d'or.

Palliot, p. 65.

DE PELLEVÉ, dont Nicolas, archevêque de Sens, 1564-1592.

Cornat.

Il écartelait au 1 et 4 de Pellevé, au 2 et 3 semé de France d'après le man. de la ville de Sens, et d'argent semé de fleurs de lis de sable d'après la galerie du chapitre.

6. D'azur à 1 fasce d'homme d'argent ayant la bouche ouverte.

Arm. gén. Paris, 1696.

BAILLOT, curé de Vertilly.

Arm. comme ci-contre.

7. De gueules à 1 tête de maure d'argent bandée de sable.

Arm. gén. Paris, 1696.

DE CAMUS, César-Martial, curé de Saint-Maurice-aux-Riches-Hommes.

Arm. comme ci-contre.

8. D'argent à 1 tête de maure de sable, tortillée d'argent.

Dict. gén. hérald.

BRUNET, dont Pierre, en faveur de qui la terre de Serrigny, bailliage d'Avallon, fut érigée en comté au mois d'octobre 1700.

Dict. gén. hérald.

9. D'or à 1 tête de maure de sable posée de profil, tortillée d'argent.

Arm. gén. Bourg. 1696.

MOREAU, Jean, vicaire en l'église Notre-Dame de Noyers.

Arm. comme ci-contre.

10. De ... à une tête casquée de ... entourée d'un filet oval.

Sceau d'une charte de 1236, arch. de l'Yonne.

C. S. HÉLIE, abbé de Sainte-Colombe de Sens.

Charte de 1236, arch. de l'Yonne.

11. De sable à 1 tête de mort d'argent, accomp. de 3 croisettes ancrées d'or.

Arm. gén. Paris, 1696.

DE MALPENÉ, curé de Villiers-Louis.

Arm. comme ci-contre.

12. D'azur à 1 aigle à 2 têtes d'or surmontée d'un soleil de même qui est accosté de 2 têtes de pucelles d'argent, posées en fasce.

Arm. gén. Bourg. 1696.

RENAUDIN, Pierre, procureur du roi en la prévôté d'Auxerre.

Arm. comme ci-contre.

13. D'or à 1 mûrier de sinople sur une motte de même surmontée de 2 têtes de maures de sable, bandées d'argent et posées de profil.

Arm. gén. Paris, 1696.

MOREAU, Jacob, avocat à Saint-Florentin et autres.

Arm. comme ci-contre.

14. De gueules à 1 tour d'or, chargée de 3 têtes de maures de sable bandées d'argent.

DE GONDRIN, dont Louis-Henri, archevêque de Sens, 1646-1674.

Cornat.

Vertot.

L'archevêque écartelait, au 1 et 4 écartelé d'or au château donjonné de 3 pièces de gueules, accomp. en chef de 3 têtes de maures de sable tortillées d'argent, et d'argent à 3 fasces ondées d'azur; sur le tout d'argent au lion de gueules accomp. de 7 écus de sinople à la fasce d'or en orle; au 2 et 3 comme Octave de Bellegarde, son prédécesseur, voir 69-37.

Julliot.

15. De sable à 3 têtes de mort d'argent mal ordonnées.

Arm. gén. Paris, 1696.

MORIZET, Antoine, curé de Vaumort.

Arm. comme ci-contre.

16. D'argent au dextrochère de gueules, mouvant d'une nuée d'azur, et tenant une poignée de vesces de sinople.

Palliot.

BABOU, dont Philbert, évêque d'Auxerre, 1563-1570, cardinal de la Bourdaisière.

Il écartelait au 1 et 4 de Babou, au 2 et 3 parti : pallé de gueules et d'azur et pallé de sinople et d'argent.
Lebeuf, 2e édition.
D'après D. Viole, p. 440, la main est d'or et les cantons 2 et 3 sont partis, au 1er de gueules au pal d'argent, au 2 de sinople au pal d'argent.

17. D'or à 1 bras de carnation.

Arm. gén. Paris, 1696.

DE BRIE, Louis, valet de limiers chez le roi, demeurant à Tonnerre.

Arm. comme ci-contre.

18. D'azur à 1 main d'argent mouvant à senestre d'une nuée de même, tenant un cœur de gueules et surmontée de 2 étoiles d'or.

Palliot.
D'après D. Viole, p. 446, le nuage et le cœur sont d'or.

DE DONNADIEU, François, évêque d'Auxerre, 1599-1625.

D. Viole et Lebeuf.

19. D'argent à 1 main de carnation, posée en fasce et tenant une rose de gueules.

Arm. gén. Bourg. 1696.

RAUDOT, Joseph, médecin à Avallon.

Arm. comme ci-contre.

20. D'argent à 2 grappes de raisins de pourpre mouvantes des angles du chef en bande et contre-bande et 1 main indiquante de carnation, mouvante de la pointe.

Arm. gén. Paris, 1696.

LECHAT, Marguerite, veuve de Michel Sallot, garde-porte de S. A. R. *Monsieur*, de Joigny.

Arm. comme ci-contre.

21. D'azur à 1 main d'argent posée en fasce et tenant un demi-vol aussi d'argent.

Tarbé, arm. man.

TENELLE, famille de Sens.

Tarbé, arm. man.
Voir no 29.

Il écartelait de diverses familles, d'après l'arm. man. de la ville de Sens.

Ces armes étaient sculptées sur la clef de voûte de la porte de la maison Tenelle, rue du Cheval-Rouge, en face de l'hôtel-de-ville de Sens.

22. D'azur à 1 main d'argent parée d'or et empoignant un bourdon de même posé en pal et accomp. de 4 coquilles oreillées et cantonnées d'argent.

Arm. gén. Paris, 1696.

JACQUEMAIN, Jean-Baptiste, notaire royal à Villeneuve-le-Roi.

Arm. comme ci-contre.

23. De ... à 1 main de .. mouvante du flanc senestre, tenant une crosse de ... le tout dans un cercle de ...

Sceau d'une charte de 1513, arch. de l'Yonne.

A. DE RIGNY, abbé de Vauluisant.

Charte de 1513, arch. de l'Yonne.

24. D'azur à 1 foi d'argent parée d'or, posée en bande et accostée de 2 colombes d'argent, becquées et membrées de gueules, 1 en chef et 1 en pointe.

Arm. gén. Paris, 1696.

VILLENEUVE-LE-ROI, la communauté des notaires.

Arm. comme ci-contre.

25. De gueules à 1 agneau pascal accomp. à dextre de la lettre capitale F et à senestre de la capitale R en chef, et en pointe d'une foi le tout d'argent.

Arm. gén. Bourg. 1696.

ROUSSEAU, Philibert, notaire royal au bailliage d'Avallon.

Arm. comme ci-contre.

26. D'azur à 1 foi de carnation parée d'argent, posée en chef abaissée et soutenue d'un cygne aussi d'argent, becqué et membré de sable.

Arm. gén. Paris, 1696.

SENS, la communauté des notaires royaux.

Arm. comme ci-contre.

27. D'argent à 1 foi de carnation posée en fasce et accomp. de 3 pommes de sinople.

Arm. gén. Paris, 1696.

LEMOCE, Droin, receveur des consignations à Villeneuve-le-Roi.

Arm. comme ci-contre.

28. D'argent à 2 mains de carnation, appointées et mouvantes en bande de l'angle dextre du chef à l'angle senestre de la pointe.

Arm. gén. Paris, 1696.

DU SACQ, Pierre, chanoine de Sens.

Arm. comme ci-contre.

29. D'azur à 1 cœur d'or accosté de 2 mains de carnation chacune tenant un demi-vol d'or, accomp. en chef d'un croissant d'argent, accosté de 2 étoiles de même, et en pointe d'une levrette courante aussi d'argent.

Arm. gén. Paris, 1696.

30. D'argent à 6 mains dextres de gueules, les doigts en bas, 3, 2, 1.

Dict. nobl.
La devise est: *L'effroi des Sarrasins.*

TENELLE, Claude, conseiller du roi, élu de Sens.

Arm. comme ci-contre.
Voir n° 21.

DU MESNIL-SIMON, seign. de Fouronnes.

Arch. de l'Yonne.

— Seign. de Neuilly.

Dict. nobl.

§ LIII. — ÉCUS AYANT 1 LION COURONNÉ.

1. D'or au lion de gueules couronné de même.

Dict. nobl. I, p. 120.
L'archevêque de Sens écartelait au 1 et 4 d'azur à 4 chainons d'or en sautoir, retenus en cœur par 1 anneau d'argent; au 2 et 3 d'or au lion de gueules qui est Albert de Luynes.
Grille du chœur, galerie du chapitre de Sens, et Julliot.

2. D'or au lion d'azur, armé, lampassé et couronné de gueules.

Dict. nobl.

3. D'or au lion de sable, armé, lampassé et couronné de gueules.

Tarbé, arm. man.

ALBERT, Audoin, évêque d'Auxerre, 1351-1352.

Lebeuf.

ALBERT DE LUYNES, Paul, archevêque de Sens, mort 1788.

Tarbé.

— Charles-Philippe, comte de Noyers, 1710, et ses successeurs jusqu'en 1789.

Guérard, notice dans l'ann. de l'Yonne.

DE GRANCEY, seign. de Chassignelles et de Fulvy, 1539.

Arch. de l'Yonne, cart. du comté de Tonnerre.

— Guy, gouverneur de Bourgogne, seign. de Pisy, 1370.

Breuillard.

— Seign. de Cussy-les-Forges, XVIe siècle.

Courtépée, VI, p. 14.

— Seign. de la Chapelle-lès-Sennevoy, 1527.

Arch. de l'Yonne, invent. du comté de Tonnerre.

DE PEICHPEROU, seign. de Trevilly.

Tarbé, arm. man.

4 De gueules au lion d'or, couronné de même, armé et lampassé d'azur.

P. Anselme.

DE PONTALLIER, seign. de Brienon-les-Allemands, fief mouvant de la baronnie de Perreuse, XVIᵉ siècle.

Déy, géogr. féod. de la baronnie de Perreuse.

5. De gueules au lion d'hermines, armé, lampassé et couronné d'or.

P. Anselme.
Devise : *Je ne le cède à nul autre.*

DE CHABANNES, seign. de Saint-Fargeau, barons de Perreuse, etc.

Déy, hist. du comté de Saint-Fargeau.

— Seign. de Vincelles, de Vincelottes, 1488, de Bazarne, Mezilles, Septfonts, Saint-Privé, XVᵉ siècle, de Charny, Lanfernat, Piffonds.

Arch. imp.

6. D'azur au lion d'or, couronné, armé et lampassé de gueules.

Arm. gén. Orléans, 1696.

DE GOULARD, dont Henri, seign. de la Brûlerie près de Rogny.

Arm. comme ci-contre.

7. D'azur à un lion d'or, couronné de même tenant entre ses pattes de devant 1 croix d'argent.

Arm. gén. Bourg, 1696.

FAJOT, Claude, curé de Saint-Pierre-en-Château d'Auxerre.

Arm. comme ci-contre.

8. De sable au lion d'argent, lampassé, armé et couronné d'or.

Arm. univ. et Tarbé, arm. man.
Palliot, p. 421, dit seulement : de sable au lion d'argent, et l'arm. gén. Paris, 1696 ; de sable au lion d'or, couronné de même, armé et lampassé de gueules.

DE BIENCOURT, seign. de la Motte de Marsangy.

Tarbé, arm. man.

9. De sable au lion d'argent, couronné d'or, armé et lampassé de gueules.

De Caumartin, arm. univ. et dict. hérald.

DE HARLUS, seign. de Vertilly.

Tarbé.

§ LIV. — ÉCUS AYANT 1 LION NON COURONNÉ.

1. D'or au lion de gueules.

Vertot pour les deux.
Duchesne, p. 302, dit d'azur au lion d'or pour de Garges.

1. DE GOUÉ, seign. de Villeneuve-la-Guyard.

Dict. nobl.

2. DE GARGES-MACQUELINES, chevalier de Malte au diocèse d'Auxerre.

2. D'or à 1 lion de gueules, accomp. de 3 arbres arrachés de sinople.

D'Hozier, arm. gén.

3. D'or à 1 lion de gueules, à l'orle de 8 coquilles d'azur.

P. Anselme, I, p. 544-545.

4. D'or au lion d'azur.

Palliot, p. 129.

5. D'or à 1 lion d'azur.

Arm. gén. Paris, 1696, qui ajoute, pour Chopin de Beauvais, écuyer à Sens, que le lion est armé et lampassé de gueules.

6. D'or à 1 lion naissant d'hermines.

Arm. gén. Paris, 1696.

7. D'argent au lion de gueules.

Arm. des arch de Sens de M. Julliot pour Charny; Dict. nobl. et hist. du Berry pour d'Anglars; P. Anselme pour D'Armagnac.

8. D'argent au lion de gueules, accomp. à dextre, en haut de l'écu, d'une molette de même.

Dict. hérald.

9. D'argent au lion d'azur, armé et lampassé de gueules.

Dict. hérald.

10. D'argent au lion de sable.

Cat. Et. de Bourg. pour Aulnay, tombe de l'église Saint-Eusèbe d'Auxerre pour Polastron L'épitaphe est ainsi conçue :

LE BAS DU PLESSIS, seign. du Plessis-Saint-Jean, de Pailly, etc.

D'Hozier, arm. gén.

DE DAMPIERRE, *sire du Bourbon ancien*, Archambaud, IX, comte de Nevers, d'Auxerre et de Tonnerre, et sa fille Mahauld avant son mariage avec Eudes de Bourgogne, XIIIe siècle.

P. Anselme, comme ci-contre.

DE ROUSSY, seign. de Grandchamp, XVIe siècle.

Coutume d'Auxerre.

CHOPIN DE LA TOUR, écuyer à Saint-Florentin.

Arm. comme ci-contre.

MIGEY, Ayoul, curé de Grange-le-Bocage.

Arm. comme ci-contre.

1. DE CHARNY, archevêque de Sens, mort 1274.

Tarbé.

2. D'ANGLARS, seign. de Sementron, XVIIIe siècle.

Dict nobl.

3. D'ARMAGNAC, seign. de Saint-Florentin, d'Ervy, de Pont-sur-Yonne, Dannemoine, XVe siècle.

P. Anselme.

DE ROBEC, seign. de Dommecy-sur-le-Vault, XVIIe siècle.

Courtépée, VI, p. 15

D CHEVIGNY, Jean, seign. de Blot, de Sceaux et de Bonnevaux, XVe siècle.

Breuillard.

1. AULNAY, seign. d'Arcy, XVIe siècle.

Courtépée e tBruand, not. dans l'ann. d e 'Yonne.

CY GIT
DAME MADAME MARGUERITE
DE POLASTRON, DOUAIRIÈRE
DE MESSIRE JEAN DE CONTAUD
CHEVALIER, BARON DE COULANGE-
LA-VINEUSE, SEIGNEUR DU VAL-
DE-MERCY ET AUTRES LIEUX
DÉCÉDÉE LE 16 MARS 1783,
AGÉE DE 84 ANS.

11. D'argent au lion de sable armé et lampassé de gueules.

Palliot, p. 676, pour du Bos; Dict. nobl. pour Lyée de Chancy.
Tarbé, arm. man. et dict. hérald. pour Mesgrigny.

12. De gueules à 1 lion d'or.

Arm. gén. Paris, 1696.

13. De gueules à 1 lion d'or contourné de même.

D'Hozier, arm gén.

14. De gueules au lion d'argent.

Thaumas de la Thaumassière, hist. du Berry.

15. De gueules à 1 lion passant d'argent.

Arm. gén. Bourg. 1696, et Cat. Et. de Bourg.

— Seign. d'Arcy, XVIIe siècle.

Statist. du comté d'Auxerre, 1670.

— Seign. de Digoigne, en Auxerrois, 1683.

Arch. de l'Yonne.

2. DE POLASTRON, dont Marguerite, veuve Contaud.

Tombe, comme ci-contre.

1. DU BOS, bailli de Sens et d'Auxerre, 1398-1412.

Lebeuf, hist. civ. Il dit, page 550, de la deuxième édition, que le bailli du Bos avait pour armes un lion grimpant, selon les sceaux qui restent de lui.

2. LYÉE DE CHANCY, seign. de Treigny et de Ratilly, XVIIIe siècle.

Déy, géographie féod. de la baronnie de Perreuse

3. DE MESGRIGNY, seign. de Villeneuve, de Vaudeurs et d'Aunay.

Tarbé; arm. man.

DE BOCCASSE, Pierre, écuyer, seign. de Pont, capitaine de la ville et château de Joigny.

Arm. comme ci-contre.

SAUCIÈRES DE TENANCE, seign. de Sérigny, de Fontaine-Géry, Marchais-Beton, Pensefolie et la Cour-Alexandre.

D'Hozier, comme ci-contre.

— Seign. de Fleye.

Courtépée.

SORBIER, seign. de la Motte-Levault, paroisse de Saint-Privé, gouverneur de Dammartin.

Déy, hist. du comté de Saint-Fargeau.

DE LA VILLETTE, Georges, écuyer, seign. de la Motte de Chemilly.

Arm. comme ci-contre.

— Seign. de Fontenailles.

Cat. comme ci-contre.

16. De gueules à 1 triangle alaisé et renversé d'or, chargé sur les angles de 3 molettes de sable, 1 lionceau d'argent en abyme et 1 croissant de même en pointe.

Arm. gén. Bourg: 1696.

17. De gueules au lion rampant de sable contre 1 colonne de gueules, du côté senestre.

Palliot, parl. Bourg , p. 240. Il y a erreur sans doute dans la nature des émaux.

18. D'azur au lion d'or.

P. Anselme.

19. D'azur au lion d'or, armé et lampassé de gueules.

Palliot, p. 418, et arm. hist.

20. D'azur au lion d'or, accomp. de 3 étoiles de même.

Palliot, parl. de Bourg.

21. D'azur au lion d'or, accomp. en chef d'une étoile d'or et en pointe d'une palme en bande, le tout de même.

Dict. hérald.

22. D'azur à 1 lion d'or posé sur un rocher d'argent tenant dans ses deux pattes une branche de tournesol de sinople fleurie d'or, accostée au canton dextre d'un soleil d'or.

Dict. nobl.

23. De sinople au lion d'or, armé et lampassé de gueules.

Tarbé, arm. man.

FORESTIER, François-Etienne, chanoine d'Avallon, et Antoine, curé d'Athie.

Arm. comme ci-contre.

NORMAND , famille originaire d'Avallon, dont Pierre, conseiller aux requêtes, et Jean-François, procureur du roi au bailliage d'Avallon, puis conseiller laïc au parlement de Dijon, le 25 janvier 1745; mort à Avallon en 1756.

Pailliot, parl. Bourg. et suites manuscrites de l'exemplaire de la bibl. de la ville d'Auxerre.

DE BEAUMONT, seign. de Charny, XIVe siècle.

Déy, hist. du comté de Saint-Fargeau.

DE SAULX-TAVANNES, seign. de Sermizelles.

Courtépée, VI, p. 48.

BOURGEOIS, seign. de Chastenay et de Saint-Léger-du-Fourcheret, XVIe siècle.

Palliot, parl. Bourg.

QUATRESOUS DE LA MOTTE, seign. de Bernouil, Cheney, Lasson.

Arch. de l'Yonne.

RADIX, Claude-Mathieu, écuyer, seign. de Chevillon et de Laferté-Loupière, XVIIIe siècle.

F. Servier, notice dans l'ann. de l'Yonne, et dict. nobl.

DU TROUSSET D'HÉRICOURT, François-Bénigne, abbé de Saint-Germain d'Auxerre, le 15 juin 1758, de Saint-Michel de Ton-

24. De sinople à 1 lion d'argent lampassé et armé de gueules.

Arm. gén. Paris, 1696.

25. De pourpre à 1 lion d'or rampant, grimpant sur un rocher d'argent du côté dextre de l'écu.

D'Hozier, arm. gén. III, p. 424.

26. De ... au lion de ...

Sceau d'une charte de 1300, fonds Chitry, arch. de l'Yonne, pour Durnay; D. Viole, vol. I, p. 480, pour Chauderon; sceau d'une charte de 1268, fonds Pontigny, arch. de l'Yonne, pour Lignoreille; sceau de chartes de 1211 et 1263, arch. de l'Yonne, fonds Pontigny, pour Noyers; sceau d'une charte de 1300, arch. de l'Yonne, fonds Joigny, pour de Brenne; tombe de l'église de Villeneuve-l'Archevêque, pour Sachet.

nerre et de Saint-Martin de Molosme.

Henry, hist. de l'abbaye de Saint-Germain.

BOLAIRE, Jeanne, veuve de Paul-Léonard de Remigny, chevalier, seign. de Joux.

Arm. comme ci-contre.

ORRY, *comtes de Vignory*, seign. de Fulvy, de Villiers-les-Hauts, etc.

D'Hozier, comme ci-contre.

— Seign. de Fulvy, XVIIIe siècle, de Châtel-Gérard, etc.

Arch. de l'Yonne.

1. DE DURNAY, Marguerite, dame de Chitry.

Charte de 1300, comme ci-contre.

2. CHAUDERON, Guillaume, doyen du chapitre Saint-Etienne d'Auxerre, 1305-1306.

D. Viole, comme ci-contre.

3. DE LIGNOREILLE, Jean, seign. de Lignorelles.

Charte de 1268, comme ci-contre.

4. DE NOYERS, Miles, seign. de ce lieu.

Chartes de 1211 et de 1263, arch. de l'Yonne, fonds Pontigny.
Voir § 66, no 10.

5. DE BRENNE, Agnès, comtesse de Joigny.

Charte de 1300, comme ci-contre.

— Erard et autres, seign. de Venizy, XVIIIe siècle.

Duranthon, notice dans l'ann. de l'Yonne.

6. SACHET, Agnès, femme d'André Cochois, morte à Villeneuve-l'Archevêque, le 11 janvier 1661.

Tombe de l'église de Villeneuve-l'Archevêque.

DE MAISY, seign. de Chitry.

Charte, XIIIe siècle, des arch. de l'Yonne.

27. De... à un lion passant de ...

Sceau d'une charte, XIIIe siècle des archives de l'Yonne, et d'une autre 1381.

28. De sable au lion naissant d'or, armé, lampassé et couronné d'argent.

Arm. gén. Paris, 1696.

— Alix, femme d'Erard de Villiers, seign. de Chitry.

Charte de 1381, comme ci-contre.

DE LA MOTTE, conseiller au présidial de Sens.

Arm. comme ci-contre.

§ LV. — ÉCUS AYANT PLUSIEURS LIONS.

1. D'or à deux lions de gueules passant l'un sur l'autre.

Dict. nobl. Palliot, p. 170.

DE BLANCHEFORT, seigneur de Sergines, XVIIe siècle.

Dict. nobl. et arm. man. Tarbé.

— Seign. de Chitry, XVIIe siècle.

Dict. nobl.

2. D'or à deux lions de gueules passant à senestre.

Tarbé, arm. man. d'après d'Hozier.

DE TREIGNAC, dont Jean-Louis, chevalier, et Louis-Henri, ancien lieutenant de vaisseau, demeurant à Sens, 1789.

Tarbé, arm. man.

3. D'argent à l'arbre de sinople, accosté de 2 lions de gueules.

Arm. univ. et arm. man. Tarbé.
D'après ce dernier, l'un des membres de la famille écartelait au 1 et 4 de Bessuéjouls, et au 2 et 3 d'azur à 3 rocs d'échiquier d'or qui est de Roquelaure.

BESSUÉJOULS-DE-ROQUELAURE, seig. de Saint-Valérien, 1789.

Tarbé.
Cette maison n'étant pas la même que celle du maréchal de Roquelaure, c'est à tort que M. Bardot, dans une notice de l'ann. de l'Yonne, lui a attribué les armes de cette dernière.

4. D'argent à l'arbre de sinople, accosté de 2 lions de sable, affrontés et grimpants, le tout sur une terrasse aussi de sinople.

Tarbé, arm. man.

DE JUSSY, dont Antoine-Blaise, chevalier de Saint-Louis, ancien capitaine, Claude François et François-Antoine, lieutenants des grenadiers royaux, demeurant à Sens, 1789.

Tarbé, arm. man.

5. De gueules à 3 lions d'argent, armés, lampassés et couronnés d'or.

Arm. univ. pour Dupé; Palliot, p. 215, pour Savigny.

De gueules à 3 lionceaux d'argent.

Dict. hérald.

1. DUPÉ, seigneur de Tannerre, de Louesme, du Parc-Vieil, l'un gouverneur d'Auxerre, XVe et XVIe siècle.

Déy, hist. du comté de Saint-Fargeau.

2. DE Savigny, seign. de Quenne, XVIe et XVIIe siècle.

De gueules à 3 lions d'or.

Arm. gén. Paris, 1696.

6. De gueules, à 3 têtes de lion arrachées d'or.

Palliot, p. 67.

7. D'azur à 3 lions d'or.

Arm. gén. Paris, 1696.

8. D'azur à 3 lions passants l'un au-dessus de l'autre d'or.

D'Hozier, arm. gén. III. p. 481.

9. De... à 3 lions de...

Tombes de l'église de Chêne-Arnoult, et litre de la même église.

Arch. de l'Yonne.

On pourrait croire que ce dernier est un Dupé, né de seigneurs de Savigny.

DU MAS, Gaston, seign. de Villiers-Vineux, 1500.

Arch. de l'Yonne.

Voir, pour la même famille, § 15, n° 13, un autre écu indiqué par le dict. nobl.

DE VIEILCHATEL, Gabrielle, demoiselle à Joigny.

Arm. comme ci-contre.

SACRISTE DE TOMBEBEUF, seigneur de Grandchamp.

D'Hozier, comme ci-contre.

— Seigneur de Tannerre, XVIIIe siècle.

Déy, hist. du comté de Saint-Fargeau.

DE NAVINAULT, seigneur de Chêne-Arnoult, etc., ainsi qu'il résulte de l'épitaphe suivante de l'église de ce lieu :

CY-GIST DAME MAGDELAINE DE VIEVRE, EN SON VIVANT FEMME EN PREMIÈRES NOPCES DE FEU MESSIRE VRIN-LE-FORT, EN SON VIVANT CHEVALIER, SEIGNEUR DE CHESNE-ARNOUX, LA MOTTE DES PREZ, LES VICOMTIÈRES ET CHESNEVANE ET EN SECONDES NOPCES DE MESSIRE ANTHOINE DE NAVINAULT, CHEVALIER SIEUR DE LA DURANDIÈRE ET SEIGNEUR CHASTELAIN DE SAINT-MAURICE SUR L'AVERON, MELLEROY, FONTE-NOILLE, LA CHAPELLE ET LEN-FERNOT EN PARTIE, ET DES FIEFS DE BLUISE ET DE GUYON BOUCLARD, ET DES ESSECHES, L'UN DES CENS GENTILSHOMMES DE LA MAISON DU ROY, LAQUELLE DÉCÉDA LE 8 OCTOBRE MIL SIX CENT TRENTE.
Priez Dieu pour son âme.

§ LVI. — ÉCUS AYANT 1 QUADRUPÈDE AUTRE QU'UN LION, SANS AUTRES MEUBLES.

1. D'or à 1 tête de bœuf de sinople.

Arm. gén. Bourg. 1696.

2. D'or à un taureau cabré de gueules, chargé de 5 étoiles d'argent rangées en bande.

NOYERS, les tanneurs.

Arm. comme ci-contre.

BERTHIER, seigneur de Chemilly.

Courtépée.

Dict. nobl.

— Seigneur de Cussy-les-Forges, Magny-lès-Avallon, Presle, Quarré, Sauvigny-le-Bois, Lisle-Mingot, Château à l'Isle-sur-Serein, Tharot.

Courtépée, VI, p 13, 22, 33, 42, 46, 50, 51.

— Marquis de Vivier, seigneur de Dissangis, l'Isle-sous-Montréal, Lucy-le-Bois, Massangis, Provency, Sainte-Colombe, Sauvigny-le-Bois, Civry, Montigny, 1788.

Archives de l'Yonne et nobl. baill. de Sens.

3. D'argent à un demi-âne de sable, coupé et contourné, la coupure et taillure de gueules dégouttant de sang.

Wilson, p. 311

DE HELLDORF, seigneur de Louesme et du Parc-Vieil, XVIIIe siècle.

Déy, not. hist. sur Champignelles, bull. de la Société historique de l'Yonne, II, p. 13.

4. D'azur au chien braque assis d'argent.

Dict. nobl.
Palliot dit le chien couché, le derrière tourné à dextre.

BRACHET, seigneur de Senan.

P. Anselme.

— Seigneur de Senan et de Villars.

Invent. de Senan, arch. de l'Yonne.

5. D'azur à 1 chien passant d'argent, accolé d'un collier de gueules garni de grelots d'or.

Arm. gén. Paris, 1696.

GROLLOT, Alexis, curé de Flacy.

Arm. comme ci-contre.

6. De gueules à 1 léopard d'or lampassé et armé de sable.

Arm. gén Paris, 1696.

DE REGNARD, Claude-Joseph, seigneur des Bordes.

Arm. comme ci-contre.

7. D'argent à 1 loup ravissant de sable.

Arm. gén. Paris 1696.

DE PAMPELUNE, seigneur de Genouilly.

Arm. comme ci-contre.

— Marquis de Genouilly, seign. de Fulvy.

Nobl. baill. de Sens, 1789.

— Seign. de Châtel-Gérard.

Arch. de l'Yonne.

8. D'argent à 1 renard rampant de sinople et 1 bordure entée nébulée de même.

Arm. gén. Paris 1696.

REGNARD, Nicolas et Robert, avocats à Saint-Florentin.

Arm. comme ci-contre.

9. D'azur à 1 renard rampant d'or.

Arm. gén. Paris, 1696.

10. D'azur à 1 renard passant d'or.

Arm. gén. Paris, 1696.

11. De sable à 1 renard d'or, à la bordure d'argent.

Arm. gén Paris. 1696.

12. D'argent à 1 fouine d'argent.

Arm. gén. Paris, 1696.

13. D'or à l'ours de sable.

Palliot, p. 65.

14. D'argent à 1 cerf saillant au naturel.

Arm. gén. Paris, 1696.

15. D'azur à 1 cerf passant d'or.

D'Hozier, arm. gén. I. p. 268, pour de Gislain; Palliot, p. 127, pour de Chisserey; arm. gén. Paris, 1696, pour Largentier.

16. De sable à une tête et cou de cerf d'argent, ramée d'or.

Vertot, et Palliot, p. 8.

REGNARD, Louis, lieutenant civil en l'élection de Saint-Florentin.

Arm. comme ci-contre.

REGNARD, Nicolas, curé de Moulins, élection de Tonnerre.

Arm. comme ci-contre.

REGNARD, prieur-curé de Theil.

Arm. comme ci-contre.

FOYNAT, André, officier portemanteau de la grande écurie chez le roi à Tonnerre ; et Jean, procureur en la prévôté de Chablis.

Arm. comme ci-contre.

DES URSINS, bailli d'Auxerre. XVIe siècle.

Lebeuf, hist. civ.

MATHIEU, Paul, avocat à Tonnerre.

Arm. comme ci-contre.

1. DE GISLAIN, seigneur de Montacher.

D'Hozier, comme ci-contre.

— Seigneur de Vertron, de la Brosse-Vertron, du Bouchet sur Montacher, des Ormes, Sommecaise, la Vieille-Ferté.

Bardot, notice dans l'ann. de l'Yonne.

— Seign. de Bontin et de la Vieille-Ferté.

Leclerc, notice dans l'annuaire de l'Yonne.

2. DE CHISSEREY, bailli d'Auxerre, 1317-1325.

Lebeuf.

3. LARGENTIER, François, curé de Grange-le-Bocage.

Arm. gén. Bourg. 1696.

LESCOT, Jean, seign. de Lixy, chevalier de Malte, 1531.

Vertot.

17. D'or au sanglier de sable.

Arm. man. de la bibl. de la ville de Sens.

Duchesne, p. 647, ajoute: denté d'argent.

SANGLIER, Henri, archevêque de Sens, mort en 1143.

Tarbé.

18. D'azur à 1 hure de sanglier d'or, arrachée de gueules.

Arm. gén. Paris, 1696.

PLESSIER, écuyer à Sens.

Arm. comme ci-contre.

19. D'azur à la licorne d'argent.

Tarbé, arm. man.

VALON, famille d'Avallon.

Tarbé, arm. man.

20. D'argent à 1 aile de chauve-souris de sable.

Arm. gén. Paris. 1696.

DE CHAUNE, Catherine, demoiselle à Tonnerre.

Arm. comme ci-contre.

§ LVII. — ÉCUS AYANT 1 QUADRUPÈDE, AUTRE QU'UN LION, AVEC D'AUTRES MEUBLES.

1. D'argent à 1 bœuf passant de gueules sur une terrasse de sinople, accomp. de 3 mouches d'azur rangées en chef.

Arm. gén. Paris, 1696.

BOUVERET, Jean, chanoine de Sens.

Arm. comme ci-contre.

2. D'argent à 2 masses de gueules fustées d'azur et passées en sautoir, et 1 rencontre de bœuf de gueules en pointe.

Arm. gén. Paris, 1696.

TONNERRE, les Bouchers.

Arm. comme ci-contre.

3. D'azur à 1 torche d'argent, allumée de gueules, mise en pal, avec un bœuf d'or brochant sur le tout.

Arm. gén. Paris, 1696.

TORCHEBEUF, Pierre, marchand à Sens.

Arm. comme ci-contre.

4. D'azur à 1 tête de bœuf d'argent, accomp. de 3 croix ancrées de même.

Arm. gén. Paris, 1696.

BOUCHER, chanoine de Sens.

Arm. comme ci-contre.

5. De sable à 1 rencontre de bœuf dépouillé de ses cornes et à 2 tiges de blé issant chacune de la cavité d'un des yeux et se croisant en chef en sautoir arrondi, au centre duquel est posée une étoile, le tout d'or.

BOUVYER, famille de Sens, dont Charles-Octave, écuyer, 1789, émigré.

Tarbé, arm. man.

— Seign. d'Autun, fief sur Sens.

Arch. de l'Yonne.

Tarbé, arm. man.

Ces armes sont peintes sur un tableau de Jehan Cousin, 1582, appartenant à cette famille, et gravées sur une châsse donnée à la cathédrale de Sens par le chanoine Jehan Bouvyer.

6. D'argent à 1 cheval passant de sable, bardé de sinople et caparaçonné d'or sur une terrasse de sinople.

Arm. gén. Paris, 1696.

BARDE, Edme, procureur au bailliage de Villeneuve-le-Roi.

Arm. comme ci-contre.

7. De gueules à la levrette courante d'argent, accolée et bouclée d'or, surmontée d'un croissant d'argent.

Palliot.

Devise : *Splendor honoris, virtuti fidelitas.*

De Combles, traité des devises hérald. blasonne ainsi : De gueules à 1 lévrier d'argent passant, ayant son collier de gueules cloué, bouclé et virolé d'or, surmonté en chef d'un croissant aussi d'or.

TEXIER-MALICORNE, seign. de Malicorne et d'Haute-feuille.

Challe, not. dans l'ann. de l'Yonne.

— Seign. d'Hautefeuille, de Malicorne, de Charny, XVIIe et XVIIIe siècles.

Dict. nobl. et arch. de l'Yonne.

8. D'azur à la gerbe d'or surmontée d'un lévrier courant d'or surmonté lui-même d'un croissant d'argent.

Arm. univ.

DESPENSE, seign. de Pomblain et de Railly.

Nobl. baill. d'Auxerre, 1789.

— Seign. de Leauville ou Loville, paroisse de Girolles.

Courtépée, VI, p. 18.

— Seign. de la Loge et de Railly.

Arm. gén. Paris, 1696.

— Seign. de la Motte de Chevannes et de Serin.

Arch. de l'Yonne.

9. D'or à un écusson d'azur chargé d'un agneau pascal d'argent.

Arm. gén. Paris, 1696.

PASQUEAU, Siméon, curé de Provency.

Arm. comme ci-contre.

10. De ... à 1 agneau pascal nimbé de ... la tête contournée à senestre.

Sceau d'une charte de 1325, arch. de l'Yonne.

AUXERRE, abbaye Saint-Germain.

Charte de 1325, arch. de l'Yonne.

11. De ... à 1 agneau pascal nimbé de ...

Sceau d'une charte de 1210, arch. de l'Yonne.

G. DE VIENNE, chanoine d'Auxerre.

Charte de 1210, arch. de l'Yonne.

12. De sable à 1 agneau pascal d'argent posé sur une terrasse de même.

Arm. gén. Paris, 1696.

13. D'azur à 1 mouton passant d'argent et 1 étoile de même posée en chef.

Arm. gén. Bourg, 1696.

14. De sable, à 1 mouton d'argent accomp. en chef de 2 étoiles d'or et en pointe d'un croissant de même.

Arm. gén. Paris, 1696.

15. D'argent à 1 croix de calvaire de sinople, posée sur une terrasse de même et accostée en pointe à dextre d'une clochette et à senestre d'un porcelet de sable.

Arm. gén. Paris, 1696.

16. D'argent à 1 chêne de sinople sur une terrasse de même et 1 sanglier passant au pied du chêne.

Arm. gén. Paris, 1696.

17. D'argent à 1 hure de sanglier de sable défendue d'or posée en cœur et accomp. de 3 étoiles à 8 rais de gueules soutenues chacune d'un croissant d'azur.

Arm. gén. Paris, 1696.

18. D'azur à 1 léopard passant d'or et 3 trèfles d'argent posés en chef.

Arm. gén. Bourg. 1696.
Le Dict. hérald. dit le léopard lampassé de gueules.

19. D'or à l'ours de sable, surmonté de 2 étoiles d'azur.

Palliot.

20. D'azur à 1 massacre de cerf accomp. d'une molette en chef, le tout d'or.

Arm. gén. d'Orléans, 1696.

DESMARTINS, Jeanne, veuve de François DUBOIS, seign. d'Aisy.

Arm. comme ci-contre.

ROBIN, Pierre, vicaire perpétuel de Noyers.

Arm. comme ci-contre.

DOUCET, Guillaume, curé de Préhys.

Arm. comme ci-contre.

POURCEL, curé de Champcevrais.

Arm. gén. Paris, 1696.

DE BRETAGNE, Jacques, écuyer, à Tonnerre.

Arm. comme ci-contre.

HURÉ, Georges, marchand à Villeneuve-le-Roi.

Arm. comme ci-contre.

DE CHARGÈRE, Jean, seign. de Bierry, aujourd'hui Anstrude, XVIIe siècle.

Breuillard.

DU ROUX, seign. de Courgis.

Arch. de l'Yonne.

DE VILLEMOR, seign. de Saint-Cyr, XVe siècle, XVIe siècle.

Coutume d'Auxerre.

— Seign. du Parc près Champignelles, de la Bruslerie, près de Rogny, XVIIᵉ siècle.

Déy, études hist. sur le canton de Bléneau.

21. De gueules à 1 renard passant d'or, la queue levée et accomp. en chef de 3 étoiles de même et en pointe d'un croissant aussi d'or.

Arm. gén. Bourg. 1696.

REGNARD, André, chanoine d'Avallon.

Arm. comme ci-contre.

22. D'azur à 1 lièvre pendu par les pieds de derrière d'argent, accosté de 2 perdrix pendues de même d'or.

Arm. gén. Paris, 1696.

GIBIER, seign. de Subligny.

Arm. comme ci-contre.

§ LVIII. — ÉCUS AYANT 2 QUADRUPÈDES AUTRES QUE DES LIONS.

1. D'argent à 2 léopards de gueules l'un sur l'autre.

Vertot.

DE BRUILLARD, ou BROUILLARD, seign. de Saint-Cyr, XVIᵉ siècle.

Coutume d'Auxerre.

— Seign. de Puits-Courson et de la Croix-Pilate.

Actes de l'état civil de Vincelottes.

— Seign. de Saint-Cyr, XVᵉ siècle.

Arch. imp.

2. D'azur à 2 léopards d'argent l'un sur l'autre.

Arm. gén. Paris, 1696.

VAULUISANT, l'abbaye.

Comme ci-contre.

3. De sable à 2 léopards d'or posés l'un sur l'autre, armés et lampassés de gueules.

Dict. nobl.

DE ROUAULT, le Comte, seign. de Flumesnil, paroisse de Jouy, XVIIIᵉ siècle.

Bardot, notice dans l'ann. de l'Yonne

4. De sable à 2 léopards d'or, l'un sur l'autre.

P. Anselme, pour Dinteville et Jaucourt.

On trouve cet écu dans la grande verrière ouest de la cathédrale d'Auxerre,

1. DE DINTEVILLE, oncle et neveu, évêques d'Auxerre; 1513-1530.

Lebeuf.

Ils écartelaient au 1 et 4 de Dinteville, au 2 et 3 d'azur à la croix d'or à 5 billettes aussi d'or dans chaque canton 2, 1, 2.

D. Viole, p. 432.

2. DE JAUCOURT, seign. de Villarnoult, dont une branche a porté le nom, XVe siècle.

Quantin, notice dans le bull. de la Soc. hist. de l'Yonne.

— Seign. de Villefargeau.

Arch. de l'Yonne.

— Seign. de Chassigny près d'Avallon, de Marrault, hameau de Magny-lès-Avallon pendant trois siècles, de Sceaux ; du Vault pendant quatre siècles, et de Villarnoult.

Courtépée, VI, p. 7, 22, 47, 56, 59.

— Seign. de Beaulche.

Déy, géograph. féod. de la baronnie de Perreuse.

— Seign. de Sceaux, de Ville-Arnoult, Marrault et la Maison-Dieu ; barons du Vault.

Breuillard.

— Seign. de Nau-lès-Avallon.

Arm. gén. Bourg. 1696.

POURSIN, Jacques, avocat à la cour, bailli de Seignelay.

Arm. comme ci-contre.

GAUTHIER, Maximilien, conseiller du roi, président au bailliage royal de Villeneuve-le-Roi.

Arm. comme ci-contre.

BLESMONT, Louis, curé de Vallery.

Arm. comme ci-contre.

RAMON, dont Jacques, d'après l'inscription ci-après de l'église de Chéroy.

A L'HONNEUR ET MÉMOIRE DE DEFFUNT NOBLE HOMME Mc JACQUES RAMON, VIVANT CONSEILLER DU ROI ET ESLEU POUR SA MAJESTÉ EN L'ÉLECTION DE NEMOURS, LEQUEL APRÈS AVOIR SERVI SON ROY ET SA PATRIE EN BELLES ET HONORABLES CHARGES EST DÉCÉDÉ A VILLETHIERRY LE XVIIIe D'APVRIL MIL Vc IIIIxx VIII.

Son corps inhumé en l'église du dict lieu et son cœur icy devant.

5. D'azur à 2 lévriers courants l'un sur l'autre d'argent, accolés de sable et bouclés d'argent.

Arm. gén. Bourg. 1696.

6. D'azur à 2 têtes de bouc d'or en chef et 1 cygne d'argent en pointe.

Arm. gén. Paris, 1696.

7. De gueules à 2 belettes d'argent posées l'une sur l'autre.

Arm. gén. Paris, 1696.

8. D'argent à 1 montagne de sinople sommée d'une étoile de gueules et chargée sur les flancs de 2 rats de même posés en chevron brisé, la queue en bas.

Tombe de l'église de Chéroy.

§ LIX.—ÉCUS AYANT 3 QUADRUPÈDES ET PLUS, AUTRES QUE DES LIONS.

1. D'or à 3 léopards de sable, armés et lampassés de gueules, l'un sur l'autre, celui du milieu contrepassant.

Dict. hérald., p. 526.

TESTU DE BALINCOURT, seign. de Champigny-sur-Yonne.

Nobl. baill. de Sens, 1789.

2. D'azur à 3 têtes de léopard d'or.

Arm. gén. Paris, 1696.

BERTHELOT, Edme, curé de Voisines.

Comme ci-contre.

3. D'azur à 3 têtes de léopard d'or, *lampassées de gueules.*

Tablettes de Thémis et Julliot.
Rousseau n'ajoute pas ce détail.
Arm. gén. Paris, 1696, pour du Roux.

1. DE DORMANS, Guillaume, archevêque de Sens, 1390-1405.

Tarbé et Cornat.

2. DU ROUX, Armand-Herminigilde, seign. de Sigy.

Arm. comme ci-contre.

4. D'azur à 3 têtes de bœuf d'or.

Dict. nobl.

TOURNEBŒUF, seign. des Barres, territoire de Serbonnes.

Tarbé.

5. D'or à 3 hures de sanglier de sable.

Dict. nobl.

GRUYN DE VALGRAND, seign. de La Ferté-Loupière, XVIIe siècle.

Arch. de l'Yonne, inv. de Senan.

— Seign. de la Celle-Saint-Cyr, Béon, Paroy-sur-Tholon, Villiers-sur-Tholon, etc.

F. Servier, notice dans l'ann. de l'Yonne.

6. D'argent à 3 hures de sanglier arrachées de sable.

Arm. gén. Paris, 1696.

COUTELLIER, Louis, seign. de Jouy.

Arm. comme ci-contre.

7. D'or à 3 têtes d'ours arrachées de sable, muselées d'argent.

Dict. nobl. et dict. hérald.

GUIJON, ou *Guyon*, seign. du Fresne près Noyers, de Précy-sur-Pierreperthuis, dont plusieurs ont habité Avallon, et l'un André-Henri, né à Noyers, le 21 août 1663, a été précepteur du président Lepeletier et de Louis de Bourbon, comte de Clermont.

Dict. nobl.

— Famille de Noyers.

Guérard, notice dans l'ann. de l'Yonne.

8. De sable à 1 loup ravissant d'or, accomp. de 2 têtes de chien arrachées d'argent, l'une en chef et l'autre en pointe.

Arm. gén. Paris, 1696.

9. De gueules à 3 chiens passants.

Arm. gén. Paris, 1696.

10. D'or à 3 têtes de chiens de sable.

Cat. Et. de Bourg.

D'or à 3 têtes de limiers de sable.

Palliot, p. 626, et arm. gén. Paris, 1696

11. D'azur à 3 têtes et cous de lévriers d'argent, accolées de gueules, rangées en fasce et accomp. de 2 lambels d'argent l'un en chef, l'autre en pointe.

Arm. gén. Paris, 1696.

12. D'azur à 3 renards d'or passants l'un sur l'autre.

Du Bouchet, généal. de Courtenay, p. 230.

13. D'azur à 3 renchiers d'or.

P. Anselme.
Devise : *Conscientia et fama.*

AMELOT, Marie, veuve de Charles Tespe, écuyer à Saint-Florentin.

Arm. comme ci-contre.

FAUVELET, Guillaume, élu de Joigny.

Arm. comme ci-contre.

AUBERT, seign. de Vincelles.

Cat. Et. de Bourg.

— Seign. de Vincelotte, XVIIᵉ siècle.

Terrier de Vincelotte, arch. de l'Yonne.

COLLET, seign. de Charmoy ou Charmay, marchand à Saint-Julien-du-Sault.

Arm. comme ci-contre.

RENARD, seign. de Saint-Eusoge, alors le Chesne-Saint-Eusoge, XVIᵉ siècle.

Du Bouchet, comme ci-contre.

DE LA GRANGE, comtes de Maligny, seign. de Villy, Lignorelles, la Chapelle-Vaupeltaigne, Senan, et la Bretauche-près-de-Bléneau.

P. Anselme, et de Bastard, not. dans l'ann. de l'Yonne.

— Barons de Montigny.
Palliot.

— Comte de Maligny.

Thaumas de la Thaumassière, hist. du Berry, p. 472.

— Seign. de Senan, XVIIᵉ siècle.

Inv. de Senan, arch. de l'Yonne.

— Marie-Anne, femme de Léon d'Assigny, seign. de Charmoy, Senan, le Chesnay, etc.

Arm. gén. Paris, 1696.

14. D'azur à 3 têtes et cous de cerfs, coupées et contournées d'or.

Arm. gén. Paris, 1696.

15. D'or à 3 chats de sable, mal ordonnés.

Arm. gén. Paris, 1696.

16. D'argent à 1 nom de Jésus de gueules, posé en cœur et accomp. de 3 taupes d'azur.

Arm. gén. Paris, 1696.

DUPARC, Charles, seign. du Plessis-du-Mée.

Arm. comme ci-contre.

— Seign. de Sergines, 1597.

Tarbé.

DES CHASTELIERS, écuyer, lieutenant des carabiniers à Sens.

Arm. comme ci-contre.

THODY, Jean, chanoine de Sens.

Arm. comme ci-contre.

§ LX. — ÉCUS AYANT 1 SEUL OISEAU, SANS AUTRES MEUBLES.

1. D'or à l'aigle de sable.

Palliot, p. 254, pour Ganay; Dict. nobl. pour Boissy.

1. DE GANAY, seign. de Marrault, hameau de Magny-lès-Avallon, dont l'un, Nicolas, a bâti le château de ce lieu.

Courtépée, VI, p. 22.

2. BOISSY, seign. de Prégilbert, XVIIIe siècle.

Arch. de l'Yonne.

2. D'argent à 1 aigle de sable, languée de gueules.

Arm. gén. Paris, 1696.

BONDREZ, receveur général des biens des commanderies et maladreries d'Alsace désunis de l'ordre de Saint-Lazare, en l'élection de Joigny.

Arm. comme ci-contre.

3. De gueules à l'aigle d'or.

P. Anselme.

DE PRÉAUX, seign. de Thury, XVe siècle.

P. Anselme.

4. De gueules à l'aigle d'argent.

Du Bouchet, généal. de Courtenay, p. 129, Vulson, p. 473, et Du Chêne, généal. de Vergy disent l'aigle d'or.

Devise : *Tout bien avienne.*

DE JOIGNY,

DE VIENNE,

DE SAINTE-CROIX, comtes de Joigny, tous issus de la maison de Vienne, XIIe-XVe siècle.

Du Bouchet, comme ci-contre.

— Seign. de Coulanges-la-Vineuse.

Ribière, notice dans le bulletin de la Soc. hist. de l'Yonne.

Agnès de Joigny portait parti de Joigny et de Brienne d'après le sceau d'une charte de 1300, arch. de l'Yonne.

5. De gueules, à l'aigle d'argent, membrée d'or.

Dict. hérald.

LONGVILLIERS DE POINCHY, seign. de ce lieu.

L'un, chevalier de Malte, commandeur de la Madelaine Saint-Thomas, près de Joigny, 1619, écartelait au 1 et 4 de Longvilliers, au 2 et 3 d'or à la croix ancrée de gueules et sur le tout d'argent à 3 fasces de gueules.
Vertot.

6. De gueules à l'aigle d'argent, becquée et membrée d'or.

Palliot, pour Spifame, et arm. gén. Paris, 1696, pour Blanchard.
L'arm. du Nivernais dit simplement à l'aigle d'argent, et ajoute couronnée de même, pour Spifame.

1. SPIFAME, évêque de Nevers, seign. de Passy-près-Sens, paroisse de Véron, 1507-1550 ; de Cochepied, près de Villeneuve-le-Roi, XVIᵉ siècle.

Arch. imp.

2. BLANCHARD, Louïs, avocat en parlement, et Jacques, Chapelain de la Chapelle des Porchers, à Joigny.

Arm. gén. Paris, 1696.

7. De gueules à 1 aigle d'argent becquée et onglée d'or.

Arm. gén. Paris, 1696.
Pour les seign. de Jouy, Tarbé, arm. man. et Bardot ont mal blasonné :
Le premier : de gueules à l'aigle au vol abaissé d'argent ; et le second : de gueules à l'aigle éployée d'argent. Cependant Tarbé a joint à ses notes un dessin à la plume, d'après l'empreinte d'un cachet sans doute, où l'aigle a le vol abaissé.

1. FOACIER, Anne, conseiller du roi, lieutenant criminel, vérificateur des rôles en l'élection de Sens.

Arm. comme ci-contre.

— Seign. de Jouy et de Ruzé, fief en partie sur Jouy, en partie sur Villegardin, XVIIIᵉ siècle.

Bardot, notice dans l'ann. de l'Yonne.
Famille originaire de Villeneuve-le-Roi.
Tarbé, arm. man.

2. PORCHER, comte de Joigny, anobli 1364.

Tarbé, arm. man.

8. De gueules à l'aigle d'argent, becquée, membrée et couronnée d'azur.

P. Anselme.
Devise : *Je les éprouve tous.*

DE COLIGNY, seign. de Rogny, de Tanlay et de Saint-Bris.

P. Anselme, et Déy, études hist. sur le canton de Bléneau.

— Seign. de Saint-Vinnemer.

Cart. du comté de Tonnerre, arch. de l'Yonne.

9. De gueules à 1 aigle le vol abaissé d'argent, becquée et onglée d'or.

Arm. gén. Paris, 1696.

MUROT, Edme, seign. de la Borde.

Arm. comme ci-contre.

10. D'azur à l'aigle d'or.

P. Anselme, VI, p. 648.
Du Bouchet; hist. généal. de Courtenay, p. 352, dit l'aigle couronnée, mais
elle ne l'est pas dans les sceaux de deux
chartes des arch. de l'Yonne, 1278 et
1292, fonds de Pontigny.

11. De sable à 1 aigle d'or couronnée de même.

Arm. gén. Paris, 1696.

12. D'azur à l'aigle d'or éployée
et au vol abaissé.

Arm. univ. et arm. hist.
L'arm. gén. Paris, 1696, se sert de
l'expression 1 *aigle à 2 têtes*.

13. D'azur à 1 aigle à deux têtes
d'argent.

Arm. gén. Paris, 1696.

14. De ... à 1 aigle de ...

Sceau d'une charte des archives de
l'Yonne.

15. D'or à 1 coq de gueules.

Arm. gén. Bourg. 1696.

16. D'argent au coq de sinople,
couronné de gueules, crêté, barbé
de même, accomp. de 3 roses de
gueules, 2 en chef et 1 sous les
pattes du coq.

Cat. Et. de Bourg.

17. D'azur à 1 coq contourné
d'argent.

Arm. gén. Bourg. 1696.

18. D'azur au coq d'or crêté,
barbé et onglé de gueules.

De Caumartin.

DE NOYERS, comtes de Joigny,
XIVe siècle.

P. Anselme, VI, p. 648.

— Guy, archevêque de Sens,
mort 1193.

Tarbé.

— Séign. de Joux-le-Château et
de Sermizelles.

Courtépée.

LE FÈVRE, Jean, procureur fiscal de Passy près Sens, et receveur
de cette terre.

Arm. comme ci-contre.

LECOURT DE BÉRU, dont Edme,
seign. de Béru, Poilly, Chichée.

Nobl. baill. de Sens, 1789.

— Seign. de Poilly-sur-Serein,
1789.

Arch. de l'Yonne.

BARDET, Edme, chanoine de
Vézelay.

Arm. comme ci-contre.

C. S. ROBERT, abbé de Saint-
Pierre-le-Vif de Sens.

Charte des arch. de l'Yonne.

GAUTHERIN, conseiller au grenier à sel de Noyers.

Arm. comme ci-contre.

CHASTENAY, seign. de Courte-
nay-en-Vermenton.

Statist. 1670.

GAUTHIER, Jean, curé de Sa-
vigny-le-Bois.

Arm. comme ci-contre.

DE BOUCHERAT, seign. d'Athie,
XVIe siècle, dont Charles abbé de
Pontigny, Héloïse, abbesse des
Iles près d'Auxerre, etc.

De Caumartin.

19. D'azur à 1 coq crêté, becqué et barbé de sable.

Dict. nobl.

Suivant l'arm. univ. et le Dict. hérald. le coq serait d'or ; ce qu'on doit admettre aussi d'après De Combles, traité des devises héraldiques, II, p. 20.

Devise : *Nocte dieque vigil.*

20. De sable à 1 coq d'or.

Arm. gén. Bourg. 1696.

21. D'or au cygne d'azur.

Dict. hérald.

22. D'azur au cygne d'argent.

D. Viole, p. 428.

23. De ... à 1 cygne de ... une patte levée.

Tombe de l'église de Villeneuve-l'Archevêque.

24. De sable à 1 cigogne d'argent, becquée et membrée d'or.

Arm. gén. Paris, 1696.

25. De gueules à 1 colombe d'argent

Arm. gén. Paris, 1696.

D'après la collection de gravures formée par Th. Tarbé et appartenant à la société hist. de l'Yonne, les armoiries de l'abbaye Sainte-Colombe sont : D'azur à 3 fleurs de lis d'or en pal, accostées de 2 crosses de même aussi en pal, accostées elles-mêmes de 6 colombes d'argent 3 de chaque côté.

26. D'argent à 1 émérillon de sable.

Arm. gén. Bourg , 1696.

27. D'argent à la merlette de sable.

Dict. hérald.

1. D'AUNAY, seign. de Villeneuve-la-Guyard, XVIe siècle.

2. DE GOUÉ, dont Jacques, donataire du fief de Villeneuve-la-Guyard, à charge de prendre les armes d'*Aunay*, 1559.

Tarbé.

Toutefois, cette famille, notamment Gabriel, chevalier de Malte, 1664, a repris les armes de *Goué* qui sont d'or au lion de gueules, *Vertot*. Le lion est surmonté d'une fleur de lis d'azur. Dict. nobl.

GAUTHIER, Nicolas, curé d'Yrouère.

Arm. comme ci-contre.

GAU. seign. des Voves, XVIIIe siècle.

Nobl. baill. de Sens, 1789.

SIGNARD, Enguerrand, évêque d'Auxerre, 1473-1477.

Lebeuf.

RAVION, Nicolas, lieutenant au bailliage de Villeneuve-l'Archevêque, mort le 24 février 1600.

Tombe, comme ci-contre.

STORRE, Claude, curé de Thorigny.

Arm. comme ci-contre, indiquant du reste que *Storre* vient de l'allemand *aozzt* qui signifie *cigogne*.

SENS, abbaye Sainte-Colombe.

Arm. comme ci-contre.

HÉMERY, Philibert, chanoine de Montréal.

Arm. comme ci-contre.

DE CHANCY, seign. de Prunoy, XVIe siècle.

Recueil de pièces, Tarbé, vol. XXII bibl. d'Auxerre.

28. D'azur à 1 merlette d'or en cœur.

Arm. gén. Paris, 1696.

DU DEFFEND, seign. de St-Loup d'Ordon, Chaumont-sur-Yonne, etc.

Arm. comme ci-contre.

§ LXI. — ÉCUS AYANT 1 SEUL OISEAU, AVEC D'AUTRES MEUBLES.

1. D'or à 1 aigle de sable dont les 2 pieds sont supportés chacun d'un cœur de gueules, surmontée en chef d'une étoile de sable, et accostée de 2 roses de gueules tigées de même.

Arm. gén. Bourg. 1696.

CHAPOTIN, Nicolas, conseiller au bailliage et présidial d'Auxerre.

Arm. comme ci-contre.

2. De gueules à l'aigle essorante d'or, accomp. en chef de 2 étoiles de même.

Tarbé, arm. man.

BELLOCIER, fondateur des Orphelines de Sens.

Tarbé, arm. man.

3. De gueules à 1 aigle d'argent, s'essorant, accomp. en chef à dextre d'un soleil d'or et à senestre d'un croissant d'argent.

Arm. gén. Paris, 1696.

TRAVERS, Louis, chanoine de Sens, XVIIᵉ siècle.

Arm. comme ci-contre.

4. De gueules à 2 barbeaux adossés d'or, surmontés d'une aigle éployée de même.

Palliot, p. 80.

DOLU, seign. de la Chapelle-feu-Payen, ou la Chapelle-Champigny, XVIIᵉ siècle.

Arch. de l'Yonne.

5. D'azur à la gerbe d'or, accomp. en chef d'une aigle de profil fixant un soleil naissant, aussi d'or.

Arm. univ.

HAUDRY, seign. de Bléneau, XVIIIᵉ siècle.

Déy, études hist. sur le canton de Bléneau.

6. D'azur à 3 colonnes d'argent posées en pal, 2 et 1, celle du milieu sommée d'un aigle le vol abaissé d'or sous un croissant d'argent posé en chef, accosté de 2 étoiles d'or et de 3 V entrelacés aussi d'or en pointe.

Arm. gén. Paris, 1696.

BAILLOT DE COURTELON, Charles-Marin, officier des gabelles en l'élection de Tonnerre.

Arm. comme ci-contre.

7. De ... à 1 aigle de ... le bec enlacé d'un anneau de ...

Sceau d'une charte de 1513, arch. de l'Yonne.

SENS, l'Abbaye Saint-Jean.

Charte de 1540, arch. de l'Yonne.

8. D'argent à 1 coq d'azur, crêté, becqué, barbé et membré de gueules, accomp. en chef de 2 épis de blé de sinople et en pointe de 3 pommes de pin 2 et 1.

Arm. gén. Bourg., 1696.

FOURNIS, François, curé de Tanlay.

Arm. comme ci-contre.

9. De gueules à 1 coq d'argent, accomp. de 3 roses de même.

Arm. gén. Paris, 1696.

DU CORS, Louis, curé d'Escamps, demeurant en l'élection de Tonnerre.

Arm. comme ci-contre.

10. D'azur à 2 étoiles d'or en chef, et 1 coq s'essorant d'argent, becqué et membré de sable en pointe.

Arm. gén. Paris, 1696.

PÉTROT, élu de Tonnerre.

Arm. comme ci-contre.

11. D'azur à 1 coq d'or perché sur un triangle de même et accomp. de 3 épis d'orge aussi d'or.

Arm. gén Paris, 1696.

JODRILLAT, Louis et Daniel, élus de Sens.

Arm. comme ci-contre.

12. De pourpre à 1 coq d'or surmonté d'un soleil de même.

Arm. gén. Bourg. 1696.

COMINET, Charles, curé de St-Pierre, faubourg d'Avallon.

Arm. comme ci-contre.

13. D'argent à 1 gerbe de blé de sinople sur laquelle est perché un duc de gueules, becqué et onglé de sable, accosté de 2 chausse-trapes de même.

Arm. gén. Paris, 1696.

DUBÉ, Paul, chanoine de Sens.

Arm. comme ci-contre.

14. D'azur à 1 épervier essorant d'or, longé et grilleté de même.

Dict. hérald. et arm. man. Tarbé.
Devise : *Nec pend nec metu.*

LE TONNELIER, seign. de Charmeaux et d'Epineuil.

Arm. man. Tarbé.

15. D'azur au phénix sur son immortalité d'or regardant un soleil de même posé à dextre du chef.

Arm. gén. Paris, 1696.

MARCÈS, Jacques, chanoine de Sens.

Arm. comme ci-contre.
Tarbé, dans son arm. man. attribue cet écu à Jacques Ferrand, seign. de Courgy, président à la chambre des Comptes de Dijon.

16. D'azur au cygne d'argent passant sur des ondes de même, couronné d'or et ayant au cou une autre couronne enfilée de même.

Arm. gén. Paris 1696.

DE LÉCLUSE, Antoine, écuyer à Tonnerre.

Arm. comme ci-contre.

17. D'argent à 1 perroquet de sinople, becqué et membré de gueules, accomp. de 3 grappes de raisin de pourpre tigées et feuillées de sinople.

Arm. gén. Paris, 1696.

18. D'argent à 1 cœur enflammé de gueules sommé d'une colombe de sable et entouré de ces quatre mots : IGNES QVOS DEDIT ADIVVET.

Arm. gén. Paris, 1696.

19. De sable à 1 colombe d'argent, portant en son bec une palme d'or.

Arm. gén. Paris, 1696.

20. De ... à 1 colombe de ... soutenue d'une palme de ... et sommée d'une quintefeuille de ... accostée à dextre d'une étoile de... et à senestre d'un croissant de...

Sceau d'une charte de 1284, arch. de l'Yonne.

21. D'azur à l'aigle volante à dextre vers un soleil, le tout d'or.

Tarbé, arm. man. et retable de l'église de Paron.

BOIVIN, Étienne, contrôleur des exploits de l'élection de Sens.

Arm. comme ci-contre

BORDES, Jacques, lieutenant de l'élection de Tonnerre.

Arm. comme ci-contre.

BARBEAU ou BABEAU, curé de Dannemoine.

Arm. comme ci-contre. Il porte *Barbeau* qu'on a corrigé au crayon en *Babeau*.

C. S. MARIE, abbesse de la Pommeraie.

Charte de 1284, arch. de l'Yonne.

DE LA FOSSE, seign. de Paron.

Tarbé, arm. man.

§ LXII. — ÉCUS AYANT PLUSIEURS OISEAUX.

1. De gueules à 3 aigles d'argent éployées, onglées et becquées d'or.

Dict. nobl.

2. De sable à 3 aigles d'or, accomp. en chef de 3 croissants d'argent en fasce, et 1 palme couchée d'or en pointe.

Arm. gén. Paris, 1696.

3. D'azur à 1 épée d'or, la garde et la poignée d'argent, accomp. de 2 coqs affrontés d'or, becqués et membrés d'argent.

Arm. gén. Paris, 1696.

VYON, seigneur de Ravières, XVIᵉ siècle.

Arch. de l'Yonne, comté de Tonnerre.

BENOIST, Jacques, seigneur de Montcorbon, conseiller au présidial de Sens.

Arm. comme ci-contre.

JOSSEY, Etienne, premier lieutenant en la maréchaussée de Sens.

Arm. comme ci-contre.

4. D'azur à 2 coqs affrontés d'argent, crêtés, barbés et onglés de gueules, perchés chacun sur un marc d'or.

Arm. gén. Paris, 1696.

GALLIMARD, Nicolas, avocat en parlement, greffier de la ville et communauté de Saint-Florentin.

Arm. comme ci-contre.

5. De gueules à 1 tour d'or, sommée de 2 cigognes les becs croisés d'argent.

Arm. gén. Paris, 1696.

CHARTRAIRE, dont Germain, doyen de Vézelay.

Arm. comme ci-contre.
Cette famille, suivant Petitot et le dict. hérald. portait simplement de gueules à la tour d'or. Le doyen Germain est le seul qui ait établi cette variante.
Voir § 66, n° 1.

6. D'azur à 3 oies d'argent becquées et membrées d'or.

Arm. gén. Paris, 1696.

DE MALNOUE, François, curé de Marsangis.

Arm. comme ci-contre.

7. D'argent à 3 canards d'azur, 2 et 1, dans des ondes de même, surmontés de 3 étoiles de sable rangées en chef.

Arm. gén. Paris, 1696.

NOGENT, Antoine, curé de Venizy.

Arm. comme ci-contre.

8. D'azur à 3 cannettes d'argent.

Arm. gén. Paris, 1696.

ANTOINE, Germain, prévôt des maréchaux de Vézelay.

Arm. comme ci-contre.

9. D'azur à 3 perdrix s'essorant d'or.

Arm. gén. Paris, 1696.

BARAT, Elisabeth, veuve d'Antoine Gibier, écuyer, seigneur de Serbois, territoire de Subligny.

Arm. comme ci-contre.

10. D'argent à 1 mûrier de sinople fruité de pourpre, sur une terrasse de même et accosté de 2 têtes et cous de perdrix arrachées et affrontées de gueules.

Arm. gén. Paris, 1696.

LE MEUR, Marc-Antoine, officier de panneterie chez S. A. R. Madame, domicilié à Joigny.

Arm. comme ci-contre.

11. D'azur à 1 pâté couvert en chapiteau d'or sommé de 2 têtes de perdrix adossées au naturel et accomp. de 8 échaudés triangulaires d'or posés en orle.

Arm. gén. Paris, 1696.

TONNERRE, les pâtissiers.

Arm. comme ci-contre.

12. D'or à 3 cailles au naturel.

Arm. gén. Bourg. 1696.

CAILLOT, Nicolas, notaire royal et procureur au bailliage d'Avallon.

Arm. comme ci-contre.

13. D'azur à 3 croissants d'argent rangés en chef et 3 roses d'or rangées en pointe sommées chacune d'une colombe aussi d'or.

Arm. gén. Paris, 1696.

14. D'azur à 3 colombes d'argent.

Dict. hérald. et Palliot.

15. D'or à 3 corbeaux de sable.

Palliot, p. 190.

16. D'or à 3 corbeaux de sable.

D. Viole, p. 423.
Les tablettes de Thémis ajoutent : membrés et becqués de gueules.

17. D'argent à 3 têtes de corbeaux de sable.

Arm. man. Tarbé.

18. De gueules à 3 gerbes d'or, posées en pal l'une sur l'autre et accostées de 2 têtes de corbeaux affrontées de même.

Arm. gén. Paris. 1696.

19. D'or à 3 pies au naturel posées en pal et côtoyées de 2 rameaux de cerisier de sinople fruités de gueules.

Arm. gén. Paris, 1696.

20. D'argent à la bordure dentelée de gueules, à 1 croix de Malte de même, accomp. de 3 têtes d'émérillons arrachées de sable,

DE COURCELLES, Pierre, curé doyen de Rugny.

Arm. comme ci-contre.

COUSINOT, seigneur de Césy, dont Guillaume, chambellan de Charles VII et de Louis XI, mort 1471.

Tarbé.
Famille originaire d'Auxerre, anoblie le 6 mars 1405.
Lebeuf.

GALARD DE BÉARN, Marie-Anne, abbesse de Saint-Julien d'Auxerre, 1776.

Frappier, hist. de l'abb. St-Julien. Elle était, dit-il, p. 82, de la famille des Galard de Brassac.

DE CORBIE, Jean, évêque d'Auxerre, 1426-1432.

D. Viole, p. 423.

GIRARDIN, seigneur de Vanvré, et d'Argentenay, près de Tonnerre.

Nobl. baill. de Sens, 1789.

— Seigneur du Coing, fief d'Argentenay.

Arch. de l'Yonne.

NARDEUX, Marguerite, veuve de François Madevan, élu et grenetier de Joigny.

Arm. comme ci-contre.

PIAT, Michel, marchand à Villeneuve-le-Roi.

Arm. comme ci-contre.

DE BRIENNE, curé de Neuvy-Sautour.

Arm. comme ci-contre.

becquées et allumées de gueules, 2 et 1.

Arm. gén Paris. 1696.

21. D'argent à 3 chardonnerets au naturel, celui de la pointe portant dans son bec un épi d'or péri en barre.

Arm. gén. Paris, 1696.

CHARDON, Jean, administrateur de l'Hôtel-Dieu de Sens, et curé de Sainte-Croix de cette ville.

Arm. comme ci-contre.

22. De gueules à 3 roitelets volants.

Arm. gén. Bourg. 1696.

LIGER, Claude, notaire royal à Montréal.

Arm. comme ci-contre.

23. D'azur à 1 rocher de 2 pointes d'argent sommé de 2 oiseaux affrontés d'or surmontés chacun d'une croisette de même.

Arm. gén. Paris, 1696.

CHANTOISEAU, Jean, curé de Villiers-Saint-Benoît.

Arm. comme ci-contre.

24. D'azur à 3 oiseaux de gueules.

Epitaphe de l'église de Chêne-Arnoud.

LEFORT, seigneur de Chêne-Arnoud, ainsi que le fait connaître l'épitaphe suivante dans l'église de ce lieu :

Passant qui vois en or ce beau marbre gravé
Et d'un zèle pieux dans ce temple eslevé
Apprend qu'il est posé pour l'immortelle gloire
D'Abigail Lefor d'éternelle mémoire
Qui laisse cette marque à la postérité
De sa dévotion et de sa piété.
Cet honneur de son sang cette illustre personne
Eut pour ayeul Réné gouverneur de Bayonne
Seigneur de Chesne Arnal qui dans ce noble emploi
Ne fut pas moins ardent que fidel à son roy.
Elle qui dans la vertu si vivement éclate
Prit jadis pour époux le Seigneur de Vilate.
Et ce cher souvenir la touche tellement
Qu'il l'accompagnera jusques au monument.
Cependant cette noble et vertueuse Dame
Autant pour son salut que celui de son âme
A fondé pour jamais dedans ce sacré lieu
Une messe au saint nom de la mère de Dieu,
Qui se doibt célébrer en une heure certaine
A chasque samedy de chacune septmène.
Chrestien qui vois l'effet d'un cœur dévotieux
D'une sainte prière accompagne ses vœux
Et conjure le ciel pour ce pieux office
Qu'il lui soit à jamais favorable et propice.
1646.

25. D'or à 7 merlettes de sable, 3, 2 et 2.

Arm. gén. Paris, 1696

MERLOT, Paul, curé de la Chapelle-Vaupelletaigne.

Arm. comme ci-contre.

26. D'argent à 3 merlettes de sable.

Arm. gén. Paris; 1696.

GOIX, Barbe, veuve de Germain de Toret, seign. de Grand-Champ.

Arm. comme ci-contre.

27. De gueules à 3 merlettes d'or.

BOISSELET, seigneur de la Cour-les-Mailly, XVIᵉ siècle.

Dict. gén. hérald.

Dict. nobl.

— Seigneur de Mailly-la-Ville, XVIᵉ siècle.

Arch. imp.

28. D'argent à l'écusson de sable, surmonté de 3 merlettes de même.

Palliot, p. 457.

DE SAINT-AUBIN, seigneur de Villefargeau, de la Villotte et de la Grange-du-Bois, près d'Auxerre.

Arch. imp.

29. De sinople à 1 écusson d'argent en cœur, chargé de 3 merlettes de sable.

Arm. gén. Paris, 1696.

JOUVANNE, Georges, curé de Jussy, demeurant en l'élection de Tonnerre.

Arm. comme ci-contre.

30. De... à 3 merlettes de...

Musée lapidaire d'Auxerre, tombe non cataloguée.

DE CARBONNEL, Thomas, sacristain de Moutiers, mort en 1556.

Tombe, comme ci-contre.

31. De... à 3 merlettes (?) de ... l'une sur l'autre.

Sceau d'une charte de 1539, arch. de l'Yonne.

DE MONTSAUVIN, abbesse de Crisenon.

Charte de 1539, arch. de l'Yonne.

32. De gueules à 3 alérions d'or.

Arm. gén. Paris, 1696.

GIBIER, Daniel, écuyer, seign. de Serbois.

Arm. comme ci-contre.

33. De sinople à 3 alérions d'or.

Vertot.

VÉELU, seigneur de Passy, près Sens, XVIIᵉ siècle.

Vertot.

§ LXIII. — ÉCUS AYANT UN ANIMAL AUTRE QU'UN QUADRUPÈDE ET UN OISEAU.

1. De gueules au dauphin pâmé d'or, lorré et peautré d'azur.

Arm. du Nivernais.
On trouve ce dauphin dans le sceau d'une charte de 1238, arch. de l'Yonne, la bouche béante, c'est-à-dire pâmé, et la langue sortante.

DE FORESTS ou FOREZ, comtes d'Auxerre et de Tonnerre.

Du Bouchet, généal. de Courtenay, p. 51.

— Seigneur de Vermenton, XIIIᵉ siècle.

Arch. de l'Yonne.

— Seign. de Vergigny et de Rebourseaux.

Arch. de l'Yonne, cart. du comté de Tonnerre.

2. D'azur à un dauphin d'argent.

Arm. gén. Paris 1696.

BADENIER, Claude, curé de Guerchy.

Arm. comme ci-contre.

3. De gueules à 1 poisson d'argent, accompagné de 3 hameçons de même.

Arm. gén. Paris, 1696.

4. D'argent au chou de sinople, le tronc accolé d'un serpent d'or.

Palliot, p. 168.

5. D'or à 1 couleuvre d'azur posée en pal.

P. Anselme.
On trouve ces armes dans l'église de Seignelay. La couleuvre y est figurée en pal ondulé.

6. D'azur à la salamandre d'or dans des flammes au naturel.

Arm. gén. Paris 1696.

7. D'azur à 1 écrevisse d'or posée en pal.

Arm. gén. Paris, 1696.

8. D'argent à 1 écrevisse d'azur.

Arm. gén. Bourg., 1696.

9. D'or à 1 mouche à miel de sinople.

Arm. gén. Bourg., 1696.

MUROT, Edme. seigneur de Jaffort et de la Borde.

Arm. comme ci-contre.

CHAUVELIN, garde des sceaux, seigneur de Turny, XVIIIᵉ siècle.

Duranthon. notice dans l'ann. de l'Yonne.

COLBERT, seigneur de Seignelay, érigé en marquisat-pairie en 1668 pour Jean-Baptiste, de Beaumont, Ormoy, Hauterive, Ligny, le Petit-Monéteau, etc.

Henry, hist. de Seignelay.

— Seigneur de Seignelay, Cheny, Beaumont, etc.

P. Anselme.

— Nicolas et André, évêques d'Auxerre, 1672-1676 et 1676-1704.

Lebeuf.

— Seign. de Bonnart, Méré, Migennes, Mont-Saint-Sulpice, Quenne, Nangis, Saint-Cydroine, La Roche, Laxon, Saint-Cyr-les-Colons et Villeneuve Saint-Salve.

Arch. de l'Yonne.

SALONNIEZ, Paul, prieur et seigneur d'Abon, chanoine de Vézelay.

Arm. comme ci-contre.

JAMART, Robert-Olivier, conseiller du roi, son procureur au présidial et maréchaussée de Sens.

Arm. comme ci-contre.

GOBART, Jean, notaire royal et greffier de la prévôté d'Avallon.

Arm. comme ci-contre.

MOUTON, Jean, procureur du roi au grenier à sel de Noyers.

Arm. comme ci-contre.

10. D'argent au griffon de sable.
Arm. man. de la ville de Sens.

DE CORBEIL, Michel et Pierre, archevêques de Sens, morts 1199 et 1221.
Tarbé.

11. D'or au dragon volant de sinople, lampassé de gueules.
P. Anselme et Tablettes de Thémis.

DE CORBEIL dit DE GREZ, évêque d'Auxerre, 1278-1308.
Lebeuf.

12. D'azur à la bordure de sable, à la vouivre d'or.
Lebeuf, 2e édition.

DE CONDORCET, évêque d'Auxerre, 1754-1760.
Lebeuf.

13. D'argent à 1 diable de sable.
Arm. gén. Paris, 1696.

LENFUMÉ, Pierre, curé de Sormery.
Arm. comme ci-contre.

§ LXIV. — ÉCUS AYANT PLUSIEURS ANIMAUX, AUTRES QUE DES QUADRUPÈDES ET DES OISEAUX.

1. D'azur à 3 tortues d'or.
Am. gén. Paris, 1696.

ROSSEL, Christophe, écuyer à Sens.
Arm. comme ci-contre.

2. D'or à 3 chabots de gueules.
Palliot, p. 64.

CHABOT-CHARNY, seign. de Tanlay, XVIe et XVIIe siècles.
Chaillou des Barres, notice dans l'ann. de l'Yonne.
— Co-seigneur de Gigny, 1606; seign. de Saint-Vinnemer et de Paissons.
Arch. de l'Yonne.

3. D'argent à 3 guyots ou poissons posés en fasce, celui du milieu contourné, et une mer ondée d'azur en pointe.
Dict. nobl.

GUYOT, marquis de Saint-Amand, bailli d'Auxerre, XVIIIe siècle.
Lebeuf

4. D'azur à 1 mortier d'or duquel sortent 2 vipères affrontées d'argent, accomp. en chef de 2 croissants de même, et en pointe de 2 branches de sauge aussi d'argent posées en sautoir.
Arm. gén. Paris, 1696.

TONNERRE, les Apothicaires.
Arm comme ci-contre.

5. D'or à 3 écrevisses de gueules.

DE THIARD, seign. du Mont-

D. Cottron, p. 1200, et Palliot.

Saint-Sulpice, de Bouilly et de Villefargeau.

Cornat, notice dans le bull. de la Soc. hist. de l'Yonne.

— Hugues, abbé de Saint-Germain d'Auxerre, 1453-1495.

D. Cottron, p. 1200.

6. D'argent à 3 écrevisses de gueules.

D'Hozier, arm. gén. I. p. 86, pour Boucher.
On trouve ces armoiries sur trois tombeaux de l'église de Flogny.
Arm. man. Tarbé, pour Richer,
Nous craignons fort que Tarbé ait fait erreur en attribuant à cette famille les mêmes armes qu'à celle de Boucher.

1. BOUCHER, seign. de Milly, bailliage de Noyers, et de Fontaine-Géry, près de Milly.

D'Hozier, arm. gén. I. p. 86.

— Barons de Flogny, seign. de la Chapelle, Epineuil, Poilly, Seignelay, en partie, Carisey, Chiché, Villiers, Percey.

Dict. nobl.

— Seign. de la Rupelle, de Bailly, Villiers-sur-Tholon, Aillant, Argenteuil, les Minots, Villiers-Vineux, Vergigny, Dollot, Tréfontaine, la Chapelle-Vieille-Forêt, Ravières, Vezinnes, Sainte-Vertu, etc.

D'Hozier.

— Seign. de Palis et de Vertron, XVIᵉ siècle.

De Caumartin.

— Seign. de Roffey, XVIᵉ siècle.

Invent. du comté de Tonnerre, arch. de l'Yonne.

— Etienne, évêque de Cornouaille, seign. de Flogny, écartelait au 1 et 4 de Boucher, au 2 et 3 de ... à 3 têtes de léopard de...

Tombeau de l'église de Flogny.

2. RICHER, famille de Sens, qui a produit un évêque de Calcédoine, un président au bailliage de Sens, un écrivain, etc.

Tarbé.

7. D'or à 2 vers à soie de sinople posés en chevron brisé de sable

FENEL, l'un Charles-Henri, docteur en théologie à Sens, un autre

accomp. de 3 feuilles de mûrier de sinople.

Arm. gén. Paris, 1696.
Trompé par quelque figure grossière de cet écu, Tarbé, dans son armorial man. l'a blasonné ainsi : D'or à 3 feuilles de sinople et 2 poissons de sable posés en sautoir.

8. D'azur à 3 doublets ou papillons volants en bande.

Arm. hist. de la nobl. de France.

9. D'argent à 1 palme de sinople en fasce, accomp. de 3 papillons de sable miraillés d'or, d'azur et de gueules.

Arm. gén. Paris, 1696.

10. D'azur à 2 flambeaux d'argent, allumés de gueules passés en sautoir et accomp. de 4 abeilles d'argent ailées d'or.

Arm. gén. Paris, 1696.

membre de l'Acad. des inscriptions et belles-lettres, chanoine de Sens.

Arm. comme ci-contre et Lallier, not. dans le bull. de la soc. hist. de l'Yonne.

DOUBLET DE CROUY, seign. de Branches et de Saint-Aubin-sur-Yonne.

Tarbé, arm. man.
— Seign. de Beaulche et de la rivière d'Yonne.

Déy, géogr. féod. de la baronnie de Perreuse.

SALLOT, Michel, bourgeois à Saint-Julien-du-Sault.

Arm. comme ci-contre.

LESIRE, Jean, marchand à Villeneuve-le-Roi.

Arm. comme ci-contre.

§ LXV. — ÉCUS AYANT POUR SEUL MEUBLE UNE CROIX OU UN SAUTOIR RACCOURCI.

1. D'or à la croix ancrée de gueules.

P. Anselme.

2. D'or à la croix ancrée de sinople.

DE DAMAS, seigneur de Festigny, Bennes, Chevannes.

P. Anselme.
— Seigneur de Druyes, XVIIIe siècle.

Challe, notice dans l'ann. de l'Yonne.
— Seigneur de Festigny.

Stat. du comté d'Auxerre, 1670.
— Seigneur du faubourg Saint-Laurent de Courson, de Ragny, de Vignes.

Courtépée, VI, p. 38 et 58.

DE SAINT-PHALLE ou SAINT-FALLE ou MARION DE SAINT-

Pailliot, Vertot et Arm. gén. Paris, 1696.

Du Bouchet et l'Arm. gén. Bourg. 1696 disent : De sinople à la croix ancrée d'or.

3. D'azur à la croix ancrée d'argent.

Vertot et arm. gén. Orléans, 1696.

4. D'azur à 1 croix ancrée d'argent, vidée de toutes parts et séparée en 4 pièces.

Arm. gén. Paris, 1696.

5. De... à la croix ancrée de...

P. Anselme et Dict. nobl. pour Clément.
Sceau d'une charte de 1213, arch. de l'Yonne pour Des Barres; et D. Viole, II, p. 2041, pour Roudon.

6. D'argent à la croix alaisée de gueules endentée de sable.

Dict. hérald.

7. D'azur à la croix fourchée d'or.

PHALLE, seigneur de Neuilly et de Laferté-Loupière.

Du Bouchet, généal. de Courtenay.

— Seigneur de Cudot, de Treigny, de Ratilly, etc.

Déy, géograph. féod. de la baronnie de Perreuse.

— Seigneur de Villefranche.

Nobl. baill. de Sens, 1789.

— Seigneur d'Argentenay, XVIᵉ siècle.

Cart. du comté de Tonnerre, arch. de l'Yonne.

DAVY, seigneur de la Bruslerie, paroisse de Champlay, XVIᵉ siècle.

Vertot.

— Seigneur d'Ecolive, lieutenant général au bailliage d'Auxerre, XVIᵉ siècle.

Lebeuf.

DE PERTHUIS, Anne, seigneur de Vertot, etc.

Arm. comme ci-contre.

1. CLÉMENT, Guarmand, abbé de Pontigny, élu évêque d'Auxerre, 1182, et mort la même année.

P. Anselme, dict. nobl.

2. DES BARRES, seigneur de ce lieu.

Charte de 1213, arch. de l'Yonne.

3. DE ROUDON, Philippe, abbesse de Saint-Julien d'Auxerre, 1431-1465.

D. Viole, II, p. 2041.

DE CHAVIGNY, seigneur de Saultour, Neuvy et Courcelles, XIVᵉ siècle.

Inv. du comté de Tonnerre, arch. de l'Yonne.

BUFFEVANT, seigneurs de Villiers-Vineux e tde Chaumont, l'un

Palliot, p. 236.

gouverneur d'Auxerre, XVIe, XVIIe et XVIIIe siècles.

C. Dormois, not. dans le bull. de la Soc. hist. d'Auxerre.

— Seigneur de Butteaux et de Percey, XVIIe siècle.

Arch. de l'Yonne.

8. D'azur à 1 croix de Malte d'argent.

Arm. gén Paris, 1696.

CHEVALIER, curé de Michery.

Arm. comme ci-contre.

9. D'azur à la croix pattée d'argent, chargée en cœur d'un chevron de gueules, en pointe d'une rose de même boutonnée d'or, et sur chacune des traverses de la croix, d'une molette de sable.

Chaillou des Barres, notice dans l'ann. de l'Yonne.
Cet écu figure dans une litre de l'église de Saint-Fargeau et dans une tapisserie soie et argent de l'autel de la chapelle de l'hôpital de cette ville.

LEPELETIER, comtes de Saint-Fargeau, barons de Perreuse, seign. de la Chapelle près Saint-Sauveur, XVIIIe siècle.

Déy, hist. du comté de Saint-Fargeau.

10. De... à 1 croix du Saint-Esprit de...

Recueil des sceaux du moyen-âge dits sceaux gothiques. Paris, Antoine Boudet, 1779.

TONNERRE, les religieux du Saint-Esprit.

Recueil comme ci-contre. La légende est *Sigillum domus sancti Spiritus de Tornodoro.*

11. De... à une croix fleuronnée de...

Sceau d'une charte de 1522, arch. de l'Yonne.

P. DE CLOMS, commandeur de Coulours.

Charte de 1522, arch. de l'Yonne.

§ LXVI. — ÉCUS AYANT POUR SEUL MEUBLE, UNE CONSTRUCTION, 1 VILLE, 1 PONT, 1 CHATEAU, 1 MAISON, 1 TOUR, ETC.

1. De gueules à la tour d'or.

Vertot, pour Vieilcastel; Petitot, p. 147, pour Chartraire.
L'Arm. gén. Bourg., 1696, ajoute que la tour est maçonnnée de sable pour Chartraire.
Ce serait d'azur à la tour d'argent pour ce dernier, suivant un jeton publié par M. Rossignol dans ses *Libertés de la Bourgogne par les jetons de ses Etats.* Autun, 1851. in-8 .

1. DE VIEILCASTEL, seign. de Vertilly, notamment Pierre, maître d'hôtel du roi, XVIe siècle.

Tarbé et coutume de Sens.

— Seign. de la Racine, hameau de Saint-Aubin Château-Neuf.

Epitaphe de l'église de ce lieu, XVIIIe siècle.

2. DE CHARTRAIRE, seign. de Montigny, Saint-Aignan, Ragny;

plusieurs conseillers au parlement de Bourgogne.

Petitot, p. 147, et Courtépée, VI, p.39.

— Seign. de Sceaux.

Courtépée, VI, p. 47.

— Seign. de Montréal, XVIIIe siècle.

Breuillard.

D'ANISY, Pierre, archevêque de Sens, mort 1274.

Arm. comme ci-contre.

2. De gueules à la tour d'argent maçonnée de sable et sommée de 3 tourelles de même.

Arm. man. de la ville de Sens.
D'après M. Julliot, il faudrait ajouter que les tourelles sont crénelées et couvertes aussi d'argent.

3. D'azur à la tour d'or.

Palliot, p. 634.

DE SALINS, seigneur de Domme-cy-sur-le-Vault, XVe siècle.

Courtépée, VI, p. 15.

— Seigneur de Lezinnes, Vireaux et Sambourg, XVIe siècle.

Inv. du comté de Tonnerre, Arch. de l'Yonne.

4. D'azur à la tour d'argent maçonnée de sable.

Arm. gén. Bourg. 1696. Il indique pour exergue ces mots : *Esto nobis, Domine, turris fortitudinis*.
Palliot dit la tour maçonnée de gueules, mais il aura confondu la ville d'Avallon avec la prévôté qui portait en effet la tour maçonnée de gueules. Voir § 49, n° 9.

AVALLON, la ville.

Arm. comme ci-contre.
Une ordonnance royale du 28 décembre 1821 a maintenu la ville d'Avallon dans la possession de ses armoiries.
M. Quantin cite comme variante l'empreinte conservée aux archives du département, fonds des Doctrinaires, et apposée en noir de fumée, à l'aide d'un cachet, en 1701, dans laquelle l'exergue est réduit à ces mots : *Turris Avalonis*.

5. De sable à la tour donjonnée de 2 pièces d'or, une de chaque côté.

Palliot, p. 261, et Dict. hérald.

LE GRUYER, seigneur de Saint-Bris, XVIe siècle.

Coutume d'Auxerre.

6. De... à la tour de...

Sceau d'une charte de 1230. Arch. de l'Yonne.

DE SICONS, chanoine d'Auxerre.

Charte de 1230, arch. de l'Yonne.

7. De gueules au château d'or.

D. Viole, p. 355.
Il faut ajouter, pour être d'accord avec la figure : *à 3 portes ouvertes*.

DE NOYERS, Hugues, évêque d'Auxerre, 1183-1206.

Lebeuf.

8. De gueules à 1 château composé de 2 tours, celle sur le flanc senestre plus basse, jointes par un mur équipollé ou penchant du haut

DE VEYRES, Nicolas, chanoine de Sens, grand archidiacre de la même Église, secrétaire d'Etat de Charles V, évêque de Châlon-sur-

de la première jusqu'au milieu de la seconde, le tout d'argent, maçonné de sable.

Vulson, p. 203.

9. De... au château de... composé de 2 tours basses crénelées, unies par un mur intermédiaire, et renfermant une tour élevée, également crénelée, la porte placée dans la tour de dextre.

Sceau d'une charte de 1189, arch. de l'Yonne, fonds Pontigny.

10. De... au château crénelé de... renfermant une seule tour aussi crénelée, le mur d'enceinte percé d'une porte centrale.

Contre-sceau d'une charte de 1263, arch. de l'Yonne.

De... au château ou mosquée de... composé d'un mur d'enceinte sans porte, et renfermant un édifice terminé en dôme semi-sphérique.

Contre-sceau d'une charte de 1216, arch. de l'Yonne.

11. De... au château de... composé de 3 tours, celle du milieu plus grande, unies par un mur intermédiaire, le tout ajouré, la grande tour percée d'une porte.

Sceau d'une charte de 1396, arch. de l'Yonne.

12. D'argent, la ville en perspective, l'hôtel de ville girouetté, les églises, le château, les tours et les bâtiments ajourés de même, le tout d'azur, maçonné de sable et essoré de gueules, la porte ouverte et dans l'ouverture un maillet d'or, le manche en haut.

Dict. hérald. description complétée.
La description de M. Quantin ne fait pas connaître non plus l'émail des bâtiments.

Saône, élu archevêque de Sens, mais non admis par le pape. XIVe siècle, né à Pont-sur-Yonne.

Tarbé.

DE PIERREPERTHUIS, le sire de...

Sceau comme ci-contre.

DE NOYERS, les sires de...

Contre-sceau comme ci-contre.

Contre-sceau comme ci-contre. Voir § 54, no 26.

JOIGNY, la prévôté.

Sceau comme ci-contre.

JOIGNY, la ville.

Dict. hérald.

M. Quantin ne pense pas que ces armoiries remontent au-delà du XVIIe siècle. Nous croyons, avec lui, que le *maillet* placé en travers de la porte fait allusion au sobriquet de *Maillotins* donné jusqu'à ce jour aux habitants de Joigny, et rappelle quelque fait glorieux.

On trouve ces armoiries peintes dans l'escalier de l'hôtel de ville et en tête d'un manuscrit intitulé : *Les biens patrimoniaux appartenant à la ville de Joigny.*

13. De ... à 1 forteresse avec un mur d'enceinte crenelé, renfermant 3 tours également crenelées, une grande au milieu, une petite de chaque côté, le mur d'enceinte percé au milieu d'une porte sur laquelle est écrit de bas en haut le mot SEN. le tout de...

Sceau comme ci-contre.

SENS, la ville.

Sceau du XIIIe siècle conservé aux archives imp. sous le no 51,316.

Voir les armoiries modernes § 50. no 6.

14. De ... à 1 portail d'église à 3 portes plein-cintre, surmonté de 3 tours à clochers crucifères, de... celui du milieu plus grand.

Archives de l'Yonne, sceau du XIIIe siècle.

AUXERRE, abbaye Saint-Marien.

Arch. de l'Yonne, comme ci-contre.

15. D'azur à 1 dôme d'église d'argent.

Arm. gén. Paris, 1696.

DAUMOY ou DAUMAY, Louis-Claude, curé de Gland.

Arm. comme ci-contre.

16. De ... à 1 édifice à 2 portes plein-cintre surmonté de 3 arcs ogivaux concentriques, de ...

Sceau d'une charte de 1238, arch. de l'Yonne, fonds de Saint-Pierre-le-Vif de Sens.

Devise : MILIT. TEMPLI. SA.

Contre-sceau: *Secretum templi.*

LES TEMPLIERS, XIIIe siècle.

Sceau comme ci-contre

17. D'argent à 1 maison d'azur essorée et couverte de gueules sur une terrasse de même, accomp. en chef de 2 truelles aussi de gueules.

Arm. gén. Paris, 1696.

TONNERRE, les couvreurs.

Arm. comme ci-contre.

18. De gueules au pont d'or.

Dict. nobl.

DE PONVILLE, seign. de Varennes-Serbonne, de Flacy et Vulaines.

Tarbé.

19. D'argent à 1 pont-levis de sable.

Arm. gén. Paris, 1696.

PAULVÉ, Germain, curé de Courgis.

Arm. comme ci-contre.

20. De ... à 1 porte de ville cré-

VILLENEUVE-LE-ROI, la ville.

nelée et flanquée de 2 tours ajoûrées à 2 étages, la porte ouverte, le tout de ...

Plan de la façade de l'église, 1575, conservé aux archives de la ville.

Comme ci-contre.

M. Quantin cite un document moderne qui présente pour armes de la ville : d'azur à 3 tours d'or sommées chacune d'une fleur de lis de même.

§ LXVII. — ÉCUS AYANT POUR SEUL MEUBLE 1 PLANTE, 1 FLEUR, 1 FRUIT, 1 FEUILLE.

1. D'or à 1 arbre de sinople.
Arm. gén. Paris, 1696.

DU VERGER, Pierre, écuyer de cuisine du roi, à Vézelay.
Arm. comme ci-contre.

2. D'or à 1 mûrier de sinople futé et fruité de sable.
Arm. gén. Paris, 1696.

LE MEUR, Louis–Julien, président de l'élection de Joigny.
Arm. comme ci-contre.

3. D'argent à 1 pommier de sinople.
Arm. gén. Bourg. 1696.

NORMAND, André, chanoine de Montréal.
Arm. comme ci-contre.

4. D'azur au chêne d'or dont les les branches sont entrelacées.
Dict. nobl. et Palliot, p. 30 et 31.
Devise : *Ferme en tout temps.*

GRIMOARD DU ROURE, seign. de Sergines, 1788.
Tarbé.
— Seign. de Granchamp et de Chevillon.
F. Servier, notice dans l'ann. de l'Yonne.

5. De sinople à 1 buisson d'argent.
Arm. gén. Paris, 1696.

DE LA BUSSIÈRE, femme d'Antoine Moncorps, seign. de Chéry.
Arm. comme ci-contre.

6. D'argent à la fougère arrachée de sinople.
Tarbé, arm. man.

GRANDJEAN, seign. de Fouchy et de Villeneuve-la-Guyard, né à Paris en 1707, membre de l'Académie des sciences en 1731.
Tarbé, arm. man.

7. D'azur à la gerbe d'or, liée de gueules.
D'Hozier, arm. gén. V.
De Combles, traité des devises hérald. dit que la gerbe est liée d'or.

BRAQUE, seign. de Saint-Maurice-sur-l'Aveyron et de Châtillon-sur-Loing, grand bailli de Sens et d'Auxerre.
D'Hozier, arm. gén. V.

8. De ... à un bouquet de fleurs de ...
Sceau d'une charte de 1214, arch. de l'Yonne.

EUSTACHE, sacristain d'Auxerre.
Charte de 1214, arch. de l'Yonne.

§ LXVIII. — ÉCUS AYANT POUR SEUL MEUBLE 1 INSTRUMENT D'ART
ET MÉTIER.

1. D'or à 1 four de gueules.
Arm. gén. Bourg. 1696.

AVALLON, les pâtissiers.
Arm. comme ci-contre.

2. D'or à 1 paire de ciseaux ouverts de sable.
Arm. gén. Bourg. 1696.

AVALLON, les, tailleurs d'habits.
Arm. comme ci-contre.

3. D'or à 1 panier de gueules.
Arm. gén. Bourg., 1696.

AVALLON, les marchands.
Arm. comme ci-contre.

4. D'or à 1 lunette de corroyeur de gueules.
Arm. gén. Bourg., 1696.

AVALLON, les corroyeurs.
Arm. comme ci-contre.

5. D'or à 1 truelle de sinople.
Arm. gén. Bourg, 1696.

AVALLON, les couvreurs.
Arm. comme ci-contre.

6. D'argent à 1 équerre d'or.
Arm. gén. Bourg., 1696.

AVALLON, les menuisiers.
Arm. comme ci-contre.

7. D'or à 1 fusil de boucher de sinople.
Arm. gén. Bourg, 1696.

NOYERS, les Bouchers.
Arm. comme ci-contre.

8. D'or à 1 aune de gueules.
Arm. gén. Bourg. 1696.

NOYERS, les Marchands d'étoffes.
Arm. comme ci-contre.

9. D'or à 1 pelle à four de sable.
Arm. gén. Bourg. 1696.

NOYERS, les Boulangers.
Arm. comme ci-contre.

10. D'or à 1 croc de batelier de gueules.
Arm. gén. Bourg., 1696.

CROMOT, ancien chanoine du Chapitre d'Avallon.
Arm. comme ci-contre.

11. D'argent à 1 lardoire de sinople.
Arm. gén. Bourg., 1696.

LARDERY, Pierre, notaire à Avallon.
Arm. comme ci-contre.

12. De gueules à la balance équilibrée d'or.
Dict. hérald.
Il écartelait au 1 et 4 de Montpesat, au 2 et 3 de gueules au lion d'argent et sur le tout d'azur à un monde d'argent.
Portrait du chapitre métropolitain de Sens, et Julliot.

DE MONTPEZAT DE CARBON, archevêque de Sens, 1675-1685.
Cornat.

LXIX.—ÉCUS AYANT 1 SEUL MEUBLE, AUTRE QU'UNE CONSTRUCTION,
1 VÉGÉTAL OU 1 INSTRUMENT D'ART ET MÉTIER.

1. D'or au crequier de gueules.
P. Anselme, IV, p. 292.
Cri de guerre : *Crequy !*
Devise : *Nul ne s'y frotte.*

BONNE DE CRÉQUY, marquis de Ragny, par François, qui épousa Anne DE LA MADELAINE, marquise de Ragny, le 3 décembre 1632.
P. Anselme, IV, p. 292.
— Seign. de Trévilly, Trevisot et la Boucherasse, commune de Trévilly, XVIIe siècle.
Breuillard.

2. D'or à 1 harpe de gueules.
Arm. gén. Paris, 1696.

DAVID, curé de Joux.
Arm. comme ci-contre.

3. D'or à 1 nœud de ruban d'azur.
Arm. gén. Bourg., 1696.

NOYERS, les Merciers.
Arm. comme ci-contre.

4. D'or à 1 clef de gueules, le pennon en bas.
Arm. gén. Bourg., 1696.

NOYERS, les Serruriers.
Arm. comme ci-contre.

5. D'argent à 1 soulier d'azur.
Arm. gén. Paris, 1696.

NOYERS, les Cordonniers.
Arm. comme ci-contre.

6. D'or à 1 roue de gueules et 1 bordure de même.
Arm. gén. Paris, 1696.

DE ROUVRAN, Gaspard, écuyer à Saint-Florentin.
Arm. comme ci-contre.

7. D'argent à 1 couronne fermée de gueules.
Arm. gén. Bourg., 1696.

HENRY, Jean, chanoine de Montréal.
Arm. comme ci-contre.

8. D'argent au cœur de gueules.
Arm. gén. Paris, 1696.

BURLUGAY, Jean, chanoine de Sens.
Arm. comme ci-contre.

9. D'argent au godet de gueules.
Arm. gén. Bourg., 1696.

GAUDET, notaire royal et procureur au bailliage d'Avallon, et Jean, propriétaire en partie du greffe et chancellerie de cette ville.
Arm. comme ci-contre.

10. D'argent à 1 manteau de gueules.
Arm. gén. Paris, 1696.

DE MANTES, Henri, curé de Nailly.
Arm. comme ci-contre.

11. D'argent à 1 râteau de gueules.

Arm. gén. Bourg. 1696.

12. D'argent à 1 chapeau de gueules.

Arm. gén. Paris, 1696.

13. D'or à 1 livre ouvert d'azur.

Arm. gén. Bourg., 1696.

14. D'argent à 1 nœud de ruban de sinople.

Arm. gén. Bourg., 1696.

15. D'argent à 1 chapeau retroussé d'azur.

Arm. gén. Bourg., 1696.

16. D'argent à 1 gant de gueules.

Arm. gén. Bourg., 1696.

17. D'argent à 1 flacon d'azur.

Arm. gén. Bourg., 1696.

18. D'argent à 1 botte renversée de sable.

Arm. gén. Bourg., 1696.

19. De sable à 1 chapeau cordonné d'argent.

Arm. gén. Paris, 1696.

20. D'azur au triangle clesché et renversé d'or, chargé d'une molette de gueules sur chaque angle.

Arm. univ. Petitot, d'Hozier, Julliot. Palliot dit le champ de gueules et les molettes de sable.

21. D'azur à un chausson d'argent.

Arm. gén. Bourg., 1696.

22. D'argent à 1 parapluie de gueules.

Arm. gén. Bourg., 1696.

23. D'argent à 1 canon monté sur un affût marin d'azur.

Arm. gén. Bourg., 1696.

RAUDOT, Claude, curé de Magny-lez-Avallon.

Arm. comme ci-contre.

LE BLANC, Louis, maître de poste à Villeneuve-le-Roi.

Arm. comme ci-contre.

AVALLON, les Pères de la Doctrine chrétienne.

Arm. comme ci-contre.

AVALLON, les Merciers.

Arm. comme ci-contre.

AVALLON, les Chapeliers.

Arm. comme ci-contre.

AVALLON, les Gantiers.

Arm. comme ci-contre.

AVALLON, les Hôteliers et Cabaretiers.

Arm. comme ci-contre.

AVALLON, les Cordonniers.

Arm. comme ci-contre.

DE LA CONDANNÈVE, curé de Villeneuve-l'Archevêque.

Arm. comme ci-contre.

LANGUET DE GERGY, archevêque de Sens, 1730-1753.

Cornat.

CHAUSSON, Lazare, procureur au bailliage d'Avallon.

Arm. comme ci-contre.

MORLAT, Blaise, procureur au bailliage d'Avallon.

Arm. comme ci-contre.

BARBETTE, François, chanoine de Montréal.

Arm. comme ci-contre.

24. D'argent à 1 cloche d'azur.
Arm. gén. Paris, 1696.

ANTOINE, dont Gabriel, receveur des tailles en l'élection de Vézelay, Gabriel, chanoine, et Laurence, veuve Barre.
Arm. comme ci-contre.

25. De gueules à 1 ancre d'or.
Arm. gén. Paris, 1696.

MARMET, Jean, chanoine de Brienon-l'Archevêque.
Arm. comme ci-contre.

26. De gueules à 1 rai d'escarboucle pommeté d'or.
Dict. nobl.

DU RAY, seign. de Ravières, XVIe siècle.
Inv. du comté de Tonnerre, arch. de l'Yonne.

27. De gueules au miroir d'argent, arrondi, pommeté et cerclé d'or.
Tarbé, arm. man.

MIRON de Pont-le-Roi, seign. de Beauvoir, médecin de Henri II et de Charles IX.
Tarbé, arm. man.

28. De gueules à 1 carquois d'or garni de flèches de même, posé en pal.
Arm. gén. Paris, 1696.

GARNIER, Edme, curé de Flogny.
Arm. comme ci-contre.

29. De gueules à 1 mors de bride d'argent avec ses bossettes d'or.
Arm. gén. Paris, 1696.

LE BOSSU, Charles, curé de Villeneuve-la-Guyard.
Arm. comme ci-contre.

30. De gueules au croissant montant d'argent chargé de 5 mouchetures d'hermines.
P. Anselme.

DE LA PORTE DE LA MEILLERAIE, Armand-Charles, seign. de Beaulches.
Déy, géographie féod. de la baron. de Perreuse.
Après son mariage avec Hortense Mancini, en 1661, il prit les armes de Mancini, voir § 17, no 24.

31. De gueules à 1 perruque d'argent.
Arm. gén. Paris, 1696.

BLONDET, Nicolas, à Tonnerre.
Arm. comme ci-contre.

32. D'azur au besan d'or.
Palliot, p. 88.

MICHAUT de la Forge, seign. de Champaigne et de Sergines, 1597.
Tarbé. D'après le Dict. hérald., des membres de cette famille auraient écartelé, au 1 et 4 d'azur au besan d'or ; au 2 et 3 d'azur au lion d'or.

33. D'azur à la lettre J d'or.
Arm. gén. Paris, 1696.

JARDINET, Nicolas, curé de de Pimelles.
Arm. comme ci-contre.

34. D'azur à 1 soleil d'or et 1 bordure engrêlée de même.

Arm. gén. Paris, 1696.

35. D'azur à 1 manchon d'argent.

Arm. gén. Paris, 1696.

36. D'azur à 1 bout de mèche d'argent allumé de gueules par les deux bouts.

Arm. gén. Paris, 1696.

37. D'azur à la cloche d'argent, bataillée de sable.

Vulson et arm. univ.
Il portait cet écu sur un écu écartelé au 1 d'azur au lion d'or ; au 2 pallé d'argent et de gueules de 8 pièces, au 3 de gueules à l'aiguière d'or, au 4 d'argent enté de 3 ondes d'azur.
Rousseau.
Ou au 1 d'azur au lion couronné d'or ; au 2 d'or à 3 pals de gueules ; au 3 de gueules à l'aiguière d'or ; au 4 d'azur enté de 3 ondes d'argent.
Julliot.

38. De sable à 1 poivrier d'argent.

Arm. gén. Paris. 1696.

39. De sinople à 1 fer à cheval d'or.

Arm. gén. Paris, 1696.

40. De ... à 1 calice de ...

Sceau d'une charte de 1212, arch. de l'Yonne.

41. De ... à 1 coiffure d'official de ...

Sceau d'une charte de 1216, arch. de l'Yonne.

42. De ... au bâton écoté de ... entouré de fleurs de ...

Sceau d'une charte de 1457, archiv. de l'Yonne, fonds Vauluisant.

43. De gueules plein.

Palliot et arm. univ. pour d'Albret ;
P. Anselme, pour Narbonne.
De gueules plein sont les armes primitives de la maison d'Albret. Elle portait en dernier lieu écartelé de France et d'Albret.
Vulson, p. 237, Palliot, p. 46.

BEAU, exempt de la maréchaussée de Sens.

Arm. comme ci-contre.

MICHAULS, Jacques-Claude, curé d'Ancy-le-Serveux.

Arm. comme ci-contre.

MICHAUD, curé de Villeperrot.

Arm. comme ci-contre.

DE BELLEGARDE, Octave (de Saint-Larry de Bellegarde), archevêque de Sens, 1621-1646.

Cornat.
On trouve dans le pouillé du diocèse de Sens, arch. de l'Yonne, les vers suivants sur les armes de cet archevêque :

Hoc armis ænigma meis concludo, quaterna
Quo virtus uno cardine dicta latet.
Me leo dat fortem, justam recti undique postes :
Vase habeor recto sobrius, igne sagax :
Sed quin pastori non sufficit abdita virtus
Eminet his famæ nola sonora meæ.

LE POIVRE, chanoine du chapitre Saint-Laurent-lez-Sens.

Arm. comme ci-contre.

FERRAND, Laurent-Achille, curé-prieur de Dollot.

Arm. comme ci-contre.

BODRANS, archiprêtre de Saint-Bris.

Charte de 1212, arch. de l'Yonne.

SAINT-JULIEN-DU-SAULT, la cour de l'official.

Charte de 1216, arch. de l'Yonne.

CHIGY, la Mairie.

Arm. comme ci-contre.

1. D'ALBRET, seign. de Saint-Florentin.

Pigeory, notice dans l'ann. de l'Yonne
— Seign. de Bauches et de Chevannes en partie.

Arch. de l'Yonne.

2. DE NARBONNE, maison dont est issue celle de Toucy, Xe siècle.

Déy, hist. du comté de Saint-Fargeau.

§ LXX. — ÉCUS AYANT 2 MEUBLES SEMBLABLES.

1. D'argent à 2 éperons d'or.

Arm. gén. Paris, 1696.

DE LA SALLE, dont Roger, baron de Tannerre, 1645.

Déy, notice hist. sur Tannerre dans le bull. de la soc. hist. de l'Yonne, III, p. 63.

2. D'argent chargé d'un trécheur double de gueules.

Rousseau et Julliot.

DE BAGNEAUX, Gunthère, archevêque de Sens, 1385-1386.

Cornat et Tarbé.

3. D'argent à 2 clefs de sable passées en sautoir.

Arm. gén. Bourg, 1696.

AVALLON, les serruriers.

Arm. comme ci-contre.

4. De gueules à 2 haches adossées d'or.

Julliot, conforme à une verrière et à l'entablement nord de la cathédrale de Sens.
Rousseau indique 2 faux au lieu de 2 haches

BÉCARD DE PENOUL, Etienne, archevêque de Sens, 1292-1309.

Cornat.

5. De gueules à 2 clefs d'argent posées en sautoir.

P. Anselme.
Ces armoiries existent sur l'orgue de l'église Saint-Michel de Tonnerre.

DE CLERMONT - TONNERRE, comtes de Tonnerre, seign. d'Ancy-le-Franc, barons de Dannemoine, marquis de Cruzy, seign. de Chassignelles, Cusy, Fulvy, Maulnes, Villon.

P. Anselme.

— Barons de Thorey, seign. de Melisey et Chamelard, XVIIe siècle.

Lambert, notice dans l'ann. de l'Yonne.

— Seign. de Villiers-sur-Tholon, Chanvres, Béon, Paroy, etc.

Arch. de l'Yonne, inv. de Senan.

6. D'azur à 2 clefs d'or adossées en pal, les pennetons en haut, et les anneaux en losange, pommelés et enlacés.

D'Hozier, arm. gén. I, p. 147.

Les armes de Clugny, dont on voit un écu sur une clef de voûte de l'église de Nuits, ont conservé une grande fixité, cependant Dom Viole, vol. 2, p. 2039,

DE CLUGNY, barons de Nuits-sur-Armançon, plusieurs conseillers au parlement de Dijon, un archidiacre d'Avallon.

Palliot, parl. de Bourg., XVIIe siècle.
Petitot, continuation de Paillot.

— Seign. de Nuits et de Villiers-les-Hauts.

donne, d'après une tombe de l'abbaye Saint-Julien d'Auxerre, pour Marie de Clùgny, abbesse de ce monastère, de ... à 3 clefs de ... les pennetons en haut.

D'Hozier, arm. gén. I, p. 147.

Seign. d'Etaules, de Carillon, paroisse de Magny-les-Avallon et de Sauvigny-le-Bois.

Courtépée, VI, p. 16, 23 et 46.

Une sentence des requêtes du palais, du 26 juillet 1723, a reconnu que cette famille seule avait le droit d'introduire un G dans son nom et que la famille de robe d'Avallon du nom de CLUNY devait s'en abstenir.

Des notes manuscrites, inscrites dans l'exemplaire, appartenant à la bibliothèque de la ville d'Auxerre, de l'histoire du Parlement de Bourgogne de Palliot et dans les suites de Petitot, nous ont conservé plusieurs épitaphes qui existaient dans l'église de Nuits-sur-Armançon, sur des tombes aujourd'hui détruites pour la plupart.

— Etienne, conseiller au parlement de Dijon, le 11 mai 1689, « mort à « Dijon le 8 novembre 1741, et enterré dans l'église de Notre-Dame où était « sa sépulture. Son cœur fut porté dans l'église de Nuits et mis dans le « mur du chœur près de la sacristie, le 23 dudit mois de novembre. On a « mis cette épitaphe sur une table de marbre dans l'église dudit Nuits. »

Æ. M.

STEPHANI DE CLUGNY

Baronis de Nuis, senat. Divion. qui splendore generis et virtute clarus
Eximia erga Deum, religione et pietate, integritate singulari in munere et doctrinâ,
Spectaculum factus et exemplum, spei plenus, obdormivit in Domino an. 1741 die 3
novembris, ætate 73
Et Christinæ Le Foul de Praslay, ejus uxoris,
Modestiâ, fide in conjugem, charitate in liberos, commendabilis. Obiit, an. 1738 die
26 mart. ætat. 70.
Marcus-Ant. et Stephanus, senatores Divionenses, filii mœrentes, parentibus optimis
titulum posuere.

Et sur une pierre, devant la place où le cœur est déposé, sont gravés ces mots :

Icy repose le cœur de noble et vertueux seigneur messire Estienne de Clugny, chevalier, baron de Nuits, seigneur de Praslay, Tharot, Reglois, la Roche, Villiers-les-Hauts, Mereuil et Bragelonne, conseiller au parlement, mort à Dijon, le 8 novembre 1741. Requiescat in pace.

— Etienne, conseiller au parlement de Bourgogne, le 23 juillet 1716, « marié le 10 mai 1724, à Claire-Ode Gilbert de Voisins de Crapado, fille « de Pierre-François Gilbert de Voisins, comte de Leheac de Crapado, et de « Claire-Christine-Marie-Anne du Lyon.

12

« Mort à Châtillon-sur-Seine, le 29 juin 1746, âgé de 55 ans, enterré
« dans l'église paroissiale de sa terre de Nuis, le 1ᵉʳ juillet 1746, où on a
« gravé cette épitaphe sur une table de marbre : »

Cy gît
Messire Etienne de Clugny, chevalier,
Baron de Nuis, conseiller au parlement de Bourgogne :
Mort à Châtillon, le 29 juin 1746, âgé de 55 ans.
Priés Dieu pour luy.

Dame Claire Gilbert de Voisins, sa veuve,
Et Jean-Etienne-Bernard de Clugny, baron de Nuis,
Claire-Christine-Pierrette de Clugny,
Et Marc-Antoine de Clugny, ses enfants,
Lui ont érigé ce monument.

— Marc-Antoine, conseiller clerc au parlement le 7 juin 1712, « exilé
« à Tours par lettre de cachet du 27 janvier 1726, rappelé par lettre de
« cachet du 2 mai suivant. »

« Mort à Dijon, le 21 juillet 1750, et enterré le lendemain en l'église
« de Notre-Dame, sa paroisse, dans la sépulture de sa famille. Son cœur
« a été inhumé, suivant son testament, dans le chœur de l'église parois-
« siale de Nuis-sur-Armançon où l'on a gravé cette épitaphe : »

D. O. M.
Hic jacet cor illustr. Dom.
Marci-Antonii de Clugny,
Presbit. Eccl. colleg. S. Dyonisii de Vergy, Decani,
Necnon in sup. Burg. curiâ senatoris,
Qui
Multâ doctrinâ, rerum prudentiâ, priscâ fide,
Moribus aureis, justiciæ ac religionis integritate
Egregius
Suis quorum tutela fuit ac præsidium
Senatui cujus nec semel nec frustra in rebus arduis
Personam gessit
Civibus, amicis, bonisque omnibus
Longo ævo flebilis
Divione obiit,
Die julii 21. ann. Dom. 1750, ætate 61.

7. D'azur à 2 clefs d'argent passées en sautoir.
Arm. gén. Paris, 1696.

8. D'azur à 2 filets d'or.
Arm. Bourg. Paris, 1696.

SAINT-JULIEN-DU-SAULT, le
chapitre.
Arm. comme ci-contre.

PHILBERT, curé de Champs et
de Vaux.
Arm. comme ci-contre.

9. D'azur à 2 couteaux d'or passés en sautoir couronnés de même.

Arm. gén. Paris, 1696.

10. D'azur à 2 cœurs joints ensemble d'or, enflammés de gueules.

Arm. gén. Paris, 1696.

11. D'azur à 2 lettres capitales O entrelacées d'or.

Arm. gén. Bourg. 1696.

12. D'azur à 2 épées d'argent, passées en sautoir.

Dict. hérald.

13. D'azur à 2 épées d'argent, les gardes d'or, passées en sautoir.

Palliot, p. 313, pour de Bus.
Dict. hérald., pour Grossaine.

14. De... à 2 câbles de...

Lebeuf, dissertation sur la bataille de Fontenay, recueil de divers écrits, Paris 1738, in-8°.

COUSTE, Nicolas, lieutenant particulier au bailliage et siége présidial de Sens.

Arm. comme ci-contre.

BISEHARD, Jean, commis secrétaire de l'Hôtel-de-Ville de Joigny.

Arm. comme ci-contre.

DOUBLOT, François, notaire royal à Santigny.

Arm. comme ci-contre.

LABADIE, dont Isaac, seign. de Boudernaut près de Champlost et de Neuvy-Saultour, XVIIe siècle.

Quantin, not. dans l'ann. de l'Yonne.

1. DE BUS, dont Antoine, baron de Seignelay, XVIe siècle.

Henry, mémoires historiques sur la ville de Seignelay.

2. GROSSAINE, seign. de Pesselières, Fosse-Gillet, le Chaillou, le Petit-Pesselières, paroisses de Treigny, Taingy, etc.

Coutume d'Auxerre.

CHABLIS, la Ville.

Lebeuf, comme ci-contre.
Caplum, qui semble l'étymologie de Chablis, est employé dans le sens de câble, dans Papias et saint Isidore.

§ LXXI. — ÉCUS AYANT 3 MEUBLES, CONSTRUCTIONS, PONTS, CHATEAUX, MAISONS, TOURS, ETC.

1. De gueules à 3 tours, chacune à 2 bastions crénelés et à 1 donjon en flèche terminée par un globe, le tout d'or.

D. Viole, p. 405.

2. D'argent à 3 tours de gueules.

D. Viole, p. 362.

3. De gueules à 3 tours d'or.

P. Anselme, pour de Thibaud ; Cat.

D'AUXOIS, ou D'AUXY, Jean, évêque d'Auxerre, 1352-1358.

Lebeuf.

DE SULLY, Bernard, évêque d'Auxerre, 1234-1244.

Lebeuf.

DE THIBAUD, seign. de Guerchy près Treigny.

des Et. de Bourg. pour de la Tournelle.

4. De sable à 3 tours d'argent.

Tablette de pierre, incrustée dans une maison à l'entrée de la ville, côté d'Avallon.

P, Anselme.

2. DE LA TOURNELLE, dont Antoine-François, seign. de Cussy, élu aux Etats de Bourgogne par le bailliage d'Auxerre, 1727, marquis de Senan, seign. de Leugny, gouverneur de Cravant.

Cat. Et. de Bourg.

— Seign. de Leugny, XVIIIᵉ siècle ; de Gigny, 1516 ; de Senan, de Volgré, du Colombier, fief mouvant de Senan, 1721.

Arch. de l'Yonne, fonds, féodalité et invent. de Senan.

VERMENTON, la Ville.

Tablette de pierre, comme ci-contre.

§ LXXII. — ÉCUS AYANT 3 MEUBLES, PLANTES, FLEURS, FRUITS, FEUILLES.

1. D'or à 3 palmes de sinople.

Dubuisson, arm. de la cour des monnaies, 1757.

LE BRETON, seign. de Bassou, l'un conseiller à la cour des monnaies.

Dubuisson, comme ci-contre.

— Seign. de Bassou et de Charmeaux, XVIIIᵉ siècle.

Arch. de l'Yonne.

2. D'argent à 3 roses de gueules.

Arm. gén. Bourg., 1696, pour Censey ; Tarbé, arm. man. pour Le Fournier.

1. DE CENSEY, Anne-Raimonde, seign. de ce lieu.

Arm. comme ci-contre.

2. LE FOURNIER D'YAUVILLE, famille de Sens.

Tarbé, arm. man.

3. De gueules à 3 roses d'argent.

D'Hozier, arm. gén. V.

RÉMOND, seign. d'Ormoy, et de Brion, dont Philippe, prévôt de la collégiale Saint-Pierre, de Tonnerre.

Par un arrêt du parlement de Dijon du 14 novembre 1691, les habitants de Tanlay ont été condamnés à l'amende pour avoir imposé à la taille la veuve de Pierre Rémond.

D'Hozier, arm. gén. V.

— Joseph, curé de Saint-Thibault, de Joigny.

Arm. gén. Paris, 1696.

L'analogie des armes donnerait à penser que cette famille est la même que celle de Censey, numéro précédent.

4. De gueules à 3 tierces-feuilles d'or.

Le cri de guerre était : *Cans d'oyseaux.*
Devise : *Non degener ortû.*
. L'arm. du Nivernais, d'après Vertot, ajoute à cet écu un chef d'or chargé d'une aigle éployée de sable, mais les sculptures du château de Prie. XVIe siècle. commune de Champcevrais, sont conformes à notre description.

DE PRIE, seign. de Toucy, de Prie près Champcevrais, de Testmilon, etc.

P. Anselme.

— Seign. de Beaulche, Testmilon, Fosse-Gillet, les Simonneaux.

Déy, géographie féod. de la baron. de de Perreuse.

5. D'or à 3 quintefeuilles de sinople ajourées.

Dict. hérald.

6. D'azur à 3 quintefeuilles d'argent.

Duchesne.
Cri de guerre : *Vergy.*
Devise : *Sans varier.*

CROSMOT, seign. de Vassy près d'Avallon.

Courtépée VI, p. 54.

DE VERGY, seign. de Châtel-Censoir, XIIe siècle.

Du Chesne.

— Seign. de Pierre-Perthuis, XIIIe siècle.

Du Chesne.

7. D'argent à 3 mûres de pourpre.

Palliot, parl. de Bourg.

MORIN, Jacques, seign. de Nuits-sous-Ravières, cons. au parl. de Bourgogne, 1629.

Palliot, parl. de Bourg.

8. De gueules à 3 lis de jardin d'argent.

Dict. nobl.

GRASSIN, famille originaire de Sens, qui a fondé le couvent des Cordeliers de cette ville et le collége *des Grassins*, à Paris, seign. de Mâlay-le-Roi, et d'Epineau, vicomtes de Sens.

Dict. nobl.

9. D'azur à 3 lis fleuris d'argent.
Vertot, et Palliot, p. 432

LE FEVRE D'ORMESSON, seign. de Coulanges-la-Vineuse, XVIIe siècle.

Ribière, not. dans le bull. de la soc. hist. de l'Yonne.

10. D'azur à 3 lis de jardin au naturel.

Dict. nobl. et Palliot, p. 432.

D'ANJORRANT, seign. de Flogny.

Dict. nobl.

On voit ces armoiries dans les verrières de l'église de Flogny.

L'histoire du Berry dit d'azur à 3 lis
d'argent, tigés et feuillés de sinople, ce
qui diffère, quant aux étamines et au pis-
til qui sont d'or d'après la première description.

11. D'azur à 3 pommes de pin
d'or.

Dict. nobl.

12. D'azur à 3 pommes de pin
d'or, posées en pal.

Arm. gén. Paris, 1696.

13. D'azur à 3 pommes de pin
d'or, les pointes en bas.

Dict. nobl.

14. D'azur à 3 pommes de pin
d'or, les pointes en haut.

Arm. du Nivernais.

15. D'azur à 3 glands d'or.

Palliot, p. 357.

16. D'azur à 3 gerbes de blé
d'or.

Arm. gén. Paris, 1696, et tombe de
l'égl. Saint-Thibaud, de Joigny, pour
Davier ; Tarbé, arm. man. pour Maynon.

DE FERRIÈRES, brigadier des
armées du roi, seign. de Vincelles,
XVIIe siècle.

Arch. de l'Yonne.

— Autres, seign. de Champigny.

Dict. nobl.

PINET, Jean, grenetier au grenier à sel de Sens.

Arm. gén. Paris, 1696.

QUENTIN, barons de Champ-
lost, seign. de Vachy.

Dict. nobl.

DE DONZY, issus de la maison de
SEMUR, seign. de Châtel-Censoir.

Du Bouchet, généal. de Courtenay.

— Comtes d'Auxerre et de Tonnerre.

Arm. du Nivernais.

DE THOISY, bailli d'Auxerre,
XVe siècle.

Lebeuf, hist. civ.

1. DAVIER, famille de Joigny,
dont Louis, lieutenant des eaux et
forêts du comté, marié à Catherine Roy, veuve avant 1696, et
Louis, conseiller au parlement,
auteur d'une histoire manuscrite
de Joigny, bienfaiteur du collège.

La tombe de ce dernier, dans l'église
Saint-Thibaud de cette ville, porte l'épitaphe suivante :

HIC JACET LUDOVICUS DAVIER,
IN SENATU PATRONUS
DE PATRIA ET LITTERIS BENÈ MERITUS.
MUSAS DUM VIVERET COLUIT ;
MORIENS RELIQUIT HÆREDES
URBIS COLLEGIUM CADUCUM
RESTAURAVIT, AMPLIFICAVIT.
HUIC CIVITAS DECUS DEBET,
JUVENTUS DOCTRINAM ET MORES.
OBIIT DIE 16 AUG. AN. M. DCCXLVI.
ÆTATIS 81.

2. MAYNON, dont Etienne, seign. de Serbonnes, Gizy, Villemanôche, ministre d'Etat, 1768.

Tarbé, alman. de Sens, 1781, p. 23.

17. D'azur à 3 gerbes de blé d'or.

Rousseau.
Les gerbes seraient liées de gueules.
Julliot.

DE BROSSE, Guillaume I, archevêque de Sens, 1258-1267, et Guillaume II, aussi archevêque de Sens, 1330-1338.

Cornat.

— Seign. de Cézy, XIVᵉ siècle.

F. Servier, notice dans l'ann. de l'Yonne.

18. D'azur à.3 épis d'or, mis en pal.

Dict. nobl.

D'ORGEMONT, seign. d'Ancy-le-Franc, Cussy et Lignières, XVIᵉ siècle.

Arch. de l'Yonne, cart. du comté de Tonnerre.

19. D'azur à 3 branches de laurier d'or.

Arm. gén. Paris, 1696.

DE BRANNAY, Mademoiselle, à Sens.

Arm. comme ci-contre.

20. D'azur à 3 troncs d'arbre d'or.

Arm. gén. Paris, 1696.

DE BANGY, Louis-Henri, chevalier, seign. du Fays, de Villecien, etc.

Arm. comme ci-contre.

21. D'azur à 3 grappes de raisin d'or, tigées et feuillées de même.

Arm. gén. Paris, 1696.

LESECQ, Théophas-Pascal, docteur en médecine à Tonnerre.

Arm. comme ci-contre.

22. De sable à 3 gerbes de chaume mal ordonnées..... (d'or, sans doute).

Arm. gén. Paris, 1696.

DE LA CHAULME, Gabriel, curé de Villiers–Vineux.

Arm. comme ci-contre.

§ LXXIII. — ÉCUS AYANT 3 MEUBLES AUTRES QUE CONSTRUCTIONS OU VÉGÉTAUX.

1. D'or à 3 tourteaux de gueules.

Du Bouchet, généal. de Courtenay.
On trouve ces armes dans le sceau d'une charte de 1186, arch. de l'Yonne, dans les sculptures de l'église de Bléneau et dans les verrières de l'église de La Ferté-Loupière.

DE COURTENAY, seign. de Champignelles, Bléneau, Charny, Vermenton, Tanlay, Ravières, St-Vinnemer, Mailly-le-Château, Festigny, la Ferté-Loupière, Chevillon, le Chêne-St-Eusoge, Villeneuve-les-Genêts, etc., etc. —

Comtes d'Auxerre et de Tonnerre.

Du Bouchet, comme·ci-contre.

— Seign. de Ratilly.

Déy, géographie féod. de la baron. de Perreuse.

— Seign. de Charentenay jusqu'en 1193.

Arch. de l'Yonne.

—Deux gouverneurs d'Auxerre, XVIᵉ siècle.

Lebeuf.

2. D'argent à 3 tourteaux de gueules.

Arm. du Nivern. et Dict. hérald.

LE BOURGOIN DE FOLIN, seign. de Lichères, de Coulanges-sur-Yonne et de Charentenay.

Statist. du comté d'Auxerre, 1670, et arm. du Nivern.

— Seign. de Coulanges-sur-Yonne.

Courtépée.

— Seign. de Folin, et de Charentenay, XVIIᵉ siècle.

Arch. de l'Yonne.

3. D'or à 3 maillets de sinople.

Dict. nobl.
Cri de guerre : *Mailly !*
Devise : *Hogne qui vonra.*

DE MAILLY, seign. de Lisle-sous-Montréal et de Gigny, XVIᵉ et XVIIIᵉ siècles.

Arch. de l'Yonne.

— Seign. de Flogny, Marcey et Argenteuil.

Le Maistre, notice dans l'annuaire de l'Yonne.

4. De gueules à 3 marteaux d'or.

Palliot, p. 451.

DE LA LANDE, seign. de Bierry, aujourd'hui Anstrude, XVᵉ siècle.

Breuillard.

— Seign. de Vincelles et de Vincelotte, 1496.

Arch. de l'Yonne.

5. De gueules à 3 marteaux d'argent, emmanchés d'or, dentelés de sable à dextre.

Vertot.

D'ANCIENVILLE, chevalier de Malte, commandeur d'Auxerre, 1523.

Vertot.

— Seign. de Marrault, paroisse de Magny-les-Avallon.

Courtépée, V, p. 22.

6. D'or à 3 forces de tondeur de sable.

Vertot, arm. univ. dict. hérald.

7. D'argent à 3 croissants de gueules.

Palliot, p. 222.
Devise : *Force ne peut vaincre peine.*

8. De gueules à 3 croissants d'or.

P. Anselme et D. Viole, p. 421.

9. De gueules à 3 croissants d'argent.

Dict. nobl pour du Boutet, et Palliot, p. 465, pour de Sautour.

10. D'argent à 3 étoiles de gueules.

Palliot, p. 319.

11. D'azur à 3 étoiles d'argent.

D'Hozier, arm. gén. et Dict. hérald.

12. D'argent à 3 flammes de gueules, mouvantes de la pointe.

Palliot, p. 340.

13. D'argent à 3 grils de sable.

Arm. gén. Paris, 1696.

14. De gueules à 3 fermeaux d'or.

Palliot, p. 335 et Dict. hérald.

15. De gueules à 3 besans d'or.

Palliot, p. 664.

DE HAUTEFORT, dame de Villefargeau, XVIIᵉ siècle.

Tarbé, arm. man.

DE TUSSEAU, barons de Saultour, seign. de Neuvy, de Villiers-Vineux et de Courcelles, paroisse de Neuvy, XVIIᵉ siècle.

C. Dormois, not. dans le bull. de la soc. hist. de l'Yonne.

DES ESSARTS, seign. de Sormery, Tanlay, Saint-Vinnemer, et Saultour.

P. Anselme.

— Philippe, évêque d'Auxerre, 1410-1426.

Lebeuf.

1. DU BOUTET, seign. de Censy près Noyers.

Courtépée et dict. nobl.

2. DE SAUTOUR, seign. d'Yrouère, XVIᵉ siècle.

Arch. de l'Yonne, cart. du comté de Tonnerre.

DE CALLEVILLE, bailli de Sens et d'Auxerre, XIVᵉ siècle.

Lebeuf.

ANDRAULT DE LANGERON, comte de Courson, XVIIIᵉ siècle.

Courtépée.

BATAILLE, seign. d'Annoux, XVᵉ siècle.

Courtépée, VI, p 5.

PONT-SUR-YONNE, les Officiers de l'hôtel de ville.

Arm. comme ci-contre.

DE GRAVILLE, seign. de Montaigu et de Pont-sur-Yonne après la mort de Jacques d'Armagnac.

Tarbé.

FERROU, seign. de Junay, XVIᵉ siècle.

Arch. de l'Yonne, inv. du comté de Tonnerre.

16. De gueules, à 3 clefs d'argent, en pal, les pennons en haut.

D. Cottron, St-Germ. p. 1217.

AUXERRE, l'abbaye Saint-Germain.

D. Cottron, comme ci-contre.

Un annotateur a écrit, au-dessous de la description de cet écu : *Verum monrii stemma.*

D. Cottron dit, p. 1249, qu'on voyait les armes de l'abbaye dans la partie de la basilique restaurée en 1583 : d'azur à la crosse d'or et 1 clef d'argent mises en pal, mais le même annotateur ajoute ici : *Error manifestus dioplicæ quo deceptus est author.* Suivant lui, le champ est bien certainement de gueules et ce petit écusson n'est qu'une variante exceptionnelle des armes de l'abbaye.

17. De gueules à 3 coquelu-chons d'argent.

Arm. gén. Paris, 1696.

L'HERMITE, prévôt des maréchaux de Sens.

Arm. comme ci-contre.

18. De gueules à 3 écussons d'argent.

P. Anselme et Palliot, p. 309.

CHARNY DE MONT - SAINT - JEAN, seign. de Châtel-Censoir, Noyers, Ligny-le-Châtel.

P. Anselme.

— Seign. de Marrault, par. de Magny-les-Avallon, XIVᵉ siècle.

Courtépée, VI.

19. D'azur à 3 écussons d'argent.

Dict. hérald. et Tarbé, arm. man.

DE PERTHUIS, seign. de Baon et de Moulins près Toucy.

Tarbé, arm. man.

20. D'azur à 3 écussons d'argent bordés et bandés de gueules.

Dict. hérald.
L'évêque écartelait au 1 et 4 de Champion, au 2 et 3 de gueules à la fasce d'hermines, qui est sans doute Héricourt.

CHAMPION DE CICÉ, évêque d'Auxerre, 1760-1789.

Lebeuf.

21. D'azur à 3 cors de chasse d'argent enguichetés d'or.

Tarbé, arm. man.

LE CORNU, seign. de Villemanôche.

Tarbé, arm. man.

22. De gueules à 3 chaînes d'or mouvantes du chef, posées en pal, à chacune desquelles pend une co-quille de même.

Du Bouchet, généal. de Courtenay, p. 255 et 256.

DU CHESNAY, seign. de Neuvy, de Longueron et des Barres.

Du Bouchet, comme ci-contre.

23. De gueules à 3 molettes d'argent.

Dict. nobl.

BLOSSET, seign. de Villiers et de Fleury.

Coutume d'Auxerre.

24. De gueules à 3 macles d'argent.

De Caumartin, Vertot, Dict. hérald.
Arm. gén Paris, 1696.
L'un, François écartelait au 1 et 4 de Le Bascle, au 2 et 3 d'argent à la croix dentelée de gueules.
Devise : *Sine macula macla.*

25. De gueules à 3 liez (1) d'argent.

Arm. gén. Paris, 1696.
(1) Cercles.

26. D'azur à 3 losanges d'or.

Dict. nobl.
Du Bouchet, généal. de Courtenay, dit p. 224 : de gueules à 3 losanges d'argent.
Devise : *Qui fait bien l'enfer n'a.*

27. D'azur à 3 losanges d'or mis en fasce.

Palliot, p. 259, portrait du chapitre de Sens, et Julliot.

LE BASCLE, marquis d'Argenteuil, comtes d'Epineuil, l'un gouverneur de Troyes, XVIIIᵉ siècle.

De Caumartin.

— Seign. de Moulins, l'un capitaine des arquebusiers de Noyers, 1771.

Guérard, notice dans l'ann. de l'Yonne.

— Plusieurs seign. d'Argenteuil, l'un chevalier de Malte.

Vertot.

— Seign. d'Argenteuil, XVIᵉ siècle.

Arch. de l'Yonne, cart. du comté de Tonnerre.

GRASSIN, Louis-François, écuyer, conseiller au présidial de Sens.

Arm. comme ci-contre.

DE LENFERNAT, seign. de Villars, d'Asnières près Champignelles.

Déy, études hist. sur le canton de Bléneau.

— Seign. de Treigny.

Déy, géogr. féod. de la baronnie de Perreuse.

— Seign. de Marnay et de Péteau.

Coutume d'Auxerre.

— L'un, d'après la formule exécutoire des actes notariés de 1773, à Auxerre, seign. d'Avrolles, grand bailli d'épée et gouverneur d'Auxerre, pays de l'Auxerrois, vallée d'Aillant et Auspoix.

LE BOUTHILIER DE CHAVIGNY, Denis-François, archevêque de Sens, 1718-1730.

Cornat.

— Seign. de Michery et de Gizy ; seign. de Sergines, XVIIᵉ et XVIIIᵉ siècles.

Tarbé.

28. D'azur à 3 annelets d'or, 2 et 1.

Arm. gén. Paris, 1696.

29. D'azur à 3 compas ouverts d'or.

Am. gén. Paris, 1696.

30. D'azur à 3 croisettes d'or.

Arm. gén. Bourg. 1696.

31. D'azur à 3 carrelets d'argent.

Arm. gén. Paris, 1696.

32. D'azur à 3 cailloux d'argent.

Verrières, peintures et sculptures de la cathédrale d'Auxerre.

L'arm. gén. Bourg., 1696 porte à 3 *monceaux de cailloux d'or*, mais nous avons dit dans quelles conditions forcées ont été faits les enregistrements de la ville d'Auxerre. Cette indication est du reste contraire à tous les faits connus.

33. D'azur à 3 lettres fermées d'argent, cachetées de gueules.

Arm. gén. Paris, 1696.

34. D'azur à 3 flammes d'argent mouvantes de la pointe.

Arm. hist.

35. De sable à 3 rocs d'échiquier d'argent.

Arm. gén. Paris, 1696.

36. De sable à 3 cuillères d'argent.

Arm. gén. Paris, 1696.

37. De... à 3 chaudrons de...

D. Viole, I, p. 481.

38. De... à 3 fusées de...

Sceau d'une charte de 1515, arch. de l'Yonne.

39. De ... à 3 seaux de... les anses levées, cerclés de...

Sceau d'une charte de 1202, archiv. de l'Yonne, fonds Pontigny.

DE BUTIN, seign. de la Grange-Hartuis, XVIe siècle.

Déy, hist. du comté de Saint-Fargeau.

DENISE, Mathias, abbé commandataire de l'abbaye Saint-Paul de Sens.

Arm. comme ci-contre.

PEUTAT, Joachim, curé de Ste-Colombe, bailliage d'Auxois.

Arm. comme ci-contre.

DU FLACQ, Raoult, curé de St-Aubin-sur-Yonne.

Arm. comme ci-contre.

AUXERRE, le Chapitre de la cathédrale de Saint-Etienne.

Comme ci-contre.

DE CHANGY, Michel, seigneur de Vezanne.

Arm. comme ci-contre.

DE TERMES, seigneur de Tanlay.

Chaillou des Barres, notice dans l'ann. de l'Yonne.

ROGELIN, curé de la Celle St-Cyr.

Arm. comme ci-contre.

GARSEMENT, conseiller au présidial de Sens.

Arm. comme ci-contre.

LA CHAUDERONNE, Jeanne, abbesse de Saint-Julien d'Auxerre, 1340.

D. Viole, comme ci-contre.

J. LE NOURRON, vicaire général de l'archevêché de Sens.

Charte de 1515, arch. de l'Yonne.

DE SEIGNELAY, Daimbert, seigneur de ce lieu.

Charte de 1202, comme ci-contre.

40. D'azur à 3 flambeaux d'or allumés de gueules.

Julliot.

DE LA FARRE, Anne-Louis-Henri, évêque de Nancy 1788, archevêque de Sens 1821.

Cornat.

§ LXXIV. — ÉCUS AYANT 4 MEUBLES OU PLUS.

1. D'argent à 7 mouchetures d'hermines, 3, 3, 1.

Cat. des Et. de Bourg. Dict. hérald. et Arm. gén. Paris, 1696.

MON?CORPS, seigneur de Chéry.

Cat. comme ci-contre.

— Député du bailliage d'Auxerre aux Etats généraux, 1789, Jean-Baptiste-Lazare Réné.

— Seigneur de Coulangeron en 1741, époque où ce lieu, détaché de Merry-Sec, fut érigé en paroisse.

Seigneur de Levis, Le Chesnoy Sementron et Bise.

Arch. de l'Yonne.

2. D'argent à 8 rocs d'échiquier de sable posés en orle.

Arm. gén. Paris. 1696.

DE CHICAULT, seigneur de Milly.

Arm. comme ci-contre.

3. De gueules à 4 perles d'argent posées en pairle.

Arm. gén. Paris, 1696.

LE PESME, Henri, curé de Champigny.

Arm. comme ci-contre.

4. De gueules à 5 triangles d'argent.

Tarbé, arm. man.

DE BEAUJEU, seigneur de St-Maurice Thizouailles.

Tarbé, arm. man.

5. De gueules à 5 raves d'argent, 2, 1, 2.

Arm. gén Paris, 1696.

RAVARY, Charles, lieutenant des bourgeois de la ville de Tonnerre.

Arm. comme ci-contre.

6. De gueules à 8 champignons d'argent en orle.

Arm. gén. Paris, 1696.

DE CHAMPIGNY, seign. de ce lieu, XVIIe siècle.

Arm. comme ci-contre.

7. D'azur à 6 besans d'argent, 3, 2, 1.

Palliot pour Régnie, le même, Vertot, P. Anselme, II, p. 150, et dict. nobl. pour Brichanteau.

1. RÉGNIER DE GUERCHY, seigneurs de Guerchy près d'Auxerre, dont Jean, né en cette ville, poëte du XVe siècle.

Ravin, notice dans l'ann. de l'Yonne.

— Seign. de Montmercy, xve siècle ; deux baillis d'Auxerre, même époque.

Lebeuf.

— Marquis de Guerchy, seign. de Bazarne, xviiie siècle.

Arch. de l'Yonne.

2. DE BRICHANTEAU, seign. de Vertron, paroisse de Montacher, xve siècle ; Geoffroy, chevalier de Malte, 1534.

Tarbé et Vertot.

8. D'azur à 6 annelets d'or, 3, 2, 1.

Dict. nobl.
M. Le Maistre, not. dans le bull. de la soc. hist. de l'Yonne, dit : d'azur à 6 annelets d'argent, en orle.

HUSSON, comtes de Tonnerre.

Dict. nobl.
On trouve cet écu sur une niche en encorbellement d'une maison de Tonnerre, et les annelets sont posés en orle comme l'indique M. Le Maistre.

9. D'azur à 9 coquilles d'or, 3, 3, 2, 1.

Tarbé, arm. man.

FRÉDY (de Coubertin et de Juilly), famille qui a habité Sens, anoblie en mars 1477, par lettres enregistrées le 4 janvier 1486. Un de cette famille a épousé Mlle Sandrier, de Sens.

Tarbé, arm. man.

§ LXXV. — ÉCUS AYANT POUR MEUBLES DES CARACTÈRES D'ÉCRITURE, AVEC OU SANS AUTRES MEUBLES.

1. D'argent à 1 chiffre de sable composé des lettres initiales de ses noms entrelacées.

Arm. gén. Paris, 1696.

GAUTHIER, Jean, contrôleur des exploits, à Villeneuve-le-Roi.

Arm. comme ci-contre.

2. D'argent, à l'olivier planté de sinople, chargé de fruits d'or, à 2 bourdons de sinople, en sautoir sur le tout, auxquels pendent 2 raisins d'azur, accomp. des lettres V. O. dans les quartiers dextre et senestre du sautoir.

Dom Cottron, S.-P., p. 952.

OLIVIER, Vincent, prieur de l'abbaye Saint-Pierre-le-Vif de Sens, 1626.

D. Cottron, comme ci-contre.

3. D'argent à 1 croix de passion avec tous les instruments, le tout

NOYERS, les Pères de la Doctrine chrétienne.

de sable, et cette inscription autour de l'écu :

RECTOR COLLEGII NUCERIENSIS
DOCTRINÆ CHRISTIANÆ.

Arm. gén. Bourg. 1696.

On remarque ces armes sur la plaque de fonte de la cheminée du collége de Noyers, avec cette variante : la croix est placée sur un monde ; la pique et l'éponge partant obliquement du pied de la croix sont fixées par un clou à chacune des traverses, et l'ensemble est accosté de 3 fleurs de lis rangées en fasce, surmontées et soutenues de 2 larmes, aussi en fasce, de chaque côté.

Dans l'empreinte du sceau imprimé sur la reliure des livres donnés en prix par les doctrinaires de Noyers, on remarque une autre variante : Il y a à dextre une échelle et sur le bras de la croix un coq ; à senestre sont la lance et l'éponge, et, à l'embranchement de la croix, la couronne d'épines, mais sur les flancs ni larmes, ni fleurs de lis.

4. De gueules à 1 nom de JÉSUS, MARIA d'or.

Arm. gén. Bourg. 1696.

AVALLON, les Ursulines.
Arm. comme ci-contre.

5. D'azur à 1 chiffre d'or composé des lettres N. G.

Arm. gén. Bourg. 1696.

GAUDOT, contrôleur au grenier à sel d'Avallon.
Arm. comme ci-contre.

6. D'azur à 1 chiffre d'or composé des lettres de son nom entreacées.

Arm. gén. Paris, 1696.

VINCENT, Pierre, conseiller au présidial de Sens.
Arm. comme ci-contre.

7. D'azur à 1 I et 1 B d'or.

Arm. gén. Paris, 1696.

BUREAU, Jacques, bourgeois à Tonnerre.
Arm. comme ci-contre.

8. D'azur à 1 chiffre d'or composé des lettres B. R. entrelacées, pour Balthazar ; L. R. pour Louis.

Arm. gén. Paris, 1696.

ROBERT, Balthazar et Louis, marchands à Villeneuve-le-Roi.
Arm. comme ci-contre.

9. D'azur à 1 chiffre d'or composé des initiales de ses noms entrelacées.

Arm. gén. Paris, 1696.

MENU, Edme, notaire royal au bailliage de Villeneuve-le-Roi.
Arm. comme ci-contre, tant pour Edme que pour Etienne Menu.
Nous ne savons si Menu de Chamorceau, député aux Etats généraux de 1789 par le bailliage d'Auxerre, avait conservé ce modeste blason.

10. D'azur à 1 chiffre composé des lettres de son nom entrelacées d'or, C. M.

LE MAIRE, Claude, contrôleur ordinaires des guerres à Tonnerre.

Arm. gén. Paris, 1696.

11. D'azur à 1 nom de JÉSUS d'or entouré d'un cercle ovale rayonnant de même.

Arm. gén. Paris, 1696.

12. D'azur à 1 nom de JÉSUS, MARIA, soutenu de 3 clous de la passion appointés, le tout d'or, enfermé dans un cercle oval rayonnant de même.

Arm. gén. Paris, 1696.

13. D'azur à 1 nom de JÉSUS et MARIE entrelacé d'or, surmonté d'une croisette et soutenu de 3 clous de la passion appointés, le tout d'or.

Arm. gén. Paris, 1696.

14. D'azur à 1 cœur de gueules percé de 2 flèches d'or empennées d'argent, passées en sautoir à travers le cœur, chargé d'un nom de JÉSUS d'or, et supportant une croix de sable, le tout enfermé dans une couronne d'épines de sinople, dont les épines sont ensanglantées de gueules.

Arm. gén. Bourg. 1696.

15. D'azur, à la clef d'or en pal, accostée des lettres d'or G à dextre, CH. à senestre.

D. Cottron, S.-P., p 922.

16. D'azur à 1 chiffre formé de 10 lettres L entrelacées, 5 de dextre à senestre et 5 de senestre à dextre, de... (d'or sans doute).

Arm. gén. Bourg. 1696.

Arm. comme ci-contre.

SENS, le collége des Jésuites.
Arm. comme ci-contre.

VÉZELAY, les Ursulines.
Arm. comme ci-contre.

SENS, les Ursulines.
Arm. comme ci-contre.

AVALLON, les religieuses de la Visitation Sainte-Marie.
Arm. comme ci-contre.

CHIGNARD, Guillaume, abbé de Saint-Pierre-le-Vif de Sens, 1491-1511.
D. Cottron, comme ci-contre.

SEGARD, Jacques, chanoine de Sens.
Arm. comme ci-contre.

§ LXXVI. — ÉCUS AYANT DES MEUBLES DISSEMBLABLES, 1 DE CHAQUE SORTE.

1. D'argent au cœur de gueules sur un bûcher de même.

Arm. gén. Paris, 1696.

MASSON, Etienne, chanoine de Sens.

Arm. comme ci-contre.

2. D'argent à 1 montagne de sinople sommée d'un figuier de même, fruité de pourpre.

Arm. gén. Paris, 1696.

MONFILS, Thomas, avocat à Saint-Florentin.

Arm. comme ci-contre.

3. D'argent à 1 genévrier de sinople, sur une terrasse de même, accomp. en chef, à dextre, d'un croissant et à senestre d'une étoile de sable.

Arm. gén. Bourg. 1696.

DAULNAY, Claude, commis à la recette des décimes du diocèse d'Auxerre.

Arm. comme ci-contre.

4. D'azur au croissant d'or d'où sort une branche d'olivier à 2 rameaux de même.

Tarbé, arm. man.

SANDRIER, famille originaire de Saint-Florentin, qui a habité Sens.

Tarbé, arm. man.

5. D'argent à 1 arc et 1 flèche de sable.

Arm. gén. Paris, 1696.
On a ajouté au crayon, dans l'armorial, *posés en sautoir.*

LARCHER, Claude, conseiller du roi en l'élection de Sens, et Thomas, avocat en parlement.

Arm. comme ci-contre.

6. De gueules à 1 épée d'argent et 1 branche de laurier d'or passées en sautoir.

Arm. gén. Paris 1696.

REGNARD, Henri, lieutenant au bailliage de Tonnerre.

Arm. comme ci-contre.

7. De gueules à 1 tour d'argent posée en cœur et 1 rivière ondée de même en pointe.

Arm. gén. Bourg. 1696.

TUREAU, Jean, conseiller du roi aux bailliage et chancellerie d'Avallon.

Arm. comme ci-contre.

8. D'azur à 1 lame d'or en pal, sommée d'une couronne de marquis d'or.

Arm. gén. Paris, 1696.

LE RICHE, Paul, préchantre de l'église de Sens.

Arm. comme ci-contre.

9. D'azur à 1 gerbe d'or surmontée d'un raisin d'argent.

Arm. gén. Paris, 1696.

MARCHAND, Edme, marchand à Joigny.

Arm. comme ci-contre.

10. D'azur à 1 maison commune d'or maçonnée de sable, composée

CHATEL-CENSOIR, la communauté des habitants.

13

d'une façade à 2 fenêtres et 1 porte cochère, et flanquée de 2 tours ayant chacune une porte, couvertes et girouettées, le tout d'or sur une rivière d'argent.

Arm. gén. Orléans, 1696.

L'arm. du Nivernais, dit : D'azur au château d'or posé sur une terrasse d'argent.

11. D'azur à 1 croissant abaissé d'or sous une étoile de même.

Dict. nobl.

12. D'azur à 1 doloire d'or, emmanchée d'argent, couchée en chef, et 1 essette de même avec un maillet d'or en pointe, les manches appointés.

Arm. gén. Paris, 1696.

13. D'azur à 1 crosse d'or et 1 clef d'argent adossées en pal, XVIIᵉ siècle.

D. Cottron, abb. S.-Germain, et Henri.

Ces armes ont été plus certainement de gueules à 3 clefs d'argent, les pennons en haut. Voir les observations à ce sujet à la section à laquelle appartient ce dernier écu.

14. D'azur à 1 pont d'argent, maçonné de sable sur lequel est posé un marc d'or.

Arm. gén. Bourg., 1696.

15. D'azur à 1 molette d'argent sur une montagne de même.

Arm. gén. Bourg., 1696.

16. D'azur à 1 ancre posée en pal de sable et 1 rame ou aviron d'or posé en fasce et brochant sur le tout.

Arm. gén. Paris, 1696.

On a écrit dans l'armorial, à titre rectificatif et au XIXᵉ siècle, *d'argent* au lieu *d'azur*.

17. De sable au rocher d'argent, accomp. en chef d'une croisette de même.

Arm. gén. Orléans, 1696.

BOCHART, seign. de Villefranche, famille originaire de Vézelay.

Arch. imp.

TONNERRE, les tonneliers.

Arm. comme ci-contre.

AUXERRE, l'abbaye Saint-Germain.

Don Cottron et Henri.

AUXERRE, le prieuré de Saint-Amâtre.

Arm. comme ci-contre.

BÉTHERY, Nicolas, grenetier au grenier à sel d'Avallon.

Arm. comme ci-contre.

PONCEAU, Jean, marchand à Villeneuve-le-Roi.

Arm. comme ci-contre.

DUREY, seign. de Prêles.

Courtépée, VI, p. 33.

— Seign. de Cussy-les-Forges,

Dict. nobl. et dict. hérald.

de Presles, près Cussy-les-Forges, XVIIIe siècle.

Breuillard.

— Seign. de Villiers-Vineux, XVIIe et XVIIIe siècles.

C. Dormois. notice dans le bull. de la soc. hist. de l'Yonne.

— Seign. de Plessis-du-Mée, XVIe siècle.

Arch. de Seine-et-Marne.

18. De ... à 1 crosse de ... en pal accostée à dextre d'un croissant de ... contourné à dextre et à senestre d'un tourteau ou besan de ...

Sceau d'une charte de 1259. Arch. de l'Yonne.

VAULUISANT, C. S. l'abbé de... ou peut-être l'abbaye.

Charte de 1259. arch. de l'Yonne.

§ LXXVII. — ÉCUS AYANT DES MEUBLES DISSEMBLABLES, 2 D'UNE SORTE.

1. D'or à 1 cœur de gueules percé de 2 épées d'argent posées en sautoir.

Arm. gén. Paris, 1696.
On a écrit au crayon, dans l'armorial, d'azur au lieu d'argent.

GENTEL, Claude, curé d'Etigny.

Arm. comme ci-contre.

2. D'or à 2 masses de sable posées en sautoir, liées de gueules.

P. Anselme.

DE GONDY, comtes de Joigny, XVIIe siècle.

P. Anselme.

— Seign. de Ragny, XVIIe siècle.
Breuillard.

3. D'argent à 1 cœur enflammé de gueules et 2 étoiles de même posées en chef.

Arm. gén. Bourg. 1696.

CUVEAU, Lazare, notaire royal à Châtel-Gérard.

Arm. comme ci-contre.

4. D'argent à la cloche d'azur bataillée d'or et chargée d'une croisette d'or, accomp. en chef de 2 roses et en pointe d'une étoile, le tout de gueules.

Arm. gén. Paris, 1696.

LEGRIS, Gabriel, trésorier de l'Église de Sens.

Arm. comme ci-contre.

5. D'argent à 1 genévrier de si-

NESURE, Edme-Etienne, con-

nople, et 2 croisettes de gueules posées en chef.

Arm. gén. Bourg., 1696.

6. D'argent à 1 tour de sable, accostée de 2 étoiles de gueules.

Arm. gén. Bourg., 1696.

7. D'argent à 2 canons au naturel passés en sautoir, accomp. en pointe d'un baril de sable.

Dict. hérald.

8. De gueules à 1 croix alaisée d'or surmontant 1 croissant d'argent, accostés de 2 palmes d'or.

Palliot, parl. p. 220.

9. De gueules à 1 ancre d'or, accomp. en chef de 2 étoiles d'argent.

Arm. gén. Paris, 1696.

10. De gueules à 2 chandeliers d'église passés en sautoir en chef et une lampe suspendue au milieu des chandeliers, le tout d'argent.

Arm. gén. Paris, 1696.

11. D'azur à 1 roue d'or, accomp. en chef de 2 arcs de même, mis en pal et en pointe d'un croissant d'argent.

Arm. gén. Paris, 1696.

12. D'azur à 1 croix pattée et alaisée d'or, accomp. en chef de 2 étoiles de même et d'un croissant d'argent en pointe.

Arm. gén. Paris, 1696.

seiller au bailliage; Lazare; chanoine, Claude, avocat, et Michel, procureur du roi au grenier à sel à Avallon.

Arm. comme ci-contre.

BONNET, Jean-Baptiste, procureur du roi en la prévôté royale d'Avallon.

Arm. comme ci-contre.

GITTON, seign. de Marrault, hameau de Magny-les-Avallon.

Courtépée, VI, p. 22.

— Seign. de Marrault, Villeneuve-les-Presles, Magny et Estrée, XVIIIe siècle.

Arch. de l'Yonne.

ODEBERT, famille d'Avallon; plusieurs conseillers au parlement de Bourgogne, bienfaiteurs du collége d'Avallon.

Gally, notice dans le bull. de la soc. hist. de l'Yonne.

TAFFOUREAU DE FONTAINES, conseiller au présidial de Sens.

Arm. comme ci-contre.

TONNERRE, les orfèvres.

Arm. comme ci-contre.

HAROUARD, Henri, chanoine à Sens.

Arm. comme ci-contre.

JUILLOT, Claude, veuve de Jacques Thomas, apothicaire à Tonnerre.

Arm. comme ci-contre.

13. D'azur à 1 croix pattée d'or, posée en cœur et accostée de 2 palmes de même dont les tiges sont passées en sautoir à la pointe de l'écu.

Arm. gén. Bourg., 1696.

14. D'azur à 1 croix haussée et alaisée d'or, le pied péronné de 3 marches de même, et à 2 étoiles d'argent posées en chef.

Arm. gén. Bourg., 1696.

15. D'azur à la palme d'or accomp. en chef de 2 étoiles d'argent et en pointe d'un croissant de même.

Arm. hist.

16. D'azur à 2 palmes d'or passées en sautoir, accomp. en chef de 2 étoiles et en pointe d'un cœur, le tout d'or.

Arm. gén. Paris, 1696.

17. D'azur à 1 harpe d'or cordée d'argent, accomp. en chef de 2 croissants de même soutenus chacun d'une étoile d'or.

Arm. gén. Paris, 1696.

18. D'azur à 1 cœur d'or percé de 2 flèches d'argent posées en sautoir à travers le cœur, les pointes en bas.

Arm. gén. Bourg., 1696.

19. D'azur à 1 cœur sommé d'une épée et accosté en chef de 2 étoiles et en pointe d'une croix de Malte, le tout d'argent.

Arm. gén. Orléans, 1696.

20. D'azur à 2 cœurs d'or mis en fasce et 1 étoile de même en chef.

Arm. gén. Paris, 1696.

GUILLAUME, Antoine, écuyer, ancien lieutenant criminel au bailliage d'Avallon.

Arm. comme ci-contre.

— Guillaume, seign. de Sermizelles.

Cat. Et. de Bourg.

LA MOTTE, Hugues, curé de Cussy-en-Morvant.

Arm. comme ci-contre.

GILLET, seign. de Champlay, les Voves, Epineau, Neuilly, Arblay, Villemer, la Motte-Royer, etc. XVIIIe siècle.

Documents de la soc. hist. de l'Yonne, vol. XII, p. 767.

LE QUEUX, commis au bureau de la poste à Sens.

Arm. comme ci-contre.

LALOUAT, Gabrielle, veuve de François Janneau, avocat, à Saint-Florentin.

Arm. comme ci-contre.

REGNAUDIN, Louis, curé de Thisy, bailliage d'Avallon.

Arm. comme ci-contre.

JOFFROIS, Cyr, bourgeois de Taingy.

Arm. comme ci-contre.

BAILLOT, Edme, conseiller du roi, élu de Saint-Florentin.

Arm. comme ci-contre.

21. D'azur à 1 coquille d'or en cœur, accostée de 2 flèches posées en pal, les pointes en bas, le trait d'argent, ferrées et empennées d'or.

Arm. gén. Paris, 1696.

SENS, abbaye Saint-Pierre-le-Vif.

Arm. comme ci-contre.

22. D'azur à 2 épis de blé d'or les tiges appointées, mouvantes d'un croissant de même et sommés d'une étoile d'argent.

Arm. gén. Bourg., 1696.

BÉTHERY, Étienne, curé de Savigny-en-Terre-Pleine.

Arm. comme ci-contre.

23. D'azur à 2 gerbes d'or posées en chef, et un épi de blé de même issant d'un croissant d'argent posé en pointe.

Arm. gén. Bourg., 1696.

PICHENOT, Jacques, notaire, procureur et greffier des rôles, et secrétaire de l'hôtel de ville d'Avallon.

Arm. comme ci-contre.

24. D'azur à 1 mine d'or ardente de gueules, et 2 étoiles d'or posées en chef.

Arm. gén. Bourg, 1696.

MUZARD, François, conseiller au bailliage d'Avallon.

Arm. comme ci-contre.

25. D'azur à 1 arc d'or posé en pal, accosté de 2 flèches de même, les pointes en haut.

Arm. gén. Bourg., 1696.

ARTHAUD, Joseph, prévôt royal d'Avallon.

Arm. comme ci-contre.

26. D'azur à 1 paire de balances d'or en chef, et 2 aunes d'argent marquées de sable et passées en sautoir, en pointe.

Arm. gén. Paris 1696.

TONNERRE, les marchands.

Arm. comme ci-contre.

27. D'azur à 2 alênes d'argent passées en sautoir et emmanchées d'or, accomp. en chef d'une forme couchée d'or, aux flancs de 2 tranchets de même et en pointe d'un soulier d'argent talonné d'or.

Arm. gén. Paris, 1696.

TONNERRE, les savetiers.

Arm. comme ci-contre.

28. D'azur à 2 limes d'argent passées en sautoir et accomp. en chef et en pointe de 2 casques d'or, et en flancs de 2 clefs adossées de même.

Arm. gén. Paris, 1696.

TONNERRE, les serruriers et armuriers.

Arm. comme ci-contre.

29. D'azur à 1 tour d'argent sur une motte de même, surmontée de 2 étoiles d'or.
Arm. gén. Paris, 1696.

DU MOTET, Henri, écuyer, seigneur d'Arthé.
Arm. comme ci-contre.

30. D'azur à 1 lis d'argent tigé au naturel surmonté de 2 châteaux en forme de tour aussi d'argent maçonnés de sable.
Arm. gén. Paris, 1696.

CHATEAU, Charles, lieutenant civil en l'élection de Joigny.
Arm. comme ci-contre.

31. D'azur à 1 jet d'eau d'argent mouvant d'une coquille de même, accomp. en chef d'un soleil d'or à dextre et d'une lune d'argent à senestre soutenus chacun d'une larme ou goutte d'eau de même.
Arm. gén. Paris, 1696.

GUENIOT, Charles, médecin à Tonnerre.
Arm. comme ci contre.

32. D'azur à l'olivier de sinople, chargé de fruits d'or, à 2 clefs d'argent brochant sur le tout en sautoir, les pennons en haut.
D. Cottron, S.-P., p. 918.

LEMAISTRE, Jean, abbé de Saint-Pierre-le-Vif de Sens, 1470-1490.
D. Cottron, comme ci-contre.

33. De sable à 1 tour d'argent, accostée de 2 étoiles d'or, et surmontée d'un croissant d'argent.
Arm. gén. Paris. 1696.

DUGAS, Jean, écuyer, seigneur de la Tour, maréchal-des-logis de S. Alt. roy. à Joigny.
Arm. comme ci-contre.

§ LXXVIII. — ÉCUS AYANT DES MEUBLES DISSEMBLABLES, 3 DE MÊME SORTE.

1. D'or à 3 tourteaux de gueules, chargé en cœur d'un croissant d'azur, à la bordure componnée d'argent et de gueules.
Du Bouchet, généal. de Courtenay, p. 314.

DE COURTENAY-BONTIN, seign. de Bontin.
Du Bouchet, comme ci-contre.

2. D'or à 1 croix de calvaire de gueules sur une terrasse de sinople, accostée à dextre d'un cœur enflammé de même, surmonté d'une couronne d'épines de sinople, et à senestre de 3 clous ap-

CHENUAT, Jean-Baptiste, curé de Gizy.
Arm. comme ci-contre.

pointés d'azur, surmontés de 3 roses de gueules.

Arm. gén. Paris, 1696.

3. D'argent à 3 colonnes avec leurs chapiteaux de gueules, rangées en pal et surmontées savoir : celle du milieu d'un croissant et les deux autres d'une étoile de même.

Arm. gén. Paris, 1696.

4. D'argent à 1 rose de gueules en cœur, accomp. de 3 cosses de fève de sinople les 2 du chef en pal, celle de la pointe en fasce.

Arm. gén. Paris, 1696.

5. D'argent à 3 coquilles de gueules, et 1 croissant de même en cœur.

Dict. hérald.

6. D'argent à 1 laurier de sinople accomp. de 3 croissants de gueules, 2 et 1.

Arm. gén. Bourg. 1696.

7. D'argent à 1 cloche de sable, bataillée d'or et chargée d'une croisette de même, accomp. en chef de 3 roses de gueules et en pointe d'une étoile de même.

Arm. gén. Paris, 1696.

8. D'argent à 3 mûres de sable, et 1 quintefeuille en abyme aussi de sable.

Palliot, p. 348.

9. D'argent à la roue de sable, accomp. de 3 croisettes de même.

Dict. hérald.

10. De gueules à 1 vase à 2 anses d'or, chargé d'une cotice d'azur, surmonté de 3 quintefeuilles d'hermine, 2 et 1.

Tarbé, arm. man.

BAILLOT, Charles, curé de Plessis-du-Mée.

Arm. comme ci-contre.

DE COSSE, Jacques, chanoine de Sens.

Arm. comme ci-contre.

LEMOINE, capitaine d'Auxerre, seign. de Coulanges-la-Vineuse, XVe siècle.

Courtépée.

LAURENT, Edme, notaire royal à Sauvigny-en-Terre-pleine.

LEGRIS, Gabriel, trésorier de l'église de Sens, et Claude, chanoine.

Arm. comme ci-contre.

MORISOT, seign. d'Angely, XVIIIe siècle.

Courtépée.

DE KÉROUARD, seign. de Saint Valérien, XVIIIe siècle.

Bardot, notice dans l'ann. de l'Yonne.

POUFFIER, seign. de Blannay et de Blacy.

Tarbé, arm. man.

11. D'azur à 1 olivier d'or mouvant d'un croissant de même, surmonté de 3 étoiles d'or rangées en fasce.

Dict. nobl.

OLIVIER, Antoine, seign. de Surpallis, 1598.

Arch. de Seine-et-Marne.

12. D'azur à 1 cœur d'or duquel sortent 3 lis de même tigés au naturel et 2 roses aussi d'or, tigées, feuillées et posées entre les lis une d'un côté et l'autre de l'autre, accompagné en chef de 2 étoiles d'or et en pointe d'un croissant d'argent.

Arm. gén. Bourg. 1696.

RAFFIN, Louis, avocat au bailliage et siége présidial d'Auxerre.

Arm. comme ci-contre.

13. D'azur à 3 épis de blé d'or, rangés en pal, surmontés de 2 étoiles de même.

Arm. gén. Paris, 1696.

MATHIEU, Jean, curé de Perrigny.

Arm. comme ci-contre.
L'enregistrement ayant eu lieu à l'armorial de la généralité de Paris, ce doit être Perrigny-sur-Armançon.

14. D'azur à 1 tige de pois dans leurs cosses, accomp. en chef d'un massacre de chef accosté de 2 étoiles et en pointe de 3 flammes 2 et 1, le tout d'or.

Arm. gén Paris, 1696.

PARIZOT, curé de Sainte-Colombe, élection de Vézelay.

Arm. comme ci-contre.

15. D'azur à 3 glands d'or surmontés en chef d'un soleil de même.

Arm. gén. Paris, 1696.

GUYARD, Edme, seign. des Forges, officier de la maison du roi à Joigny.

Arm. comme ci-contre.

16. D'azur à 1 arc d'or posé en fasce et accomp. de 3 annelets de même enfermant chacun une étoile d'argent.

Arm. gén. Paris, 1696.

LARCHER, Claude-Thomas, substitut au présidial de Sens.

Arm. comme ci-contre.

17. D'azur à 1 cœur d'or surmonté d'un croissant d'argent et accomp. de 3 liez de même.

Arm. gén. Paris, 1696.

MOREAU, Pierre, conseiller du roi au présidial de Sens.

Arm. comme ci-contre.

18. D'azur à 1 collier d'or, accomp. de 3 étoiles de même.

Arm. gén. Paris, 1696.

COLINOT, Apollonius, prieur d'Aisy.

Arm. comme ci-contre.

19. D'azur à 3 épis de blé sortant d'une racine d'or, supportée d'un croissant d'argent en pointe.

Palliot, p. 314.

20. D'azur à 3 chandeliers d'église d'or, 2 et 1, surmontés de 2 étoiles d'argent en chef.

Arm. gén. Paris, 1696.

21. D'azur à 3 cœurs d'or, accomp. en chef d'un soleil de même.

Arm. gén. Bourg., 1696.

22. D'azur à 1 boîte d'or, accomp. de 3 besans d'argent.

Arm. gén. Paris, 1696.

23. D'azur à 1 varlope d'or, ferrée d'argent, posée en fasce et accomp. en chef de 3 ciseaux d'argent emmanchés d'or rangés en bande, et en pointe d'un maillet de même.

Arm. gén. Paris, 1696.

24. D'azur à 3 croix haussées d'argent et 1 arc d'or brochant sur le tout en fasce.

Arm. gén. Paris, 1696.

25. D'azur à l'épée d'argent, posée en bande la pointe en haut, accostée de 3 molettes d'or, 2 en chef et 1 en pointe.

Arm. gén. Orléans, 1696.

26. D'azur à 1 flèche posée en pal, la pointe en bas, accomp. de 3 croissants, le tout d'argent.

Arm. gén. Paris, 1696.

27. D'azur à 1 coquille de moule d'argent, accompagnée de 3 roses de même.

Arm. gén. Paris, 1696.

DE BLANOT, seign. de Santigny, conseiller au parlement de Bourgogne, XVIIᵉ siècle.

Breuillard.

LAURENT, Remi, curé de Flacy.
Arm. comme ci-contre.

AMELOT, dont Charlotte, femme de Jean-Baptiste DU DEFFEND, seign. de Lalande.
Arm. comme ci-contre.

LA LOÉ, Pierre, chanoine à l'autel Saint-Jean, de Sens.
Arm. comme ci-contre.

TONNERRE, les Menuisiers.
Arm. comme ci-contre.

LARCHER, Joseph, curé de Cézy.
Arm. comme ci-contre.

DE LA HITTE, seign. de Cazeau et de Montreparé.
Arm. comme ci-contre.

DARCE, Nicolas, avocat en parlement, seign. des Varennes, élu de Saint-Florentin, bailli de Sautour.
Arm. comme ci-contre.

MAUCLERC, Claude, curé de Dixmont.
Arm. comme ci-contre.

28. D'azur à 3 étoiles d'argent posées en fasce et surmontées d'un croissant de même.

Dict. hérald.

CASTRES DE LA BAUME, seign. de Michéry, 1638.

P. Anselme VI, p. 391.

— Seign. du Plessis-aux-Eventés, de Michery, d'Ancy-le-Serveux.

Tarbé.

— Seign. d'Ancy-le-Serveux et d'Argentenay, XVIᵉ siècle.

Arch. de l'Yonne, inv. du comté de Tonnerre.

— Seign. de Poilly et de Michery, XVIᵉ siècle.

Arch. de Seine-et-Marne.

29. De sable à 1 fer à cheval d'or, accomp. de 3 clous d'argent.

Arm. gén. Paris, 1696.

FERRAND, conseiller au présidial de Sens.

Arm. comme ci-contre.

30. De sable à 1 mors de bride d'argent, accomp. de 3 coquilles de même.

Arm. gén. Paris, 1696.

MOREAU, chanoine à l'autel Notre-Dame de Sens.

Arm. comme ci-contre.

§ LXXIX. — ÉCUS AYANT DES MEUBLES DISSEMBLABLES, 4 DE MÊME SORTE.

1. D'argent à 1 quintaine de gueules chargée d'une croisette d'or et accomp. de 4 étoiles cantonnées, d'azur.

Arm. gén. Paris, 1696.

ROBERT, Joseph, curé d'Armeau.

Comme ci-contre.

2. D'argent à 2 masses de sable passées en sautoir et accomp. de 4 croisettes potencées de gueules.

Arm. gén. Paris, 1696.

MASSARD, Nicolas, chanoine de Saint-Julien-du-Sault.

Arm. comme ci-contre.

3. D'azur à 2 plumes à écrire d'or passées en sautoir et accomp. de 4 coquilles d'argent.

Arm. gén. Paris, 1696.

LE TORS, Pierre, avocat à Tonnerre.

Arm. comme ci-contre.

4. D'azur à 1 cœur d'or, accomp. de 4 poissons dits meuniers d'argent, cantonnés.

Arm. gén. Paris, 1696.

MUSINET, Jacques, chanoine de Sens.

Arm. comme ci-contre.

5. D'azur à 1 cordelière ou ceinture formée de nœuds et de lais d'amour d'or posée en orle et 1 croix de même en cœur, cantonnée de 4 clous appointés d'argent.

Arm. gén. Paris, 1696.

NEPVEU, Pierre, curé de Sergines.

Arm. comme ci-contre.

6. D'azur à 4 arcs d'or cordés de sable, rangés en pal et surmontés de 3 étoiles d'or rangées en chef.

Arm. gén. Paris, 1696.

ARBELOT, Edme, avocat à Tonnerre.

Arm. comme ci-contre.

7. D'azur à 1 paire de ciseaux d'argent ouverts en sautoir, cantonnée de 4 dés à coudre échiquetés d'or et de sable.

Am. gén. Paris, 1696.

TONNERRE, les tailleurs d'habits.

Arm. comme ci-contre.

8. D'azur à 2 épées d'argent posées en sautoir, cantonnées de 4 croissants de même.

Cat. Et. de Bourg.
L'arm. gén. Bourg., 1696 ajoute pour Pierre-Paul, comte de Courson, que les gardes sont d'or.

COIGNET, seign. de la Tuillerie et de Courson.

Cat. comme ci-contre.

— dont Gaspard, pour qui Courson fut érigé en comté, en 1650. Ce comté comprenait Courson, Mouffi, Merry-Sec et Migé.

Courtépée.

— Seign. de Villefargeau et de la Villotte, 1405.

Arch. imp.

9. De sable à 1 croix écottée et alaisée d'or, cantonnée de 4 tierces feuilles d'argent.

Arm. gén. Paris, 1696.

MARTIN, Claude, curé de Serbonne.

Arm. comme ci-contre.

10. De ... à la croix recroisettée de ... cantonnée de 4 croisettes de ...

Sceau d'une charte de 1522, archiv. de l'Yonne, fonds Vauluisant.

DE CLOUCS, Pierre, commandeur de Coulours, 1522.

Comme ci-contre.

§ LXXX. — ÉCUS AYANT DES MEUBLES DISSEMBLABLES, 5 ET PLUS DE MÊME SORTE.

1. D'or à 1 cœur enflammé de gueules, accomp. de 7 flammes de même, 3 de chaque côté de l'écu l'une sur l'autre et 1 en pointe.

Arm. gén. Paris, 1696.

BORDE, Charles, archiprêtre, curé doyen de Notre-Dame de Tonnerre.

Arm. comme ci-contre.

2. D'or à 1 gantelet de sable, accomp. de 8 billettes de même en orle.

Arm. gén. Paris, 1696.

GAUTHIER, Maximin, seign. de Saint-Martin, lieutenant particulier au bailliage de Villeneuve-le-Roi.

Arm. comme ci-contre.

3. D'argent à un pont à 3 arches de gueules, maçonné de sable et accomp. de 6 mouchetures d'hermine 3, 2 et 1.

Arm. gén. Bourg., 1696.

MYNARD, Etienne, ancien conseiller au bailliage d'Avallon.

Arm. comme ci-contre.

4. D'argent à 5 fers de moulin d'azur posés en croix cantonnée de 4 croissants de gueules.

Arm. gén. Paris, 1696.

FERRAND, Jean-Baptiste, curé de Courlon.

Arm. comme ci-contre.

5. D'argent à une hie de sable mise en bande, accomp. de 6 roses de gueules mises en orle.

Palliot, p. 574.

DE DAMAS, seign. de Jouancy, de Villers et d'Athie.

Palliot, comme ci contre.

6. De gueules au croissant d'argent, accomp. de 7 billettes de même, 3 en chef, 2 en fasce et 2 en pointe.

Palliot, p. 222.

DE ROUVRAY, seign. de ce lieu et d'un fief au territoire d'Héry.

Arch. imp.

7. D'azur, à 3 quintefeuilles, et 7 billettes, le tout d'or, disposé ainsi qu'il suit: 3 billettes, 1 billette entre deux quintefeuilles, 1 quintefeuille entre deux billettes, et 1 billette en pointe.

D. Cottron, Saint-Germ., p. 1187.

DE LUGNY, Hubert, abbé de Saint-Germain d'Auxerre, 1423-1452.

D. Cottron, comme ci-contre.

8. D'azur à 1 barrière d'or en pointe et 8 besans d'argent rangés au-dessus 4 à 4.

Arm. gén. Paris, 1696.

LANGLOIS, François, receveur des droits de la rivière à Villeneuve-le-Roi.

Arm. comme ci-contre.

9. D'azur à 1 écusson d'argent, chargé de 3 chapeaux posés l'un sur l'autre, 1 de gueules, 1 de sinople, 1 de sable, et accomp. de 8 chapeaux d'or posés en orle.

Arm. gén. Paris, 1696.

TONNERRE, les chapeliers.

Arm. comme ci-contre.

10. De sinople à 6 besans d'argent chargés chacun d'un croissant de gueules.

Arm. gén. Paris, 1696.

GIRARDIN, Charles, avocat à Tonnerre.

Arm. comme ci-contre.

11. De ... à la bordure engrêlée de ... accomp. de 6 étoiles d'or, 3 en chef mises en orle, et 3 en pointe mises en bande.

Lebeuf, 2e édition.

AYMONT, Pierre, évêque d'Auxerre, 1362-1373.

Lebeuf.

FIN.

TABLE DES FIEFS

AVEC INDICATION

DE L'ARMORIAL SEIGNEURIAL PROPRE A CHACUN D'EUX.

Le premier nombre indique la Section ou §, le second le N° d'ordre.

BUISSON-SOIF, commune de Villeneuve-le-Roi. Du Hamel, 25, 9.

BUTTEAUX. Ailly, 12, 8. Buffevant, 65, 7.

CARISEY. Belleville, 2, 3. Boucher, 64, 6. Chenu, 34, 29. Choiseul, 30, 9. Crèvecœur, 38, 5. Montmorency, 30, 1.

CARILLON, commune de Magny. Clugny, 70, 6.

CENSY. Boutet, 73, 9. Censey, 72, 2. Longueval, 27, 16.

CÉRILLY. Bérulle, 36, 10.

CÉZY. Beaufremont, 44, 2. Brosse, 72, 17. Bureau, 37, 13. Cousinot, 62, 14. Harlay, 22, 2. La Rivière, 23, 12. La Trémoille, 34, 2. Linières, 11, 2.

CHABLIS. Maligny, 29, 10.

CHAILLEUSE, commune de Senan. Le Prévost, 3, 1.

CHAMPCEVRAIS. Montmorency, 30, 1.

CHAMELARD, commune de Melisey. Clermont-Tonnerre, 70, 5. Montmorency, 30, 1. Particelli, 11, 26. Phélyppeaux, 3, 3. Pot, 14, 1.

CHAMPIGNELLES. Boulainvilliers, 19, 5. Cœur, 17, 13. Courtenay, 73, 1. Rambures, 19, 1. Rogres, 2, 2.

CHAMPIGNY. Barres (des), 42, 2. Champigny, 74, 6. Chaudet de la Renay, 33, 2. Ferrières, 72, 11. Testu de Balincourt, 59, 1.

CHAMPLAY. Bérenger, 2, 1. Bolé, 30, 4. Courcelles, 19, 6. Gillet, 77, 15.

CHAMPLOST. Pied-de-fer, 44,

2. Quentin, 72, 13. Ragot, 19, 24.

CHAMPROND, commune de Vinneuf. Tilly, 47, 1.

CHAMPS. Loiseau, 15, 31. Montmorency, 30, 1.

CHAMPVALLON. Harlay, 22, 2.

CHANVRES. Clermont-Tonnerre, 70, 5.

CHARENTENAY. Courtenay, 73, 1. Le Bourgoin de Folin, 73, 2.

CHARMEAUX. Bolé, 30, 4. Le Breton, 72, 1. Neufville de Villeroy, 36, 33.

CHARMOY. Assigny, 13, 23. — 17, 27. La Poterie, 13, 2.

CHARMOY, (Saint-Julien-du-Sault?) Collet, 59, 11.

CHARNY. Beaumont, 54, 18. Boulainvilliers, 19, 5. Bureau de la Rivière, 37, 13. Chabannes, 53, 5. Courtenay, 73, 1.

CHASSIGNELLES. Clermont-Tonnerre, 70, 5. Grandcey, 53, 2. Le Tellier de Louvois, 13, 3.

CHASSIGNY, commune d'Avallon. Jaucourt, 58, 4.

CHASSY. Bernage, 19, 2.

CHASTELUX. Beauvoir, 24, 11.

CHASTENAY, commune d'Arcy-sur-Cure. Destud, 1, 31. Loron, 14, 8.

CHATEL-CENSOIR. Charny de Mont-Saint-Jean, 73-18. Donzy, 72, 14. La Rivière, 23, 12. Vergy, 72, 6.

CHATEL-GÉRARD. Orry, 54, 25. Pampelune, 56, 7.

CHAUMONT-SUR-YONNE. Barres (des) 42, 2. Bernage, 19, 2. Buf-

14

fevant, 65, 7. Chaumont, 20, 6. Deffend (du) 60, 28. Garlande, 18, 1. Vallon, 35, 20.

CHAUMOT. Bonnin de Cluseau, 22, 14.

CHEMILLY. Berthier, 56, 2. Fils-jean, 7, 25. Plancy, 24, 16.

CHEMILLY La Motte de. La Villette, 54, 15.

CHÊNE-ARNOULT. Lefort, 62, 24. Navinault, 55, 9.

CHENEY. Quatresous de la Motte, 54, 21.

CHENY. Bureau de la Rivière, 37, 13. Colbert, 63, 5. La Rivière, 23, 12. Savoisy, 38, 3.

CHÉRY, commune de Coulangeron. Montcorps, 74, 1.

CHÉU. Ailly, 12, 8.

CHEVIGNY, commune d'Anstrude. La Mare, 36, 11.

CHEVILLON. Courtenay, 73, 1. Grimoard, 67, 4. Philippe, 34, 26. Radix, 54, 22. Vallery, 29, 10.

CHEVANNES. Albret, 69, 43. Savoie, 29, 12. Damas, 65, 1.

CHEVANNES, commune de Saint-André et de Savigny-en-terre-pleine. Bourgogne, 27, 13. Châlon, 23, 6. Ferrières, 31, 7.

CHICHÉ. Boucher, 64, 6.

CHITRY. Barres (des), 42, 2. Blanchefort, 55, 1. Bonnin de Cluseau, 22, 14. Choiseul, 30, 9. Durnay, 54, 26. Hellenvillier, 15, 4. Ivry, 38, 15. Lambert, 5, 7. Ludres, 27, 12. Maisy, 54, 27, Villiers, 9, 14.

CHOILLY-LES-AUXERRE, lieu

maintenant inconnu. Mello, 18, 2.

CIVRY. Berthier, 56, 2.

CISERY. Mandelot, 14, 3.

COCHEPIED, commune de Villeneuve-le-Roi, Spifame, 60, 6.

COLOMBIER, fief mouvant de Senan. La Tournelle, 71, 3.

COMPIGNY. Compigny, 30, 2.

COULANGERON. Montcorps, 74, 1.

COULANGES-LA-VINEUSE. Aguesseau, 18, 9. Beauvoir de Chastellux, 24, 11. Contaut, 11, 3. Le Fèvre d'Ormesson, 72, 9. Sainte-Croix, 60, 4. Savoisy, 38, 3.

COULANGES-SUR-YONNE. Le Bourgoin de Folin, 73, 2.

COUR-ALEXANDRE, commune de Marchais-Beton. Saucières de Tenance, 54, 13.

COURCEAUX. Bonneval, 16, 2.

COURCELLES, commune de Neuvy-Saultour. Chauvigny, 19, 21. Voir pour le surplus Neuvy.

COURCHAMP, commune de Turny. La Rochefoucaud, 8, 9.

COUR-DES-MAILLY, commune de Mailly-Château. Boisselet, 62, 27. Violaine, 15, 30.

COURGIS. Bérulle, 36, 10. Boulainvilliers, 19, 5. Ricard, 11, 24. Roux (du) 57, 19.

COURLON. Rochechouard, 19, 21.

COURS, commune de Grimault. Butor, 1, 25.

COURSON. Andrault de Langeron, 73, 11. Beauvoir de Chastellux, 24, 11. Coignet, 79, 8. Picot, 36, 2.

Malicorne. Du Plessis, 29, 9. Texier, 57, 7.

HAUTEFEUILLE, commune de Villiers-Saint-Benoît, Montigny, 24, 14.

HAUTERIVE. Colbert, 63, 5. Malain, 4, 7.

HÉRY. Bonnin de Cluseau, 22,14.

HUBAN (Nièvre), fief mouvant de Perreuse. Angely 45, 1. Rabutin, 41, 5.

ISLAND. Ferrières, 31, 7.

JAULGES. Beaujeu, 20, 4. Le Rotier, 9, 2.

JOIGNY. Alègre, 50, 5. Ancel de Joinville, 13, 11. Brenne, 54, 26. Châlon, 23, 6. Gondy, 77, 2. La Trémoille, 34, 2. Lorraine, 25, 2. Montmorency, 30, 1. Neufville, 36, 33. Porcher, 60, 7. Sainte-Croix, 60, 4. Sainte-Maure, 14, 2. Savoie, 29, 12. Valois, 43, 7. Vienne, 60, 4.

JOUANCY. Béthoulat, 35, 7. Damas, 80, 5.

JOUX. Remigny, 15, 18.

JOUY. Berthelot, 36, 15. Bragelone, 17, 10. Coutelier, 59, 6. Foacier, 60, 7. Lenet, 15, 27.

JUNAY. Berbis de Mailly, 34, 18. Ferrou, 73, 15. La Fontaine, 30, 11.

JUSSY. Lemuet, 12, 5.

LA BORDE, commune d'Auxerre. Murot, 60, 9; 63, 3.

LA BORDE? Bernage, 19, 2.

LA BOUCHERASSE, commune de Trévilly. Bonne de Créquy, 69, 1.

LA BRETAUCHE, commune de Bléneau.

LA BROSSE, commune de Venoy. Anglure, 43, 1. La Rue, 34, 6.

LA BROSSE DE MONTIGNY. Rochechouard, 19, 21.

LA BROSSE-PALIS, commune de Montacher. Alonville, 18, 5.

LA BROSSE-VERTRON, commune de Montacher. Alonville, 18, 5. Gislain, 56, 15.

LA BRUÈRE? Cerveau, 7, 18.

LA BRUSLERIE, commune de Champlay. Davy, 65, 3. Piochard, 1, 19.

LA BRUSLERIE, commune de Rogny. Goulard, 53, 6. Villemor, 57, 20.

LA BUSSIÈRE, commune de Treigny. Paillards, 15, 32. Tillet (du) 29, 4.

LA CELLE-SAINT-CYR. Clermont d'Amboise. 38, 11. Gruyn de Valgrand, 59, 5.

LA CHAPELLE, commune de Champigny. Bernard, 1, 7. Dolu, 61, 4. Hennequin, 13, 22.

LA CHAPELLE, commune de Courson. Picot, 36, 2.

LA CHAPELLE-FLOGNY. Bellay (du) 24, 3. Boucher, 64, 6.

LA CHAPELLE, commune de Saints. Lepeletier, 65, 9.

LA CHAPELLE, commune de Sennevoy. Grancey, 53, 2.

LA CHAPELLE-VAUPELTAIGNE. La Grange, 59, 13. Maligny, 29, 10.

LA FERTÉ-LOUPIÈRE. Clermont d'Amboise, 38, 11. Courtenay, 73, 1. Gruyn de Valgrand, 59, 5. La

LE PERCHIN, commune de Treigny. Mung, 1, 2. La Rivière, 23,
12. Veilhan, 50, 8.

LE PLESSIS, voir Plessis.

LES BARRES ? Hémard, 20, 8.

LES BARRES, commune de Sain-
puits. Chaillou, 30, 10.

LES BARRES, commune de Serbonnes. Des Barres, 65, 5. Tournebœuf, 59, 4.

LES BORDES. Regnard, 56, 6.

LES ORMES. Gislain, 56, 15.
Rochechouard, 19, 21.

LES SIMONNEAUX ? Prie, 72, 4.

LES VOVES. Bolé, 30, 4. Gau,
60, 21. Gillet, 77, 15.

LEUGNY. La Tournelle, 71, 3.
Le Voyer, 1, 23.

LE VAULT. Anglure, 43, 1. Balbe-Berton, 27, 9. Jaucourt, 58, 4.

LEVIS. Montcorps, 74, 1.

LEZINNES. Courabœuf, 11, 6.
Cussigny, 16, 3. Fussey, 15, 5.
Mandelot, 14, 3. Mypont, 33, 3.
Salins, 66, 3.

LICHÈRES. Le Bourgoin de Folin, 73, 2.

LIGNORELLES. Aguesseau, 18, 9.
La Grange, 59, 13. Lignoreille,
54, 26. Maligny, 29, 10.

LIGNY-LE-CHATEL. Charny de
Mont-St-Jean, 73, 18. Colbert, 63,
5. Guerry des Essards, 12, 11. La
Baume, 23, 1.

LINANT. commune de Turny.
La Rochefoucaud, 8, 9.

LISLE-MINGOT. commune de
Lisle-sur-Serein. Berthier, 56, 2.

LISLE-SUR-SEREIN. Aux Epaules,
47, 2. Berthier, 56, 2. Châlon, 23,
6. Mailly, 73, 3. Montmorency, 30,
1. Sainte-Maure, 14, 2.

LIXY. Bourbon-Lamarche, 26, 5.
Lescot, 56, 16. Navarre, 1, 11.

LONGUERON, commune de Champlay. Du Chesnay, 73, 22.

LOUESME. Dupé, 55, 5. Heldorff,
56, 3.

LUCY-LE-BOIS. Berthier, 56, 2.
Clèves, 50, 7. Sainte-Maure, 14, 2.

LYE, en Nivernois, fief mouvant d'Arcy-sur-Cure. Alixant du
Châtel, 7, 14.

MAGNY. La Guiche, 31, 5.

MAGNY-LÈS-AVALLON. Berthier,
56, 2. Gitton, 77, 7.

MAGNY. commune de Merry-sur-
Yonne. Hodeneau, 36, 17.

MAILLY-CHATEAU. Angrand d'Alleray, 38, 10. Bourbon - Conti,
49, 5. Courtenay, 73, 1. Veilhan,
50, 8.

MAILLY-LA-VILLE. Angrand-
d'Alleray, 38, 10. Bœurre, 28, 5.
Boisselet, 62, 27.

MAISON-DIEU, commune de
Sceaux. Jaucourt, 58, 4.

MALAY-LE-ROI. Grassin, 72, 8.
Mégret, 13, 9. Rogres, 2, 2.

MALAY-LE-VICOMTE, ou le Grand.
La Loère, 35, 1. Sully, 43, 14.

MALESHERBES, commune de Senan. Les Voves, 35, 10.

MALFONTAINE, fief mouvant de
Merry-sur-Yonne. Beurdelot, 26, 4.

MALICORNE. Fonsèques, 1, 30.
Plessis (du), 29, 9. Texier, 57, 7.

MALIGNY. Ferrières, 31, 7. Lafin-de-Beauvoir, 19, 8. La Grange, 59, 13. La Tour, 43, 2. Maligny, 8, 12 et 29, 10. Plaines, 15, 11. Sobieski, 51, 24.

MALVOISINE, commune de Mailly-Château. Bernard, 1, 7.

MARCHAIS-BETON. Saucières de Tenance, 54, 13.

MARNAY, commune de Poilly. Lenfernat, 73, 26.

MARRAULT, commune de Magny. Ancienville, 73, 5. Carillon, 35, 16. Charny-de-Mont-St-Jean, 73, 18. Gitton, 77, 7. Imbert de la Platière, 36, 6. Jaucourt, 58, 4. Guillaume, 15, 23.

MARSANGY, la Motte de. Biencourt, 53, 8.

MASSANGIS. Berthier, 56, 2. Sainte-Maure, 14, 2.

MAULNES, commune de Cruzy. Clermont-Tonnerre, 70, 5.

MELISEY. Clermont-Tonnerre, 70, 5. Montmorency, 30, 1. Particelli, 11, 26. Phelyppeaux, 3, 3. Pot, 14, 1. Thevenin, 34, 13.

MENADE. Champion, 51, 25. Destud, 1, 31. Fyot, 36, 16. Massol, 5, 2.

MÉRÉ. Colbert, 63, 5. La Baume, 23, 1. Montmorency, 30, 1.

MERRY-SUR-YONNE. Angrand d'Alleray, 38, 10. Coignet, 79, 8. Veilhan, 50, 8.

MEZILLES, l'un des pays de Puisaie ; voir St-Fargeau.

MICHERY. Castres de la Baume, 78, 28. La Baume, 23, 1. Le Bouthilier de Chavigny, 73, 27.

MIGÉ. Coignet, 79, 8. Veilhan, 50, 8.

MIGENNES. Colbert, 63, 5. Le Raguier, 32, 2.

MILLY. Boucher, 64, 6. Bouville, 14, 2. Chicault, 74, 2.

MONÉTEAU-LE-PETIT. Colbert, 63, 5.

MONTACHÈR. Dupré de Saint-Maure, 15, 7. Gislain, 56, 15.

MONTIFAUX, commune de Chevannes. Armand, 17, 12.

MONTIGNY. Berthier, 56, 2. Bourbon-Condé. 49, 3. La Grange, 59, 13. Maligny, 29, 10. Villemontée, 10, 5.

MONTILLOT. Sainte-Maure, 14, 2.

MONTMERCY, commune de Saint-Georges. Régnier de Guerchy, 74, 7.

MONTOT, commune d'Annay-sur-Serein. Du Breuil, 35, 5.

MONTRÉAL, commune de Ronchères. Assigny, 13, 23.

MONTRÉAL. Bourgogne, 27, 13. Chartraire, 66, 1. La Madelaine, 27, 6. Montréal, 23, 8.

MONTREPARÉ, commune de Lainsecq. La Hitte, 78, 25. Mung, 1, 2.

MONT-SAINT-SULPICE. Colbert, 63, 5. Estampes, 12, 10. Le Rotier, 9, 2. Montjeu, 43, 3. Montmorency, 30, 1.

MORACHES (Nièvre), fief mouvant de Perreuse. Hinselin, 17, 23.

MOUFFI. Coignet. 79, 8. Veilhan, 50, 8.

MOULINS-PRÈS-TOUCY. Assigny, 13, 23. Le Bascle, 73, 24. Le Chan-

PIMELLES. Viart, 12, 6.

PISY. Aux Épaules, 47, 2. Brus-lard de Genlis, 25, 6. Estiennot, 31, 12. Ferrières, 31, 7. Grancey, 53, 2. Harcourt, 18, 6.

PLANCY, commune de Champi-gnelles. Hellenvillier, 15, 4.

PLESSIS (le), commune de Som-mecaise. Godrain des Palleaux, 32, 8.

PLESSIS (le)-AUX-ÉVENTÉS. Cas-tre de La Baume, 78, 28.

PLESSIS-DU-MÉE (le). Duparc, 59, 14. Durey, 76, 17. Poissy, 9, 1. Trainel. 44, 1.

PLESSIS - PRÈS - SENS (le)? La Baume, 23, 1.

PLESSIS-SAINT-JEAN (le). Choi-seul, 30, 9. Le Bas, 54, 2. Plessis (du), 20, 5.

POILLY-SUR-SEREIN. Boucher, 64, 6. Breul, 11, 19. La Rivière, 23, 12. Savoisy, 38, 3.

POINCHY. Longvilliers, 60, 5. Maligny, 29, 10.

PONT-SUR-VANNE. Mégret, 13, 9.

PONT - SUR - YONNE. Armagnac, 54, 7. Boccasse, 54, 12. Bourbon-Lamarche, 26, 5. Graville, 73, 12. Navarre, 1, 11.

POSTILLON, commune de Cham-pigny. Rochechouard, 19, 21.

POUILLY, commune de Fontenay-près-Vézelay. Angrand-d'Alleray, 38, 10.

PRÉCY. Aligre, 7, 2. Alègre, 50, 5.

PRÉCY - LE - MOU, commune de Pierre-Perthuis. Champion, 59, 7. Guijon. 59, 7.

PRÉGILBERT. Beauvoir de Chas-telux, 24, 11.

PRESLES, commune de Cussy-les-Forges. Bar, 43, 15. Berthier, 56, 2. Durey, 76, 17. Ferrières, 31, 7. Fils-Jean, 7, 25.

PRIE, commune de Champce-vrais. Prie, 72, 4.

PROVENCY. Berthier, 56, 2. Ste-Maure, 14, 2.

PRUNOY. Chancy, 60, 27. Crève-cœur, 31, 3. Le Prevost, 3, 1. Prunoy, 29, 18.

PUITS - COURSON, commune de Saint-Cyr. Bruillard, 58, 1.

QUARRÉ-LES-TOMBES. Beauvoir de Chastelux, 24, 11. Berthier, 56, 2. Boursault, 13, 8.

QUENNE. Anglure, 43, 1. Col-bert, 63, 1. Savoisy, 55, 5.

RAGNY, commune de Savigny-en-Terre-Pleine. Bonne de Créquy, 69, 1. Chartraire, 66, 1. Damas, 65, 1. Gondry, 77, 2. La Madelaine, 27, 6. Neufville de Villeroy, 36, 33.

RAILLY, commune de St-Germ.-des-Champs. Despense, 57, 8.

RATILLY, commune de Treigny. Chandioux, 15, 35. Courtenay, 73, 1. Lyée de Chancy, 54, 11. Marie d'Avigneau, 26, 3. Paillards, 15, 32. Saint-Phalle, 65, 2.

RAVIÈRES. Boucher, 64, 6. Chau-vigny, 19, 21. Courtenay, 73, 1. Ray (du), 69, 26. Vyon, 62, 1.

REBOURSEAUX. Bar, 43, 15. Bel-lengers, 33, 3. Berthelot, 36, 15. Forests, 63, 1. La Rivière, 23, 12. Malain, 4, 7.

REUILLY, commune de Leugny? Saint-Léger, 17, 4.

RICHEBOURG? Guillaume, 15, 23.

RICHEMONT, commune d'Armeau. Coéffier, 34, 14.

ROFFEY. Boucher, 64, 6. Gauthier, 4, 13.

RONCEVEAUX, comm. de Cruzy. Dampierre, 37, 1.

RONCHÈRES, l'un des pays de Puisaie, *voir* Saint-Fargeau.

RONSIN? Bolé, 30, 4.

ROGNY. Coligny, 60,8. Montmorency, 30, 1.

ROUVRAY-PRÈS-D'HÉRY. Rouvray, 80, 6.

RUÈRE? Bricquemault, 8, 6.

RUGNY. La Palus, 29, 13. Montmorency, 30, 1. Phélyppeaux, 3, 3. Pot, 14, 1. Thevenin, 34, 13.

RUZÉ, commune de Jouy et de Villegardin. Foacier, 60, 7.

SAMBOURG. Courabœuf, 11, 6. Cussigny, 16, 3. Fussey, 15, 5. Mandelot, 14, 3. Mypont, 33, 3. Salins, 66, 3.

SAINT-AIGNAN. Chartraire, 66, 1.

SAINT-ANDRÉ. Beauvoir de Chastelux, 24-11. Châlon, 23, 6

SAINT-AUBIN-SUR-YONNE. Doublet de Crouy, 64, 8. Harlay, 22, 2.

SAINT-BRIS. Chauvigny, 19, 21. Coligny, 60, 8. Harcourt, 18, 6. Lambert, 5, 7. Le Gruyer, 66, 4. Mello, 18, 2. Saint-Seigne, 19, 10.

SAINT-CYDROINE. Colbert, 63, 5.

SAINT-CYR. Bruillard, 58, 1. Colbert, 63, 5. Gouffier, 19, 3. Villemor, 57, 20.

SAINTE-COLOMBE, près d'Avallon. Berthier, 56, 2.

SAINTE-PALLAYE. Beauvoir de Chastelux, 24, 11. Esterling, 25, 5. Mello, 18, 2. Sainte-Pallaye, 6, 6.

SAINTE-VERTU. Boucher, 64, 6.

SAINT-EUSOGE, commune de Rogny, autrefois le Chesne-St-Eusoge. Courtenay, 73, 1. Loron, 14, 8. Renard, 59, 12.

SAINT-FARGEAU et pays de Puisaie. Anjou-Mézières, 28, 4. Bar, 43, 15. Bourbon-Montpensier, 49, 4. Bourbon-Orléans, 49, 2. Caumont-Laujun, 23, 15. Chabannes, 53, 5. Cœur, 17, 13. Crozat, 36, 13. Lepelletier, 65, 9. Toucy, 7, 12.

SAINT-FLORENTIN. Albret, 69, 43. Armagnac, 54, 7. Champagne, 27, 5. Châtillon, 7, 11. Clèves, 50, 7. Foix, 22, 3. Gonsague, 19, 4. Navarre, 1, 11. Phélyppeaux, 3, 3.

SAINT-JEAN-LÈS-SENS. Herbouville, 47, 2.

SAINT-LÉGER DE FOURCHERET. Bourgeois, 54, 20.

SAINT-LOUP-D'ORDON. Du Deffand, 60, 28. Trecesson, 38, 7. Vallon, 35, 20.

SAINT-MARTIN? Gauthier, 80, 2.

SAINT-MARTIN-DES-CHAMPS, un des pays de Puisaie, *voir* Saint-Fargeau.

SAINT-MAURICE-THIZOUAILLES. Beaujeu, 74, 4. Bernage, 19, 2. Du Plessis, 29, 9.

SAINT-PRIVÉ, l'un des pays d

Puisaie, *voir* Saint-Fargeau.

SAINT-QUENTIN, commune de Monéteau. Renault, 11, 4.

SAINT-SAUVEUR. Leclerc, 21, 3. Nigot, 18, 7.

SAINT-SÉROTIN. Moinville, 2, 4.

SAINT-VALÉRIEN. Bessuéjouls de Roquelaure, 55, 3. Dauvet, 27, 15. Kérouard, 78. 9. Puy-Vaton, 41, 1. Vallery, 29, 10.

SAINT-VINNEMER. Chabot-Charny, 64, 2. Chaluz, 29, 5. Coligny, 60, 8. Courcelles, 19, 6. Courtenay, 73, 1. Essarts (des), 73, 8. Thevenin, 34, 13.

SANTIGNY. Blanot, 78, 19. Villers-la-Faye, 14, 1.

SAULTOUR, commune de Neuvy-Saultour. Chauvigny, 19, 21. Chavigny, 65, 6. Essarts (des), 73, 8. Fresnoy (du), 3, 1. Tusseau, 73, 7. Vauldrey, 5, 6.

SAUVIGNY-LE-BEURÉAL. Ferrières, 31, 7. La Madelaine, 27, 6.

SAUVIGNY-LE-BOIS. Berthier, 56, 2. Brienne, 43, 12. Chaulgy, 1, 1. Clugny, 70, 6.

SAVIGNY-EN-TERRE-PLEINE. La Madelaine, 27, 6.

SCEAUX. Chartraire, 66, 1. Chevigny, 54, 9. Jaucourt, 58, 4. Semur, 27, 4.

SEIGNELAY. Boucher, 64, 6. Bureau de La Rivière, 37, 13. Colbert, 63, 5. La Rivière, 23, 12. Malain, 4, 7. Montmorency, 30, 1. Savoisy, 38, 3. Seignelay, 19, 17.

SEMENTRON. Anglars, 54, 7. Du Deffand, 24, 6. Montcorps, 74, 1.

SENAN. Assigny, 13, 23 et 17. 27. Brachet, 56, 4. La Grange, 59, 13. La Tournelle, 71, 3. Le Prevost, 3, 1. Les Vosves, 35, 10.

SEPTFONTS, un des pays de Puisaie, *voir* Saint-Fargeau.

SERBOIS, commune de Subligny. Gibier, 62, 32.

SERBONNES. Barres (des), 42, 2. Brunel, 37, 4. La Verdy, 25, 1. Maynon, 72, 16. Sainte-Mesme, 47, 9.

SERGINES. Blanchefort, 55, 1. Duparc, 59, 14. Grimoard, 67, 4. Hémery, 9, 15. Leclerc, 21, 3. Michaut de La Forge, 69, 32. Sergines, 15, 36.

SERILLY, commune d'Estigny. Balathier de Lantage, 14, 7. Mégret, 13, 9. Petit, 8, 10.

SERIN, commune de Chevannes. Armand, 17, 12. Despense, 57, 8.

SERMIZELLES. Craon, 42, 2. Gouffier, 10, 3. Guillaume, 77, 13. La Trémoille, 34, 2. Saulx-Tavannes, 54, 19.

SERRIGNY. Brunet, 52, 8. Butor, 1, 25. Saucières de Tenance, 54, 13.

SERY. Beauvoir de Chastelux, 24, 11. Cullon, 10, 2.

SIGY. Du Roux, 59, 3.

SOMMECAISE. Bethune, 14, 2. Gislain, 56, 15.

SORMERY. Bar, 43, 15. Essarts (des), 73, 8. Fresnoy (du), 31, 1. Johanne de La Carre, 1, 12.

SOUGÈRES. Champs, 3, 2.

SOUILLAS, commune d'Anstrude, 5, 8.

SUBLIGNY. Duperret, 15, 18. Gibier, 57, 22. Hennequin, 13, 22.

SURPALLIS? Olivier, 78, 11.

TANLAY. Chabot-Charny, 64, 2. Chaluz, 29, 5. Chauvigny, 19, 21. Coligny, 60, 8. Courtenay, 73, 1. Essarts (des), 73, 8. Montmorency, 30, 1. Particelli d'Emery, 11, 26. Phélyppeaux, 3, 3. Termes, 73, 34. Thevenin, 34, 13. Vignier, 6, 3.

TANNERRE. Berthelot, 36, 15. Bureau de La Rivière, 37, 13. Dupé, 55, 5. La Salle, 70, 1. Le Ragois de Bretonvilliers, 12, 2. Vallery, 29, 10.

TESTMILON, commune de Lain et de Sementron. Prie, 72, 4.

THAROISEAU. Champion, 51, 25. Destud, 1, 31. Fyot, 36, 16.

THAROT. Berthier, 56, 2. Loron, 14, 8.

THEIL. Mégret, 13, 9. Montmorin, 43, 4.

THOREY. Clermont - Tonnerre, 70, 5. La Palus, 29, 13. Montmorency, 30, 1. Particelli, 11, 26. Phélyppeaux, 3, 3. Pot, 14, 1. Thevenin, 34, 13.

THORIGNY. Belleville, 2, 3.

THURY. Bourbon-Condé, 49, 3. Préaux, 60, 3. Savoisy, 38, 3.

TONNERRE. Anjou, 43, 6. Bellay, 24, 3. Bourgogne, 4, 5. Bretagne, 45, 2. Châtillon, 7, 10. Clermont, 70, 5. Courtenay, 73, 1. Dampierre, 54, 3. Donzy, 72, 14. Forets, 63, 1. Husson, 74, 8. La

Rivière, 23, 12. Le Tellier de Louvois, 13, 3.

TOUCY. Boulainvilliers, 19, 5. Cœur, 17, 13. La Motte Houdancourt, 1, 14. Micault, 34, 21. Prie, 72, 4. Toucy, 7, 12.

TRÉFONTAINE, commune de Villefargeau. Boucher, 64, 6.

TREIGNY. Andras, 36, 3. Chandioux, 15, 35. La Bussière, 24, 10. Lenfernat, 73, 26. Lycée de Chancy, 54, 11. Marie d'Avigneau, 26, 3. Saint-Phalle, 65, 2.

TRÉVILLY. Bonne de Créquy, 69, 1. Peichpérou, 53, 3.

TRÉVISOT, commune de Trévilly. Bonne de Créquy, 69, 1.

TRONÇOIS, commune de Cisery. Mandelot, 14, 3.

TRUCY. Cullon, 10, 2. Beauvoir de Chastelux, 24, 11.

TRONCHOY. Gauthier, 4, 13.

TURNY. Barbezières, 14, 4. Chauvelin, 63, 4. La Rochefoucaud, 8, 9.

VACHY, commune de Champlost. Quentin, 72, 13.

VAL-DE-MERCY. Aguesseau, 18, 9. Beauvoir de Chastelux, 24, 11. Contaud, 11, 3.

VALLERY. Albon, 29, 17. Bourbon-Condé, 49, 3. Cordier, 36, 27. Vallery, 29, 10.

VALPROFONDE, commune de Béon. Duhamel, 25, 9.

VARENNES. Darce, 78, 26. La Baume, 23, 1. Le Quesnoy, 7, 8. Montmorency, 30, 1.

VARENNES, commune de Serbonnes. Ponville, 66, 18. Sallot, 28, 8.

VASSY. Crosmot, 72, 5. Estiennot, 34, 12.

VAUDEURS. Mesgrigny, 54, 11.

VAUMORT. Mégret, 13, 9. Montmorin, 43, 4.

VAUROBERT, commune de Dolot et de Chéroy. Harlay, 22, 2.

VAUX. Bernage, 19, 2. Montmorency, 30, 1.

VAUX-SAINTE-MARIE, commune d'Arcy-sur-Cure. Destud, 1, 31.

VENIZY. Barbezières, 14, 4. Bourbon-Condé, 49, 3. Brenne, 54, 26. Brienne, 43, 12. La Rochefoucaud, 8, 9.

VERGIGNY. Bar, 43, 15. Boucher, 64, 6. Forest, 63, 1.

VÉRILLY, commune de Treigny. Champs, 3, 2.

VERMENTON. Châtelet (du), 15, 10. Courtenay, 73, 1. Bourbon-Condé, 49, 3. Bureau de La Rivière, 37, 13.

VERTILLY. Harlus, 53, 9. Vielcastel, 66, 1.

VERTOT. Perthuis, 65, 4.

VERTRON, commune de Montacher. Alonville, 18, 5. Billy, 18, 11. Boucher, 64, 6. Brichanteau, 74, 7. Gislain, 56, 15.

VEZANNE. Changy, 73, 33. Neufville de Villeroy, 36, 33.

· VEZINNES. Boucher, 64, 6. Choiseul, 30, 9. Stuart, 32, 10.

VIGNES. Damas, 65, 1. Davoust, 29, 11.

VILLARNOULT. commune de Bus-

sières. Du Bellay, 24, 3. Jaucourt, 58, 4.

VILLARS, commune de Champignelles. Brachet, 56, 4. Lenfernat, 73, 26. Saunat, 36, 9.

Villeblevin. Des Barres, 42, 2. Vissec, 1, 3.

VILLECHÉTIVE. Bernage, 19, 2. Sully, 43, 14.

VILLECIEN. Bangy, 72, 20.

VILLEFARGEAU. Balbe–Berton, 27, 9. Beauvoir de Chastelux, 24, 11. Estampes, 12, 10. Hautefort, 73, 6. Graves, 1, 22. Saint-Aubin, 62, 28.

VILLEFRANCHE. Saint –Phalle, 65, 2.

VILLEGARDIN. Dupré de Saint-Maur, 15, 7.

VILLEMANOCHE. Le Cornu, 73, 21. Maynon, 72, 16. Sainte-Mesme, 47, 9.

VILLEMER. Bolé, 30, 4. Gillet, 77, 15.

VILLENEUVE ? Mesgrigny, 54, 11.

VILLENEUVE-AU-CHEMIN, près de Villeneuve–l'Archevêque. Richebourg, 23, 3.

VILLENEUVE-LA-GUYARD. Aunay, 60, 19. Auray, 42, 1. Goué, 54, 1. Grandjean, 67, 6. Paris de La Brosse, 15, 12.

VILLENEUVE-LES-GENETS. Courtenay, 73, 1.

VILLENEUVE-LES-PRESLES, commune de Sainte-Magnance. Gitton, 77, 7.

VILLENEUVE-SAINT-SALVE. Colbert, 63, 5. Maligny, 29, 10.

VILLEPERROT. Pajot, 34, 11.

VILLEPOT, commune de Courson. Picot, 36, 2.

VILLEROT, commune de Sainte-Colombe-en-Puisaie. Millin, 35, 6.

VILLETHIERRY. Bourbon-Condé, 49, 3. Châtelet (du), 15, 10. Cordier, 36, 27. Moinville, 2, 4.

VILLIERS-LES-HAUTS. Anstrude, 5, 8. Clugny, 70, 6. Orry, 54, 25.

VILLIERS-SUR-THOLON. Blosset, 73, 23. Boucher, 64, 6. Changy, 25, 8. Clermont-Tonnerre, 70, 5. Gruyn de Valgrand, 59, 5.

VILLIERS-VINEUX. Beaujeu, 20, 4. Boucher, 64, 6. Buffevant, 65, 7. Chamont, 50, 9. Duménil, 19, 12. Durey, 76, 17. Fresnoy (du), 31, 1. La Chaulme, 72, 22. Le Camus, 13, 1. Mas (du), 15, 13 et 55, 6. Sennemont, 50, 10. Tusseau, 73, 7.

VILLON. Clermont-Tonnerre, 70, 5. La Palus, 29, 13. Montmorency, 30, 1. Phélyppeaux, 3, 3. Pot, 14, 1.

VILLY. Aguesseau, 18, 9. La Grange, 59, 13.

VINCELLES. Aubert, 50, 10. Bastonneau, 36, 34. Bureau de La Rivière, 37, 13. Chabannes, 53, 5. Comeau de Créancé, 15, 15. Ferrières, 72, 11. Lalande, 73, 4. Villelard, 35, 4.

VINCELOTTE. Aubert, 59, 10. Chabannes, 53, 5. Bastonneau, 36, 34. Lalande, 73, 4.

VINNEUF. Martinange, 40, 3.

VIREAUX. Courabeuf, 11, 6. Cussigny, 16, 3. Fussey, 15, 5. Mandelot, 14, 3. Mypont, 33, 3. Salins, 66, 3.

VIVIERS. Berthier, 56, 2. Bude, 48, 5. Mandelot, 14, 3. Mauvise, 22, 13. Saint-Verain, 9, 3.

VOLGRÉ. La Tournelle, 71, 3. Le Prevost, 3, 1.

YROUERRE. Mandelot, 14, 3. Maussion, 35, 8. Sautour, 73, 9.

TABLE DES FAMILLES

COMMUNAUTÉS ET CORPORATIONS.

FIN DE LA TABLE.

www.ingramcontent.com/pod-product-compliance
Lightning Source LLC
Chambersburg PA
CBHW070813270326
41927CB00010B/2404